Zwischen Himmel und Meer

Geschichten aus der Algarve

Ins Deutsche übertragen von Sabine Meier

Zwischen Himmel und Meer – *Geschichten aus der Algarve*

Herausgegeben von **Montanha Books**
Apt 8, Monchique 8550-909, Algarve, Portugal
Kontakt: info@montanhabooks.com

Erstveröffentlichung ‚Die große Puppe' (The Big Doll) in *Summer Times in the Algarve*, Montanha Books, 2008

11.5 Times New Roman

ISBN: 978-0-9559856-3-8

Titelbild und Illustrationen von Anja Paulsen
Kontakt: anja k paulsen@hotmail.com

Cover Design von Verónica Castagna
Kontakt: veroenmallorca@hotmail.com

Zwischen Himmel und Meer

Lisa Selvidge schloss ihr Studium der Russischen Sprache und Literatur im Hauptfach und Portugiesisch im Nebenfach mit einem Bachelor of Arts an der University of London ab. Die Autorin bereiste weite Teile Asiens und unterrichtete über mehrere Jahre hinweg Englisch als Fremdsprache in Japan und Russland. Im Anschluss erwarb sie ihren Masters Degree im Fach ‚Creative Writing' (Prosa) an der *University of East Anglia* in Großbritannien. Nachdem sie fünf Jahre an der *School for Art & Design* in Norwich und danach an der *University of East Anglia* unterrichtet hatte, wurde sie schließlich 2001 wissenschaftliche Leiterin des *Centre for Continuing Education* an der *University of East Anglia.*

2004 verlegte sie ihren Wohnsitz nach Portugal, wo sie jetzt fast das ganze Jahr über lebt. Sie unterrichtet weiterhin Online Kurse im Fach ‚Creative Writing' (Prosa) an den Universitäten von East Anglia, Oxford und York. Zusätzlich bietet sie Workshops und Writing Holidays in der Algarve an. Lisa Selvidge schrieb u. a. die Romane *The Trials of Tricia Blake, A Divine War, The Last Dance over the Berlin Wall* und ein Workbook zum kreativen Schreiben in englischer Sprache mit dem Titel *Writing Fiction Workbook.* Darüber hinaus fungierte die Autorin als Herausgeberin einer Sammlung von Kurzgeschichten, verfasst von siebzehn Autoren, die sich alle vom Leben in der Algarve inspirieren ließen.

Weitere Informationen unter www.lisaselvidge.com

Zwischen Himmel und Meer

1. Ankunft

Als ihr Sitznachbar zum Gang endlich den Mund hielt, schloss Zoe die Augen und versuchte, sich in dem brummenden Flugzeug zu entspannen. Alles, was sie vor sich sah, war der Junge, der das Gewehr auf sie richtete. Sie hatte ihn nur gebeten, eine Passage aus *Der Kaufmann von Venedig* vorzulesen. Zwei lange Minuten vergingen, während derer sie Bruchstücke ihres Lebens rotgefärbt von der Wandtafel hinter sich abtropfen sah, bis es ihr endlich gelungen war, den elfjährigen Thomas zu überreden, ihr das Gewehr zu geben. Zeichen der Zeit, hatte man ihr später im Lehrerzimmer gesagt. Es war Mitte April, ihr zweites Schulhalbjahr an einer Gesamtschule in der Innenstadt im Osten von London, und die Geschichte setzte ihr zu. Der Schulleiter hatte vorgeschlagen, sie solle Sonderurlaub nehmen. So lagen jetzt 2 Wochen vor ihr, bis zum 4.Mai, weit weg von Gewehren und 12-Stunden-Tagen. Zwei Wochen, um sich gemeinsam mit ihrer alten Schulfreundin Maria zu entspannen und über ihr Leben und ihre Zukunft nachzudenken.

Das ,Fasten Seat Belts' Zeichen erwachte zum Leben, als das Flugzeug die sonnenbeschienenen Stadt Faro ansteuerte. Der Mann neben ihr fing an, laut zu schnarchen. Immer wenn er einatmete, weiteten sich seine großen Nasenlöcher. Er hatte kurze dunkle Haare, einen ungepflegten Schnurrbart, einen Kinnbart und eine ausgesprochen laute Stimme, mit Anklängen von Privatschule und amerikanischem Akzent.

,Selbst wenn er schläft, hält er nicht den Mund', flüsterte Maria und schob ihre Brille wieder auf die Nase. Die große, runde Brille mit schwarzer Fassung und dicken Gläsern verlieh ihr eine Aura von Autorität, die die Kinder an ihrem Arbeitsplatz in der Bücherei zu akzeptieren schienen. Zoe hatte schon überlegt, sich eine Brille zuzulegen, obwohl sie keine brauchte.

Bis vor fünf Minuten hatte der Mann seit Gatwick ununterbrochen geredet. Sein Name war Ed und er flog in die Algarve, um sie aufzukaufen – so klang es. Er erzählte ihr (mit amerikanischem Akzent), dass Portugal *das* Land sei, in das man investieren müsse. Es habe alles – weiße Sandstrände, ein Klima ähnlich dem kalifornischen, ein türkisblaues Meer, Golfplätze, eine Leidenschaft für Fußball (er war Anhänger von Chelsea und hielt viel von Mourinho), gehobenen Tourismus, eine gemäßigte Regierung – links, aber wie bei Blair zugleich rechtslastig – Jachthäfen und, was am Wichtigsten war, noch billiges Bauland. Dies war *der* Ort zum Leben. Dies war das neue Kalifornien Europas.

,Klingt super', sagte Zoe und versuchte keine Abneigung gegen die Algarve zu entwickeln, bevor sie überhaupt angekommen war. ,Wie oft kommen Sie her?'

So gesehen sei dies das erste Mal, er habe gerade die Prospekte gelesen. Aber, trotz der Vision von Golfplätzen und Baulöwen hatte Zoe ein positives Gefühl, als die Besatzung aufgefordert wurde, für die Landung ihre Plätze einzunehmen.

,So was, bin ich doch glatt eingeschlafen', sagte Ed und ordnete sich und seine Kleidung. Zoes Sitz bebte. ,Sind wir fast da, Mädels?'

Als sich Zoe über ihre Freundin beugte, um aus dem Fenster zu schauen, spürte sie, wie Maria zusammenzuckte. Elfjährige wurden ,Mädels' genannt. Weiße Häuser und rechteckige blaue Streifen lagen auf der orangefarbenen Erde. Das Watt und flache türkisfarbene Seen streckten sich in Richtung des azurblauen Meeres.

,Ja, wir werden gleich am Strand landen', sagte Zoe, als ein langes Band weißen Sandes in Sicht kam.

,Perfekt. London ist eine großartige Stadt, aber das Wetter nervt. Lassen Sie mich mal sehn.' Während er dieses sagte, beugte er sich so weit über Zoe, dass seine rosafarbenen Ohren fast ihr Gesicht berührten. ,Und es ist erst April. Herrlich.'

Als Zoe den ersten Schritt vom Flugzeug in den Sonnenschein tat, spürte sie ihren Herzschlag und ihr Puls raste, als wäre sie plötzlich zum Leben erwacht. Einzelne Strähnen ihres dunkelblonden Haars wurden zu Gold und ihre Haut kribbelte. Sie blieb stehen und atmete die warme, von der Sonne trockene Luft ein. Selbst der Flugzeugtreibstoff roch exotisch. Ein Bus holte sie ab und schlängelte sich zehn Meter bis zum Flughafengebäude, während alle, die im Flugzeug gesessen hatten, ihre Jacken auszogen, die Ärmel hochschoben, sich die Stirn wischten und nach Sonnenbrillen kramten. Handys klingelten, begrüßt von den portugiesischen Telefongesellschaften. Die Schulklingel in ihrem Kopf begann langsam zu verstummen.

Die Einreiseformalitäten bestanden in einem flüchtigen Blick auf Zoes Pass – anders als in Gatwick, wo sie ihre Turnschuhe hatte ausziehen müssen. Ihre Gesichtswasser und ihre Creme wurden einbehalten und ihr Körper war von Händen in Latexhandschuhen abgetastet worden. Hinter Stapeln von Golfschlägern hüpfte das Gepäck auf das Ausgabeband und nach kurzer Zeit konnten sie sich in Richtung der Türen aus Milchglas mit der Aufschrift ‚Nothing to Declare' begeben.

‚Bis später dann, Mädels', rief Ed ihnen zu, als er an ihnen vorbeiging, gefolgt von einem gehorsam hinter ihm her rollenden, riesigen Koffer. ‚Viel Spaß!'

‚Ihnen auch!' sagte Zoe, während sie einer Gruppe von Golfspielern folgte.

‚Gott sei Dank sind wir den los', sagte Maria, wobei sie ihrem Satz besonderen Nachdruck verlieh, indem sie ihre Brille wieder auf die Nase schob.

‚Beschrei's nicht', sagte Zoe.

Der Flughafen roch nach frischgebackenem Kuchen, Kaffee, Zigaretten und Mandeln. Dunkelhaarige, portugiesische Männer mit Hundeaugen hingen herum, rauchten, einige von ihnen hielten Schilder für irgendwelche Leute hoch. Dann hörten sie Ed, der in sein Handy sprach, während er vor dem Hertz Schalter anstand. ‚PORTIMAYO? Wie spricht man das aus?' fragte er die Frau am Schalter in beträchtlicher Lautstärke. ‚MAO? Wie der Vorsitzende Mao? Hast du das gehört, Collette? Du schickst mich in eine verdammte kommunistische Hafenstadt!'

‚Was für ein Typ', sagte Zoe.

‚Na ja, hier sollte er gut zurechtkommen. Man sagt, die Portugiesen hören auf den, der am Lautesten und am Längsten redet', sagte Maria. Sie machte seit einigen Jahren hier Urlaub und wusste ein wenig über Land und Leute. ‚Wenn wir Glück haben, versteht ihn keiner. Ich habe gehört, was er gesagt hat, als du ihm erzählt hast, dass du Lehrerin im Osten von London bist.'

‚Dass ich in vorderster Front gegen den Terrorismus kämpfe?'

Maria nickte. ‚Er ist so ein Mensch, der uns ohne Grund in Kriege im Irak verwickelt. Aber egal, Kämpfer an der Front müssen den Bus nach Faro kriegen und dann den Zug nach Lagos. Hier lang.'

Als Zoe hinter Maria durch die dunkel getönten Türen des Flughafens ging, hatte sie das Gefühl, auf einen anderen Planeten katapultiert worden zu sein. Die Luft duftete nach Rosmarin, Thymian, Orangen und Zitronengras. Sie sog alles in sich auf und spürte, wie die kalte, graue Luft Londons, die mit Salz, Essig und Curry versetzt war, zu einer fernen Erinnerung wurde. Sie blieben an der Bushaltestelle stehen.

,Tut mir Leid, ist ,ne ziemlich lange Anfahrt', sagte Maria.

,Schon OK, wir haben's ja nicht eilig. Wir haben nicht nur heute, wir haben sechzehn Tage vor uns. Fantastisch!' sagte Zoe.

Marias Eltern hatten vor drei Jahren ein kleines Apartment in einem Ort namens Luz gekauft und sie kamen regelmäßig im Winter nach Portugal. Maria konnte hinfahren, wann immer sie wollte. Sie hatte Zoe sofort eingeladen, als sie gehört hatte, was passiert war. Sie würden zehn Tage in der Wohnung von Marias Eltern bleiben. Da dann ihre Eltern kamen, hatte Maria ein Einzimmerapartment in dem kleinen Fischerdorf Salema gebucht. Es lag weiter unten an der Küste und kostete für jede von ihnen 75 Pfund zusätzlich. Zoe war dankbar dafür, denn von ihrem Gehalt blieb am Ende des Monats nicht viel, wenn sie Miete, Steuern, Elektrizität, Wasser, Telefon, öffentliche Verkehrsmittel und Lebensmittel bezahlt hatte. Ganz zu schweigen von den zweiundzwanzigtausend Pfund, die sie der Universität noch schuldete.

Ein Koffer donnerte auf sie zu.

,Hey, Mädels, soll ich euch mitnehmen?' rief Ed ihnen zu, die Autoschlüssel einladend zwischen Daumen und Zeigefinger schwenkend.

Zoe blieb stehen und sah Maria zögernd an. Sie hatte eigentlich keine Lust, noch eine Stunde neben ihm zu verbringen. Aber eine Mitfahrgelegenheit wäre nicht schlecht.

,Wo fahren Sie hin?' fragte ihn Maria.

,Nach Portimão', sagte Ed.

,Nein, dann nicht, danke, wir wollen nach Luz. Das ist viel weiter', sagte Maria.

,Ich habe bis drei Uhr Zeit. Es macht mir wirklich gar nichts aus, Sie zu fahren. Nun los, wir sind in Portugal! Die Sonne scheint, der Himmel ist blau. Gestattet ihr mir, dass ich euch in Luz zum Essen einlade?'

10

Zoe sah Maria an und riss die Augen auf. Sie würde doch nicht zustimmen. Wo er doch so ein Typ war, der sie ohne Grund in Kriege im Irak verwickelte.

‚OK', sagte Maria. ‚Aber wir zahlen das Essen selbst. Danke.'

Zoes Herzschlag stockte für einen Augenblick – und mit ihr die neugewonnene Energie. Aber nicht für lange; sie würden schließlich schneller am Strand sein.

‚Nun aber los, wo ist das Auto? Auf geht's nach Portugal.'

Sie fanden das Auto, einen blauen Megane. Ed warf die schweren Koffer so in den Kofferraum und auf den Rücksitz als sortierte er Taschenbücher.

‚Tut mir Leid, aber du musst dich da rein quetschen', sagte er.

‚Kein Problem', sagte Maria, hüpfte auf den Rücksitz und ließ so Zoe keine andere Wahl als den Vordersitz.

‚Wo muss ich lang fahren? Weiß das eine von euch?' fragte er, als er den Parkplatz verließ.

‚Ja', sagte Maria. ‚Sie ... du folgst den Hinweisen auf die A22 nach Portimão.

‚Mao!' sagte er. ‚Die Frau am Schalter hat mir das gesagt.'

‚Guck' doch mal, die kleinen Mondmenschen in der Mitte des Kreisels', rief Zoe und bestaunte die Steinskulpturen, die mit nach oben geneigten Köpfen in der Mitte des Kreisels standen. Sie war schon jetzt von dem neuen Planeten bezaubert.

‚Goldig!' sagte Ed und warf einen Blick zum Kreisel. ‚Hey, da drüben, das sieht echt wie ‚ne coole Show aus. *Vida!* '

Zoe blickte auf eine Plakatwand, die einige halb nackte, barbusige Frauen anpries. Darunter stand ‚Casinos do Algarve'. Sie drehte sich nach Maria um, die entrüstet mit den Augen rollte.

Sie fuhren an Tausenden von einsamen, silberfarbenen Mietwagen vorbei, die in der Sonne glänzten. Nestlé und Coca-Cola flatterten an Fahnenmasten.

‚Die Nächste rechts', sagte Maria mit Bestimmtheit.

‚OK. 'Er bog auf eine andere Straße ab.

‚Da ist ein Stoppzeichen am Ende der Abzweigung. Du musst anhalten.'

‚Aber die Straße mündet in eine zweispurige Straße!' sagte Ed – und fuhr weiter.

Zoe stützte sich mit den Händen am Armaturenbrett ab, als er bremste. Scharf.

‚SCHEISSE! Wer im Himmel macht denn so eine Kreuzung? Sorry, Mädels.'

‚Ich denke, diese Kreuzungen stammen noch aus der Zeit, als es hier nur einige Eselskarren gab', sagte Maria diplomatisch. ‚Die neueren sind nicht so.'

Ed fuhr auf der zweispurigen Straße langsam und Zoe erspähte eine alte, verlassene Wassermühle, die sich von der roten Erde abhob, sowie Ruinen bunt verziert mit Graffiti. Als sie sich einer Ampel näherten, versuchte sie die Schilder an Läden, Werkstätten und Restaurants zu entziffern: *Frango piri-piri. Churrasqueira. Pneus. Super Bock. Delta Café.* Auf eine Brücke über die Straße hatte jemand ‚*Fora Capitalistas*' gekritzelt.

‚Was bedeutet ‚fora'?' fragte Zoe.

Keiner wusste es.

Auf der einen Straßenseite standen, auf stark erhöhten Podesten, ein brandneuer Porsche und ein Mercedes über den Ausstellungsräumen, auf der anderen lenkten Zigeuner einen Pferdekarren, hinter dem drei weitere Pferde her trotteten. Eine Frau mit zwei Kindern saß hinten; ihre Köpfe waren in bunte Tücher gehüllt.

‚Mensch, echte Zigeuner. In Großbritannien sieht man sie nicht mehr', sagte Zoe.

‚Es sei denn bettelnd auf der Oxford Street. Und in der U-Bahn. Und in den meisten anderen Zentren der Londoner Innenstadt', sagte Ed. ‚Gewöhnlich haben sie ein Baby im Arm, damit man sich schlecht fühlt, wenn man nichts gibt.' ‚Das sind gewöhnlich keine Roma', sagte Zoe und wünschte sich, sie wären endlich da. Bald würde er über die Polen herziehen und dann würde Maria ihm wahrscheinlich an die Gurgel gehen.

‚Egal. Das sind Zigeuner. Die kommen alle nach London, weil sie wissen, dass sie ein warmes Essen umsonst bekommen.'

‚Pech eigentlich, ich hab' noch nie eine Mahlzeit umsonst bekommen', sagte Zoe in dem Versuch, das Thema zu wechseln.

Ed lächelte. ‚Natürlich nicht. Du bist Engländerin. Aber wenn wir wieder in London sind, wäre es mir ein Vergnügen, dich zum Essen einzuladen.'

Oh nein, er flirtete mit ihr.

‚Also wie jetzt, gibst du ihnen was?'

‚Den Teufel werd' ich tun. Erst füttert man die Leute durch, und wenn du dich umdrehst, dann töten sie dich.'

‚Findest du nicht, dass du ein wenig zu sehr verallgemeinerst?' fragte Maria.

Zoe rang sich ein Lachen ab. Sie wollte keinen von beiden ermutigen. Und sie wollte auf keinen Fall darüber reden, wie jemand versucht hatte, sie zu töten. Das würde ihm gefallen. Ebenso wie den Klatschblättern. *Pakistani junge bedroht englische Lehrerin mit Gewehr nach Aufforderung eine Shakespeare Passage zu lesen* – es war egal, dass er Thomas hieß und Pakistan nicht einmal gesehen hatte. *Terrorismus im Klassenraum! Shakespeare bedroht!* Die Politik mit der Angst.

Sie hatte seine Eltern auf einem Elternabend getroffen. Seine Mutter, ihren Kopf in einen rosa Schal gehüllt, war eine große, blasse Frau aus dem Londoner East End – sie konnte sich kaum verständigen, so dass Zoe Angst hatte, Thomas würde einen hinter die Löffel bekommen, wenn seine Mutter nach Hause kam. Der Vater war Zoe als redegewandt in Erinnerung. Er hatte pakistanische Eltern, war aber in Leyton geboren und was ihn schockierte, war die Tatsache, dass sich sein Sohn ein Gewehr hatte besorgen können. Zoe glaubte, dass ältere Schüler mit Waffen handelten und dass er auf diese Weise an das Gewehr gekommen war. Sie wusste, dass Thomas kaum Freunde hatte, so wie die meisten Einzelkinder. Glücklicherweise war es der Schule gelungen, den Zwischenfall vor der Presse geheim zu halten. Sie mussten alle zur Polizei, aber Zoe hatte keine Anzeige erstattet. Er war doch nur ein verwirrtes Kind. Und es gab genügend Verwirrung in der Welt.

‚Ich wette, hier gibt's nicht viele Immigranten', sagte Ed.

‚Na ja, wie man's nimmt, nur eine viertel Million Briten', sagte Maria.

‚Die zählen nicht. Sie leben ja nicht gerade auf Kosten des Staates hier, oder?'

‚Nein, aber sie tragen auch nicht gerade besonders viel zum Staat bei', fuhr Maria ihn an.

‚Und ob, und das verdammt viel. Sie haben Grundeigentum, sie kaufen hier ein, sie gehen essen. Sie sind Teil der Tourismusindustrie – was der einzige Wirtschaftszweig ist, den es in der Algarve gibt. Ich meine, nun mal ehrlich, wie viele Fabriken siehst du?'

Maria lehnte sich nach vorne, rückte ihre Brille zurecht und steckte ihren Kopf zwischen den Vordersitzen hindurch. Zoe seufzte und schaute aus dem Fenster auf ein großes, elegantes Fußballstadion. Teppiche gelben und grünen Klees sahen so aus, als habe man sie an den Straßenrändern ausgelegt.

‚Es gab welche. Sardinenfabriken in Portimão und Tavira. War ein großer Industriezweig. Und Kork, natürlich. Aber das ist nicht der Punkt. Meine Eltern zum Beispiel zahlen 26 Euro Gemeindesteuern. Das ist nicht gerade ein bedeutender Beitrag und das ist alles, was sie zahlen.'

Ed zuckte mit den Achseln. ‚Die Engländer bringen viel Geld ins Land. Und die Dänen, Deutschen, sogar die verdammten Russen …'

‚Hier die Zweite rechts auf die A22', sagte Maria.

Sie kamen an einem Verkehrsschild vorbei, das anzeigte, dass Fußgänger und Karren nicht erlaubt waren.

‚Keine Autos!' sagte Zoe erstaunt, als sie die neue, leere zweispurige Autobahn entlang fegten. In der Ferne lagen Landhäuser locker verstreut, eingebettet in den Terrakotta Bergen, umgeben von Palmen und Pinien.

‚Ist das nicht sagenhaft? Neue Straßen, keine Autos, keine Immigranten …' Ed zwinkerte Zoe zu.

‚Ha, ha', sagte Maria in entsprechendem Tonfall, allerdings konnte Zoe nicht erkennen, ob sie wirklich verärgert war.

Sie überholten einen alten R4, der die rechte Spur entlang schlich. Ein Mann trank aus einer Flasche, die andere Hand am Steuer, eine Zigarette zwischen den Fingern.

‚Das erinnert mich an einen Witz, den ich gehört habe, als ich das erste Mal nach Portugal kam', sagte Maria. ‚Wollt ihr ihn hören?'

‚Schieß los', sagte Ed.

Maria lehnte sich nach vorne.

‚OK, also Zé hat Geburtstag und er wird von einer Gruppe von Freunden zum Essen ins Restaurant eingeladen. Er zieht seine besten Sonntagsklamotten an und fährt in seinem R4 runter in das Café am Ort und trinkt Kaffee und ein paar Glas Weinbrand. Und weil er ja Geburtstag hat, trinkt er auch noch einige kleine Biere mit den Dorfbewohnern. Dann fährt er ins Restaurant und trifft seine Freunde. Vorweg essen sie Suppe, Oliven und Brot, dann Wildschwein zum Hauptgang, und sie trinken sechs Flaschen Rotwein. Von seinen Freunden bekommt er eine Flasche Whisky zum Geburtstag. Sie essen, trinken und bringen ihm ein Geburtstagsständchen. Dann bestellen sie Café und Weinbrand. Schließlich verabschiedet sich Zé von seinen Freunden, stolpert mit der Flasche Whisky im Arm zum Auto und steigt ein. „Nur ein Schluck", denkt er – und öffnet die Flasche. Er lässt den Wagen an und fährt, laut singend, fröhlich seines Weges. Dann überholt ihn die GNR, die portugiesische Polizei, und stoppt so dicht vor ihm, dass er anhalten muss. Er kann gerade noch verhindern, auf das Polizeiauto aufzufahren. Der Polizist kommt zu ihm rüber.

„Nun, Senhor Zé, wie viel haben Sie getrunken?" fragt ihn der Polizist.

„Na ja, ich habe heute Geburtstag", lallt er, „ich hatte wohl einige Weinbrand und dann zwei kleine Bier und dann habe ich meine Freunde getroffen und wir haben sechs Flaschen Wein getrunken, einen Weinbrand – und dann bekam ich diese Flasche Whisky." Er hält die Flasche hoch und zeigt sie ihnen.

„Hm. Wie wär's, wenn Sie einmal hier hineinblasen?" Die GNR-Leute halten ihm ein Alkohol-Messgerät vor die Nase.

„Warum?" fragt Zé überrascht. „Glauben Sie mir nicht?"

Ed und Zoe lachten und die Anspannung löste sich.

‚Da, ein Zementwerk', sagte Maria, als sie an einem riesigen Steinbruch vorbeikamen.

‚Ha, na klar, um Häuser für die Touristen zu bauen!' Ed lachte triumphierend.

Zoe schloss das Fenster und im Auto kehrte Ruhe ein, während der Wagen durch die Algarve raste. Sie kamen an Wegweisern nach Lagos und Silves vorbei, überquerten den Fluss Arade, sahen links eine elegante Brücke liegen, die von weißen, strahlenförmigen Pfeilern getragen wurde. In der Ferne ließen Hochhäuser den Horizont als aus Bauklötzen geformte Silhouette erscheinen.

‚Das ist Portimão. Wir wollen nach Lagos Oeste/Vila do Bispo, 1. Abfahrt', sagte Maria.

‚OK.'

‚Wie lange wirst du hier bleiben?' fragte Zoe Ed.

‚Das hängt vom Investitionsvolumen ab, für das wir uns entscheiden. Ich gehe davon aus, dass ich die nächsten sechs Monate hier verbringen werde, aber ich werde zwischendurch immer wieder nach London zurückkehren müssen.'

‚Ich glaube nicht, dass es da noch viel zu erschließen gibt', sagte Maria. ‚Ich komme jetzt seit fünf Jahren her und sie haben die ganze Zeit gebaut. Entlang der Straße von Luz nach Burgau und bis fast ganz nach Salema wird gebaut. Eine viertel Million Pfund für ein Stadthaus mit einem Schlafzimmer.'

Zoe gähnte. Immigranten, Immobilienpreise, Häuser in der Sonne, die Bedrohung durch den Terrorismus, die Erwärmung der

Erdatmosphäre und der CO_2 Ausstoß waren die verbalen Grundnahrungsmittel des frühen 21. Jahrhunderts.

‚Es gibt da draußen noch billigen Grundbesitz', sagte Ed. ‚Schau dich um. Menschenleer.'

Er hatte recht. Zoe war ungeduldig, endlich ins Meer eintauchen zu können. Zu schwimmen, am Strand zu liegen, Fisch zu essen, Wein zu trinken, Bücher zu lesen. Sie hatte *Abbitte, Haus der Begegnungen* und noch ein Sachbuch – *Der Gotteswahn* – eingepackt. Wenn man vom Gewicht von Marias Koffer ausging, dann hatte sie die halbe Bücherei dabei. Maria hatte sie gewarnt, dass es zu dieser Jahreszeit ruhig sein würde, aber wer wusste das schon, vielleicht würde sie sogar einen Mann treffen. Ein umwerfender portugiesischer Mann mit samtener, goldener Haut, diesen Milchschokoladeaugen und den gebogenen schwarzen Wimpern. Am Besten ein Stier, denn sie hatte kürzlich gelesen, dass für sie als Zwilling ein Stier der perfekte Partner wäre – nicht dass sie wirklich an solche Dinge glaubte, aber wer wusste das schon so genau? Sie würden sich unsterblich ineinander verlieben und in einem kleinen Haus am Strand leben. Sie würde einen Job in einer Schule bekommen, wo man Englisch unterrichtete. Nach der Arbeit würden sie zusammen den Sonnenuntergang am Strand beobachten, bevor sie Fisch grillen und mit einem Glas kühlen Weins in der Hand unter dem Sternenzelt sitzen würden.

Zoe hatte fast vergessen, wie es war, eine feste Beziehung zu haben. Sie hatte ihre Jahre an der Uni zusammen mit Markus verbracht, aber nach dem Examen hatte er einen Abschluss als Lehrer für Englisch als Fremdsprache gemacht, während sie sich für die nervenzehrende Ausbildung als Lehrerin an allgemeinbildenden Schulen entschieden hatte. Sein Kurs hatte sechs Wochen gedauert und dann war er irgendwo in das Goldene Dreieck in Thailand verschwunden, während sie sich ein Jahr lang für ihre Ausbildung aufgerieben hatte. Er hatte offensichtlich jemanden getroffen oder er hatte sich bis zur Besinnungslosigkeit besoffen, denn sie hatte seit mehr als fünfzehn Monaten nichts von ihm gehört. Sie hatte sich mit einigen Männern verabredet, aber niemand hatte ihre Knie weich werden lassen. Die einzige Person, der das gelungen war, war der elfjährige Thomas.

‚Abfahrt 1 ist die Nächste', sagte Maria, als sie an einem kleinen Lastwagen vorbeirauschten, der mit Möbeln vollgepackt war. Der Schrank ganz oben sah so aus, als könne er jeden Augenblick abrutschen. Zoe lächelte. So etwas wäre in

Großbritannien nie erlaubt. Sie rechnete damit, dass Ed etwas in der Art sagen würde, aber er sagte nur:

‚Ich fange an, dieses Land zu mögen.'

Als sie von der Autobahn abfuhren, öffnete Zoe das Fenster wieder und ließ die warme blaue Luft ins Auto strömen. Die Berge waren mit weißen Landhäusern überzogen, umgeben von Zypressen, von Schirmpinien und von Obstbäumen, die weiß und rosa blühten. Palmen mit Punkfrisuren ragten in den blauen Himmel, andere sahen aus wie riesige Ananas. Wo sie nicht mit grünen Blättern und gelben Blumen bedeckt war, war die Erde rotbraun wie getrocknetes Blut.

Am nächsten Kreisel fuhren sie rechts ab in Richtung Vila do Bispo.

‚Lagos liegt in der anderen Richtung – da gibt's viele gute Bars und Restaurants', sagte Maria.

‚Hey, vielleicht können wir später da hinfahren', sagte Ed.

‚Und das Kulturzentrum und die Bücherei', fügte Maria hinzu.

Sie kamen an einer gepflegten Siedlung mit grünen Rasenanlagen und Wassersprengern vorbei und bogen dann rechts nach Luz ab. Die schmale Straße führte zum Meer, das die Bucht wie eine seidene Decke streichelte.

‚Fünfundvierzig Minuten. Nicht schlecht. Wollt ihr eure Sachen kurz ausladen und dann gehen wir essen?'

‚Ja, das wäre gut', sagte Maria.

Die Wohnung befand sich im zweiten Stock, inmitten einer Wohnanlage mit weißen Apartments und kleinen Landhäusern. Es roch im Raum nach Seeluft und Dunkelheit. Maria öffnete Fensterläden und Fenster, so dass das Licht herein strahlte. Ed bestand darauf, ihr Gepäck zu holen. Zoe lächelte ihn an. Sie hatte noch nie einen Mann gekannt, der das tat. Das musste mit der anderen Generation zusammenhängen; sie schätzte, dass Ed ungefähr fünfzehn Jahre älter war als sie.

‚Ist das nicht hübsch!', sagte Ed, während er vom Eingangsbereich auf den Balkon ging. Zoe folgte ihm. Ein rechteckiger Ausschnitt des Meeres schimmerte zwischen weißen Häusern, Bougainvillea und Palmen. Das war mehr als hübsch. Das war herrlich. Was für ein Kontrast zu Leyton. Kaum vorstellbar, dass beide Welten parallel existierten.

‚Wie viel haben deine Eltern dafür bezahlt?' fragte er Maria.

‚Hunderttausend Pfund vor drei Jahren. Sie kannten das Paar, das die Wohnung verkaufen wollte. Sie haben schon vorher öfter hier gewohnt. Daher glaube ich, dass es wohl ein Sonderpreis war.'

‚Die Wohnung ist fantastisch', sagte Zoe. ‚Stellt euch vor, wenn man so etwas besitzt, kann man herkommen, wann immer man will.'

‚Eines Tages wirst du auch in der Situation sein', sagte Ed.

Zoe hielt das für höchst unwahrscheinlich. Als Lehrerin an einer Stadtteilschule waren die Aussichten für sie nicht rosig.

Sie gingen zum Strand hinunter. Der goldene Sand erstreckte sich bis zum türkisfarbenen Meer, das von Felsen umgeben war. Die Klippen, die der halbrunden Form der Bucht folgten und aus gelben und orangefarbenen Schichten bestanden, sahen wie Biskuitböden aus, so als habe ein Riese einen großen Happen Landes abgebissen.

Auf einem Platz saßen mehrere Leute draußen. Sie sahen alle Englisch aus. Plakate warben für Bohnen auf Toast, englisches Frühstück und pochierte Eier auf Toast. Eine große Frau mit blonden Haaren und blauen Augen räumte den Tisch ab. Sie kam auf sie zu.

‚Sie sitzen hier', sagte sie mit starkem slawischen Akzent.

Zoe sah Maria an und sie konnten sich das Lachen gerade noch verkneifen. Sie kam entweder aus Polen oder aus der Ukraine.

‚Nein danke', sagte Ed zu ihr. ‚Das Restaurant dort sieht gut aus.' Dabei deutete er auf die Bar am Strand.

‚Hier ist doch OK', sagte Maria. ‚Wir zahlen, schon vergessen?'

‚Nein Mädels, ich bestehe darauf. Los, wir wollen Spaß haben.'

Zoe hätte nichts dagegen gehabt, auf dem Bürgersteig zu sitzen, aber sie folgten Ed in das teuer aussehende, aus Holz gebaute Strandrestaurant.

‚Und da ist auch schon ein Tisch für uns', sagte Ed und übernahm zielbewusst die Führung. ‚Bedienung, wir wollen einen Tisch.'

‚Oh nein', murmelte Maria.

Zoe lachte.

Sie setzten sich an den Tisch auf der Terrasse, den Ed wollte, während ein Kellner mit diesen Augen wie Milchschokolade und kurzen, dunklen Haaren ihnen die Speisekarte gab. Maria war Vegetarierin, aber sie aß Fisch, sodass sie sich für Garnelen entschieden – *camarão*.

‚Welchen Wein empfehlen Sie?' fragte Ed den Kellner.

‚Ein *Vinho verde* ist gut zum Mittagessen und zu *camarão*.'

‚*Vinho verde*. Dann nehmen wir diesen hier.' Sein Finger landete unten auf der Karte.

‚Aber der kostet fünfundzwanzig Euro', zischte Zoe.

Ed zuckte mit den Achseln. ‚Geht auf mich. Hättest du auch gerne eine Flasche Weißwein?'

‚Nein danke', sagte Maria in schroffem Ton. ‚Aber könnten wir bitte eine Flasche Wasser haben?' fragte sie den Kellner.

Der Kellner nickte und notierte alles.

‚Hier arbeiten nur Männer', stellte Zoe fest, nachdem der Kellner verschwunden war. ‚Warum wohl?'

‚Vielleicht, weil die Männer die Frauen und Familien ernähren müssen', sagte Ed.

‚Glaubst du, das läuft hier noch so?' fragte Zoe.

‚Das läuft hier noch so wie überall', sagte Ed.

Zoe meinte, einen Anflug von Bitterkeit herausgehört zu haben.

‚Nein, so läuft es nicht', sagte Maria.

‚Zumindest arbeiten hier Portugiesen.' Ed zwinkerte Zoe zu.

Glücklicherweise brachte der Kellner einen Korb mit Brot, Butter, Sardinenpaste und Oliven. Dann kam der Wein in einem Eiskühler. Der Kellner schenkte den Wein ein.

‚Prost, Mädels! Auf unsere Zeit in Portugal!'

Sie stießen alle an, probierten den milden, moussierenden Wein und murmelten ihre Zustimmung, sogar Maria. Zoe verschmolz mit ihrer Umwelt. Dies war das Paradies. Einige Jungen, Einheimische, spielten in den Wellen, ihre kleinen Körper wie geröstete Kastanien. Ein kleines blondes Mädchen war konzentriert damit beschäftigt, eine Sandburg zu bauen und klopfte die feinen Sandkörner mit einem kleinen Spaten fest, während ihre Eltern unter einem Sonnenschirm saßen und mit zwei kleineren Kindern spielten.

‚Was für eine perfekte Welt für Kinder', murmelte Zoe.

‚Sie ist ziemlich perfekt für Erwachsene', sagte Ed.

‚Kinder gehören sehr zum portugiesischen Leben dazu', sagte Maria. ‚Sie sind immer dabei. Vielleicht kommt es daher, dass sie uns nicht immer gut erzogen vorkommen. Nicht wie in England.'

Das türkisfarbene Meer brandete auf und ab und glättete den verwehten goldenen Sand. Wie hypnotisiert dachte Zoe über die Verschiedenartigkeit des Lebens nach und über die geografischen und sozialen Zufälligkeiten, die darüber entschieden, in was für ein

Leben ein Mensch geboren wurde. Wie anders wäre sie, wenn sie in eine Familie von Fischern in der Algarve geboren wäre? Oder wenn sie die Tochter eines Chirurgen in Lissabon wäre? Oder die Tochter eines Politikers in Amerika? Oder die Tochter eines Bettlers in Rumänien? Es war alles so willkürlich. Und dann vermitteln Familie und Gesellschaft gewisse Traditionen und Erwartungen, machen es fast unmöglich für den Einzelnen, seiner Erziehung zu entfliehen oder sein Schicksal selbst zu bestimmen. Aber nur fast. Zoes Mutter arbeitete in der Fleischhalle in Leicester und ihr Vater war Gelegenheitsarbeiter auf dem Bau, mit langen Ausfallzeiten. Zoe hatte es geschafft, Lehrerin zu werden, eine Akademikerin. Sie hatte es geschafft, ihr soziales Umfeld zu ändern; sie hatte ihr Schicksal selbst bestimmt. Sie sah sich um und hatte das Gefühl, dass das, was sie erreicht hatte, irgendwie noch nicht alles sein konnte. Sie wollte mehr. Sie faltete ihre Serviette sorgfältig zusammen und fragte sich, ob das so falsch war. Die *camarão* kamen und sie vertieften sich alle ins Essen.

‚Köstlich', sagte Ed, obwohl er auch die Köpfe mitaß.

‚Hm', sagte Maria, ausnahmsweise einmal mit Ed einer Meinung.

‚Was machst du in London?' fragte Zoe.

‚Ich bin Börsenmakler. Ich hantiere mit dem Geld anderer Leute. Aber ebenso wie die gewöhnlichen Öl-, Telecom- und Dotcom-Gesellschaften haben wir vor, ins Immobiliengeschäft einzusteigen. Einige unserer Kunden wollen mehr Sicherheit.'

‚Also hat das nichts mit den Bankgesetzen zu tun, die hier mehr Privatsphäre gewähren?' fragte Maria wissend.

Ed nahm einen großen Schluck Wein. ‚Das ist auch ein Positivfaktor.'

‚Wie meinst du das?' sagte Zoe.

‚Das bedeutet, dass es leicht ist, Geld zu waschen', sagte Maria.

‚Was genau? Mafia-Geld?'

‚Na ja, eher das Geld von Geschäftsleuten und Politikern', antwortete Maria.

‚Du arbeitest für die Mafia?' fragte Zoe.

‚Es tut mir Leid, aber alle Informationen über unsere Kunden sind vertraulich', sagte Ed und zwinkerte ihr zu.

‚Ist es das, was du in den Staaten auch gemacht hast?' fragte Zoe.

‚Etwas sehr Ähnliches, ja, es ist so, dass wir eine Partnerfirma in New York haben.'

Zoe hob ihr Glas und starrte auf die langsam aufsteigenden Bläschen. Sie hatte bis jetzt nur in London und Leicester gewohnt. Sie war sich nicht sicher, ob ihr einer der Orte gefiel.

‚Ich habe mir vorgenommen, hier zu leben', sagte Zoe. Sie hatte nicht die Absicht gehabt, das zu sagen, aber als sie es tat, fühlte es sich wie die richtige Entscheidung an.

‚Trau dich', sagte Ed und stieß mit ihr an.

‚Du wirst gerade von See, Sonne und Shrimps verführt', sagte Maria. ‚Ich kenne viele Freunde meiner Eltern, die hierher gezogen und wirklich unglücklich sind. Sie werden zu Alkoholikern.'

‚Noch eine Flasche', sagte Ed zum Keller.

‚Das liegt daran, dass sie keine Beschäftigung haben', sagte Zoe. ‚Ich werde mir einen Job suchen. Hier muss es Schulen geben.'

‚Ja, ich glaube, es gibt eine internationale Schule', sagte Maria. ‚Aber Zoe, denk' an all' die verzogenen Schüler auf Privatschulen. Du würdest dich schnell nach der richtigen Welt sehnen.'

‚Warum meinst du, dass dies nicht die Wirklichkeit ist?' sagte Zoe. ‚Dies ist real für die Leute, die hier leben.'

‚Ja, aber die meisten Leute leben nicht so wie hier. Was du hier siehst, ist die Elite.'

‚Was ist falsch daran, wie die Elite zu leben?' sagte Ed.

Maria warf ihm einen vernichtenden Blick zu, so als sei es unter ihrer Würde, auf so eine dumme Frage zu antworten.

Ed dippte eine Garnele in die Knoblauchsoße. ‚Weißt du, wenn man Krebse in einen Korb tut und einer von ihnen versucht herauszukrabbeln, dann ziehen ihn die anderen Krebse wieder hinein. Zoe ist gerade dabei zu versuchen, aus dem Korb zu kriechen.'

Zoe lachte. Sie musste ihm zustimmen. Er hatte irgendwie recht.

Ed lachte. ‚Um ehrlich zu sein, es ist gut zu hören, dass der gute alte Sozialismus in Europa noch blüht und gedeiht.'

‚Ich würde einfach gerne eine Zeit lang irgendwo anders leben', sagte Zoe und zündete sich eine Zigarette an. Maria wedelte den Rauch zur Seite.

‚Tu's einfach, Mädel', sagte Ed und schenkte noch mehr Wein ein.

‚Mal ehrlich, mein Leben als Lehrerin an einer Schule im Osten von London ist ein ständiger Kampf. Ich habe kein Sozialleben, ich habe kein Geld, ich lebe in einem Loch, ich habe viele

Schulden. Was habe ich zu verlieren?' Zoe atmete tief ein, nicht mehr sicher, ob es der Wein war, der sprach, oder sie selbst.

Maria zuckte mit den Schultern. ,Denk an all die Kinder, denen du hilfst.'

Zoe konnte jedoch nicht umhin zu denken, dass sie selbst es war, die im Augenblick Hilfe brauchte.

,Trinken wir auf den Versuch, aus dem Korb zu krabbeln!' sagte Ed.

,Trinken wir auf die Vereinigung aller Krebse!' sagte Maria, wobei sie Ed anlächelte.

Sie stießen an, lachten und lehnten sich zurück, gesättigt. Keine einzige Garnele blieb übrig.

,Wie sagt man „danke"?', fragte Zoe.

,Eine Frau sagt „Obrigada", ein Mann „Obrigado „' sagte Maria.

,*Obrigada*'

,Da ist ja eine *Portugal News*', sagte Maria und beugte sich über den Nebentisch, um sich die Zeitung zu greifen. ,Du könntest hier einen Job finden.'

Zoe blätterte die Zeitung von hinten durch und ihre Augen fielen auf eine Anzeige, in der Englisch- und Mathelehrer an der *International School* in Lagos gesucht wurden. Sie blinzelte zweimal und ihre Pulsfrequenz erhöhte sich. Sie hatte das Gefühl, als habe jemand die Anzeige für sie aufgegeben. Während Maria auf der Toilette war, riss sie sie heraus. Ed zwinkerte ihr zu.

,Ich denke, es ist Zeit für dich, aus dem Korb zu krabbeln.'

,Ich denke, du könntest recht haben', sagte Zoe. Der Job passte, der Ort passte. Was sie jetzt noch brauchte, war ein Mann und ein Haus am Meer.

,Hey, hättest du Lust, mal mit mir wegzugehen?' fragte Ed. ,Hier ist meine Karte. Ruf mich an.'

Es war ein Glück, dass Maria wiederkam.

2. Am Strand

‚Der Seebarsch ist *espectacular*', sagte Zé, wobei er mit dem Stift auf seinen Block trommelte, um zu betonen, *wie* fantastisch der Fisch war. ‚Wollen Sie, dass ich ihn zeige?'

‚Nein, wir sind schon entschieden', sagte die Mutter hastig. ‚Ich denke, ich nehme das Filet. Und du, Jack?'

‚Ich nehme den Tintenfisch', sagte Jack. Er war ziemlich rot, ziemlich kahl und ziemlich fett. Wie fast alle Ausländer.

‚Eine gute Wahl. Ein Filet, ein *lulas*. Und für die jungen Damen?'

Zé ließ ein Lächeln aufblitzen, als er den jungen Damen, wahrscheinlich ihre Töchter, seine volle Aufmerksamkeit widmete. Eine von ihnen hatte dunkle Haare, blassen Teint, der von der Sonne des Tages leicht gerötet war, und eine kleine Nase, auf der eine riesige Brille thronte. Nicht schlecht, aber zu ernst. Aber die andere. *Espectacular,* urteilte Zé spontan und hämmerte nochmals mit dem Stift auf den Block. Augen in der Farbe des Meeres an einem Winternachmittag und lange, schimmernde blonde Haare wie Sonnenstrahlen. Sie musste ungefähr zwanzig sein. Touristen. Immer die Besten. Er nahm an, dass es der erste Besuch der Familie war, da er sie noch nie zuvor in Salema gesehen hatte. Er warf einen Blick auf ihre Finger, die die Speisenkarte hielten. Kein Ring. Sie bewegten sich rhythmisch auf der schwarzen Oberfläche – so als wüsste sie, dass er hinsah.

‚Ich hätte gerne die Spinat-Lasagne', sagte die Dunkle mit der Brille.

‚Eine Spinat-Lasagne', sagte Zé. ‚Und Sie?' fragte er behutsam und schaute der Schönen in die Augen. Er wusste, dass Nordeuropäerinnen besonders seine dunklen Augen unwiderstehlich fanden. Er war außerdem groß; was Frauen anging, ein Vorteil gegenüber all den anderen Jungs im Dorf. Er war ihnen um vieles voraus. Paulo nahm wohl an, dass er es fast mit ihm aufnehmen konnte, aber das war schlicht falsch. Zé hatte einen Fehler begangen. Zwei Jahre lang war er mit einem Mädchen aus dem Dorf verlobt gewesen, aber sie hatte sein Auto zu Schrott gefahren und ihn letzten Sommer verlassen. Er hatte seine Lektion gelernt. Er vermisste sein Auto wirklich. Ein schwarzer VW-Golf. Wie eine Verrückte war sie den Trampelpfad bei den Felsen hinuntergefahren und hatte dabei kein Hindernis ausgelassen. Von seinem Auto blieb ein hässliches Stück Metall ohne Räder.

,Ich nehme den *robalo*', sagte die Schöne.

,Einmal *robalo*', sagte er, ,Ihre Aussprache ist sehr gut.'

,Obrigada', sagte sie und lächelte ihn an. Ihm wurde heiß und kalt und er griff nach dem Aluminiumtisch, um sich zu fangen. Er blickte auf das Meer hinaus, aber selbst das schien zu vibrieren wie Fischschuppen. Es war Ebbe, der goldene Strand ins Licht des Sonnenuntergangs getaucht.

Sie zog den Reißverschluss ihrer blauen Jacke zu.

,Ist Ihnen kalt?' fragte er. ,Sie möchten drinnen sitzen?'

,Nein danke. Es ist zu schön, um drinnen zu sitzen.'

,Das stimmt.'

Ohne zu zögern, bestellte der Vater eine Flasche Periquita. Vielleicht waren sie vorher schon mal in der Algarve gewesen.

,Sind Sie zum ersten Mal in Portugal?' Er musste die Frage einfach stellen.

,Aber nein, wir kommen immer wieder her. Aber Zoe ist das erste Mal hier.' Der Mann zeigte auf die Schöne.

,Verstehe', sagte Zé. Er war verwirrt, denn sie konnte nicht ihre Tochter sein, da sie das erste Mal hier war – obwohl es bei den Engländern eigenartige Familienverhältnisse gab. ,Und es gefällt Ihnen?' fragte er Zoe. Zé und Zoe, ertappte er sich in Gedanken.

,Ich liebe es. Ich überlege, ob ich wiederkomme, um immer hier zu leben.'

Zé zögerte. Das wäre eher kompliziert. ,Es würde Ihnen sehr gefallen', sagte er.

Er ging ins Haus, rief die Bestellung in die Küche hinein und bat Paulo um den Wein. Es war erst Ende April und zum Glück rechneten sie nicht mit vielen Gästen, da Benifica gegen Setubal spielte. Ein paar Einheimische saßen an der Theke und schauten sich den Medienrummel vor dem Spiel an. Er stellte sich zu ihnen und steckte sich eine *SG*-Zigarette an. Benifica würde natürlich gewinnen, aber der FC Porto stand in der Tabelle weiter oben. Um einen Punkt besser. Dann Sporting. Einen Punkt weniger. Dann Benifica. Wenn Sporting und Porto beide verlieren würden, dann bestand eine Chance. Der Ton war leise gestellt, da der Besitzer der Meinung war, dass nicht alle Touristen Fußball sehen wollten. Er sagte, sie hörten lieber dem Rauschen des Meeres zu. Aber er war Deutscher.

,*Bonita*', sagte Paulo, gab ihm das Tablett mit den Getränken und deutete mit einem Nicken auf den Tisch auf der Terrasse.

,Hm.' Zé schaute ihn mürrisch an. Paulo hatte in England gelebt und sprach gut Englisch, aber Zé rief sich in Erinnerung, dass Paulo am Ende fast immer betrunken war und die Kontrolle verlor. Oder in Prügeleien verwickelt war. Ausländerinnen gefiel das nicht. Portugiesischen Mädchen wohl auch nicht. Außerdem sah Paulo alt aus. Eine Frau hatte ihn gestern Abend auf achtunddreißig geschätzt. Zehn Jahre daneben.

,Meinst du, sie wollen nachher mit zur Party kommen?' sagte Paulo.

,Glaub ich kaum. Sie sind mit ihren Eltern da, zumindest eine von ihnen – glaube ich.'

,Schade eigentlich.'

Zé goss Wein in das Glas des Vaters, um ihn kosten zu lassen. Er schwenkte das Glas, nahm eine Nase voll, nippte und sagte dann, dass der Wein in Ordnung sei. Die Dunkle schaute Zé mit ihren wunderschönen Augen eigenartig an, fast als sei sie sauer, und fummelte an ihrem Glas herum. Er lehnte sich über die Schöne. Sie roch nach Kirschen. Sie konnten unmöglich verwandt sein.

,Danke', sagte Zoe. Sie lächelte ihn an.

Das Verlangen, sich mit ihr auf dem Boden zu wälzen, war stark, aber er legte eine Hand auf den Rücken und goss den anderen Wein ein.

Die Schöne holte ein Päckchen Benson & Hedges heraus. ,Ich kann hier rauchen, oder?'

,Natürlich können Sie hier rauchen, wann immer Sie wollen.' Er hatte sofort ein Feuerzeug zur Hand und beugte sich über sie. Die mit den großen Augen wedelte den Rauch zur Seite.

,In England ist es überhaupt nicht erlaubt, in Restaurant oder Bars zu rauchen.'

,In Portugal das wäre Revolution', sagte Zé.

,Sie wissen, dass die EU-Verordnungen auch hier gelten werden', sagte der Vater.

,Mag sein, vielleicht für einen Tisch.'

Alle lachten. Zé fühlte sich gut. Es gefiel ihm, wenn die Leute lachten. Sie hoben ihre Gläser und er zog sich zurück, um an der

Theke den Rest seiner brennenden Zigarette zu rauchen. Das Spiel wurde angepfiffen, aber schon nach einigen Pässen tauchten die Körbe mit dem hausgemachten Brot, Oliven, Butter, Schafskäse und in Knoblauch eingelegte Karotten auf der Theke auf. Er trug die Vorspeisen rasch hinaus. Dann stand er direkt hinter der Schönen, um sie auf dem Tisch zu platzieren.

‚Wohnen Sie hier im Ort?' fragte er den Vater.

‚Na ja, wir sind in Luz...'

‚*Golo!*'

Für den Bruchteil einer Sekunde drehte sich Zés Kopf in Richtung des Fernsehers. *Ahhh!* Simao hielt sich den Kopf. Er hatte vorbeigeschossen. Plötzlich sah der Abend nicht mehr so viel versprechend aus. Benifica hatte kein Tor geschossen, die schöne Zoe wohnte in Luz, fünfzehn Kilometer entfernt – und er hatte kein Auto.

Eine Gruppe von zehn Personen kam und im Paraíso war für diese Jahreszeit unerwartet viel zu tun. Im Winter hatten sie einige Monate schließen müssen, weil Hans, der deutsche Besitzer, sagte, dass sie es sich nicht leisten könnten, das Restaurant geöffnet zu lassen. Das kleine Fischerdorf leerte sich, so als hätte die Flut alle weggespült. Fast überall war geschlossen. Zé hatte überlegt, ob er wegfahren sollte, aber er hatte all sein Geld ausgegeben. Tatsächlich hatte er das meiste davon verspielt, aber das kümmerte ihn nicht. Er hätte ohnehin nicht gewusst, wo er hinfahren sollte. England war zu kalt und zu stressig – wenn er sich die Leute anschaute, die hier ankamen. Außerdem würde er dort nicht rauchen dürfen. Er sprach nicht so gut Deutsch oder Französisch und dort kannte er niemanden. Hier hatte er ein Zuhause, eine Mutter, die ihn anbetete, einen älteren Bruder, der arbeitslos war – nicht nur im Winter – und außerdem blieb ihm genug, um sich im *Social Club* einen zu trinken. Er war zufrieden. Er mochte den Winter. Und jetzt verdiente er gutes Geld. Sein Job machte ihm Spaß, besonders wenn viel zu tun war und sein Kopf nicht zu sehr hämmerte. Er hatte angefangen, als er zwanzig war und jetzt arbeitete er das fünfte Jahr in einem der besten Strandrestaurants in der Algarve. Respekt und Diskretion waren das Erfolgsgeheimnis. ‚Der Gast hat immer recht', hatte Hans ihnen gesagt. ‚Selbst wenn das nicht der Wahrheit entspricht. Beantwortet ihre Fragen, lacht, wenn sie lachen, und zieht euch zurück, wenn man euch nicht braucht. Seid immer diskret. Stellt nie Behauptungen auf. Seid immer respektvoll. Und schlaft nie mit ihnen.' Beim letzten Satz hatten alle gelächelt.

Zé bewegte sich geschmeidig von Tisch zu Tisch, nahm Bestellungen auf, brachte Getränke und Vorspeisen. Er hatte nur Zeit, den Spielstand zu sehen und es stand immer noch 0-0. Nur fünfzehn Minuten vor Spielschluss. *Parvos* konnte keine Tore schießen. Der FC Porto hatte so gut wie gewonnen. Das gleiche galt für Sporting. Wenn Benifica dieses Spiel verlor, dann konnten sie nicht mehr Meister werden. Gelegentlich schaute er hinüber zu Zoe. Sie schien immer zu lachen oder zu reden. Während sie sprach, tanzten ihre Hände über den Tisch. Der Vater bestellte eine weitere Flasche Wein zum Essen.

‚Wie lange bleiben Sie?' gelang es ihm zu fragen, als er den Teller abräumte.

‚Wir fliegen morgen', sagte der Vater. ‚Die jungen Damen hier bleiben noch ein paar Tage länger.'

Zé lächelte und nickte. Ein portugiesischer Vater würde seiner Tochter nie erlauben, alleine zu bleiben, aber für ihn waren das gute Aussichten. Wenn er nur ein Auto hätte.

‚Wir sind schon seit zehn Tagen hier', sagte Zoe.

‚*Golo!*'

Er musste sich nicht umdrehen, um zu wissen, dass Benifica ein Tor geschossen hatte. Er seufzte erleichtert, während sie Kaffee mit Milch bestellten, wie die meisten Ausländer – und einen Weinbrand für den Vater, wie die meisten Männer. Maria und ihre Mutter bestellten den Mandelkuchen. Zoe wollte nichts.

Er beeilte sich, Kaffee und Weinbrand von der Theke zu holen. Miccoli hatte das Tor geschossen. Gott sei Dank.

Ihre Rechnung belief sich auf siebenundachtzig Euro und der Vater zahlte mit einem 100 Euro Schein und sagte, er könne das Wechselgeld behalten.

‚Herzlichen Dank, Sir', sagte er.

Nach der Arbeit war Zé überrascht, Zoe in der Azar Bar zu finden, wo sie mit einem englischen Typen, Pete, sprach. Die Dunkle mit der Brille saß neben ihr und trank ein *imperial*. Von den Eltern keine Spur. Er ging auf sie zu und stellte sich hinter Zoe. Sie war fast so groß wie er, aber nur fast. Schlank, sexy, mit dem süßesten Arsch. Sie drehte sich sofort um, als wüsste sie, dass er es war. Als sie seinen Arm berührte, war er wie elektrisiert. Er lächelte sie an und wusste, er würde sich bei Hans entschuldigen müssen.

‚Hey', sagte sie. ‚Schon Feierabend?'

‚Ja, um elf.'

‚Möchtest du was trinken?'

‚Ein kleines Bier?'

‚Klar. *Três cervejas por favor*', bestellte sie bei José, den Mann an der Theke.

‚Wo sind die Eltern?' fragte er.

‚Sie sind nach Luz zurückgefahren. Wir bleiben hier.'

Zé musste einfach grinsen. Benifica hatte gewonnen. Das schöne Mädchen war allein in Salema. Fast. Er musste nur jemanden finden, der ein Auto hatte, damit sie zu der Party gehen konnten. Jemand anders als Paulo.

‚Wo hast du Englisch gelernt?' fragte ihn Maria.

‚Hier', sagte er.

‚Du warst noch nie in England? Amerika? Echt nicht?' fragte ihn Zoe.

Er schüttelte den Kopf. ‚Jeder sagt mir, ich sollte nicht hinfahren. Sie kommen hierher und sagen mir, dass ich Glück habe, hier zu leben.'

‚Aber willst du das nicht selbst sehen?' Maria schob ihre Brille wieder zurück und starrte ihn mit großen Augen an.

Zé zuckte mit den Achseln und trank sein Bier. ‚Nicht wirklich. Vielleicht irgendwann.' Außerdem hatte er nie genug Geld gehabt. Ausländer verstanden das nicht. Er würde eine Woche arbeiten müssen, um zu verdienen, was sie für ihr Abendessen ausgegeben hatten.

Pete hatte ein Auto und vielleicht wollte er zur Party fahren. Er fragte ihn, aber Pete sagte, dass er am nächsten Tag arbeiten müsse. Zé war gerade dabei, weitere Drinks zu bestellen, als Paulo hereinkam. Paulo ging sofort auf die beiden Mädchen zu und legte seinen Arm und sie.

‚Hey, Girls, habt ihr Lust auf ‚ne Party?'

Zé hätte ihm eine reinhauen können, aber dann wollte Zoe von Paulo wissen, ob Zé auch mitkommen würde. Zé nickte und grinste Paulo an.

‚*Cabrão,* die legst du flach', sagte Paulo auf Portugiesisch zu ihm und wendete sich dann den Mädchen zu. ‚Also gehen wir alle.'

‚Was für eine Party?' fragte Maria. Nach ein paar Bier schien sie entspannter zu sein. Zé gab ihr eine weitere Flasche.

‚So 'ne Fete draußen bei Barão São João', erklärte Paulo.

‚So 'n Typ aus New York macht den DJ. Ist die erste Party der Saison.'

‚Klingt cool', sagte Zoe. ‚Wie kommen wir hin?'

‚In meinem Auto.'

‚Aber du trinkst?'

Paulo schüttelte den Kopf. ‚Nur Bier.'

Die Mädchen lachten, als sie Paulos R4 sahen. Zugegeben, er war fast so verbeult wie Zés VW, aber er hatte Räder. Maria wollte erst nicht einsteigen, erst recht nicht, als sie hörte, dass sie die Tür von innen würde zuhalten müssen, da sie manchmal abfiel.

‚Seid ihr sicher, das ist legal?' fragte Maria wiederholt.

‚Ganz sicher. Aber wir nehmen die Nebenstraßen', sagte Paulo und fuhr los.

‚Ich glaube, meine Oma hatte so eins, damals in den Sechzigern oder Siebzigern', sagte Zoe.

‚Guck' dir an, wo der Schaltknüppel sitzt!' sagte Maria.

‚Ich find's süß. Ich mag es.'

‚Anscheinend verstößt das gegen EU Verordnungen', sagte Paulo. ‚Die werden nicht mehr gebaut.'

‚Warum?'

‚Keine Ahnung. Ich habe sogar Scheinwerfer. OK, halt die Tür fest, wir müssen eine kurze Strecke über die 125 fahren', warnte Paulo vor.

Es war inzwischen Mitternacht: Die Straßen waren leer, aber die GNR hatte es sich zur Gewohnheit gemacht, Straßensperren aufzustellen und alte Autos anzuhalten. Wenn man jung und blond war, konnte man damit vielleicht durchkommen, aber Paulo wäre geliefert. Er hatte nicht einmal einen Führerschein. Sie hatten Glück; es gab keine Straßensperren. Sie fuhren von der Hauptstraße ab und bogen in eine Nebenstraße ein.

‚Kommt ihr öfter hier her?' fragte Zoe und lehnte sich nach vorne. Ihr warmer Atem kitzelte Zés Nacken.

‚Nee, dies ist 'ne neue Party. Ist jedes Jahres anders.'

Sie holperten durch ein Tor und einen Weg entlang. Eine Lichterkette dekorierte die Hecke und Musik erfüllte das Gelände mit dumpfem Klang. Schließlich stießen sie auf Dutzende von Autos, die seitwärts in den Graben geneigt parkten. Paulo steuerte den Renault in Richtung Hecke und machte den Motor aus. Die Mädchen applaudierten.

Sobald sie aus dem Auto gestiegen waren, legte Zé den Arm um Zoe und sie kuschelten sich aneinander. Er konnte es nicht erwarten, nackt mir ihr zusammen zu sein. Paulo ging mit Maria vor ihnen.

‚Du bist schön, weißt du das? Du hast einen Freund?' fragte Zé Zoe.

‚Nein', antwortete sie.

Zé meinte, irgendeine Form von Zögern zu spüren. ‚Du solltest einen Freund haben. Vielleicht zwei?'

‚Ja, vielleicht sollte ich das.' Sie lachte. ‚Und du?'

‚Ich habe vier.' Er wusste, sie würde ihm nicht glauben.

‚Jungs?' Sie lächelte ihn an.

Er lachte.

‚Schau dir die Sterne an', sagte sie. Welches Sternzeichen bist du? Horoskop?'

‚Sternzeichen? Oh, ich bin der Stier.' Er hob die Hände zum Kopf und tat so, als wollte er sie angreifen. Sie wand sich wie ein Fisch auf dem Trockenen. Lachend warf er sie über seine Schulter und schwang sie in die Luft. Er setzte sie ab und zog sie zu sich hin, die Lippen bereit, sie zu küssen.

‚Nun los, ihr beiden, beeilt euch', rief die strenge Maria.

‚Ich bin Zwilling. Wir passen perfekt zueinander', sagte Zoe.

‚Natürlich tun wir das', sagte er und war sich seines halb geöffneten Mundes bewusst, als sie ihn wegschob.

Er nahm ihre Hand und sie holten die anderen ein. Es gab eine Tanzfläche, wo der DJ am Mischpult stand; außerdem einige Zelte, in denen es nur Flaschenbier und Rotwein gab. Zé bezahlte den Eintritt von fünf Euro für jeden und Paulo holte die Biere. Sie tanzten eine Zeit lang und dann kaufte Zé mehr Flaschen Super Bock. Er wollte mit Zoe allein sein. Also nahm er sie bei der Hand und sie entfernten sich von der Party, gingen vorbei an Leuten, die aneinandergeschmiegt auf dem Boden saßen, Joints rauchten und die Sterne anschauten.

‚Es ist schön', sagte sie.

Er fand eine abgeschiedene Stelle zwischen Büschen, zog seine Jacke aus und legte sie für sie auf die steinige Erde. Im Mondlicht glühten ihre Augen elektrisch blau. *Espectacular.* Sie küsste ihn. Intensiv, leidenschaftlich, liebevoll. Ihm war, als würde er völlig aufgesogen. Er schloss die Augen.

‚Zé! Zeit zur Arbeit zu gehen!' rief seine Mutter. ‚Es ist fast vier Uhr!'

Er öffnete kurz die Augen und war erleichtert, dass er sich in seinem Bett befand. Dann fühlte er sich den Puls und verfiel in Panik, weil er nur seinen hämmernden Kopf wahrnehmen konnte. Er stöhnte, als sich das Puzzlestück der letzten Nacht an die passende Stelle schob. Paulo hatte mit ihm bis zehn Uhr morgens weiter getrunken, da es Maria abgelehnt hatte, sie in ihrem Apartment schlafen zu lassen. Zé quälte sich mit dickem Kopf und wunden Knien aus dem Bett. Er duschte, zog sich an und stolperte den Berg hinunter in die *pastelaria*. Er brauchte einen Kaffee und einen *Macieira*. Er prüfte sein Handy und fand drei Nachrichten von Zoe. Bevor er Zeit hatte sie zu lesen, sah er sie draußen sitzen und ein Buch lesen. Sie trug einen großen Schlapphut aus Stroh. Er erinnerte sich, wie sie sich unter dem weiten, dunklen Himmel geliebt hatten. Sie war einfach fantastisch, aber ihm war übel. Und er wollte nicht, dass irgendjemand von den Jungs ihn mit ihr sah. Gerüchte verbreiteten sich im Dorf schneller als er den Berg hinaufgehen konnte.

‚Hey, Zé, ich dachte, wir wollten diesen Nachmittag an den Strand?' sagte sie, als er näher kam.

‚*Boa tarde*, Zoe', sagte er und küsste sie auf beide Wangen. ‚Wie geht es dir?'

‚Ich bin OK', sagte sie. ‚Ein bisschen verkatert. Das war eine super Nacht. Ich habe mich wirklich wohlgefühlt.'

‚Ich auch.'

‚Warum bist du nicht gekommen?'

‚Ich hab' geschlafen. Paulo und ich trinken zu viel und jetzt brauche ich einen Kaffee vor der Arbeit. Ich muss gehen. Wir sehen uns später, OK?'

‚Oh … OK.'

Er ging in die *pastelaria*. Die Jungs begrüßten ihn. Einige der älteren Fischer, auch sein Onkel Rui, der nicht viel älter war als Zé, und sein kleiner Sohn, Marinho, aßen *percebes*. Marinho erinnerte Zé an sich selbst in dem Alter. Zé hatte auch Fischer werden wollen wie sein Vater. Wie damals der Vater eines jeden.

‚Du siehst aus, als ob du heute zur See gefahren wärst, Zé', frotzelte Rui. ‚Ich hoffe, du hast einen guten Fang gemacht!'

‚Den bisher besten – und es war nicht kalt und nass wie auf dem Meer.'

‚Dir wäre kalt und du würdest nass, weil du betrunken reinfallen würdest.'

Zé lachte, holte sich seinen Kaffee und Weinbrand und setzte sich zu einigen der Jüngeren, die das gestrige Fußballspiel diskutierten. Rui musste verrückt sein, immer noch auf Fischfang zu gehen. Er kippte den Weinbrand hinunter. Es war, als ob er den Kopf in einen Eimer mit eiskaltem Meerwasser steckte. Seine Augen weiteten sich, sein Gesicht brannte und er begann, seinen Herzschlag zu fühlen. Jetzt war er gerade so in der Lage zu arbeiten. Zoe saß nicht mehr draußen, als er aus der *pastelaria* kam. Die Nachrichten auf seinem Handy waren: ‚Olá Zé, gehn wir später zum Strand?'... ‚Bin in der *pastelaria,* komm dort hin?'... ‚Zé wo bist du?'

Nach der Arbeit wartete sie draußen vor dem Paraíso auf ihn.

‚*Olá* Zoe', sagte er und küsste sie. ‚Was für eine Überraschung.'

‚Warum? Hast du jemand anders erwartet?' sagte sie. Ihre Stimme war schneidend.

‚Nein, ich habe niemals Erwartungen. Ich lasse mich von den Wellen treiben.' Eigentlich erwartete sein Bruder ihn im *Social Club*.

Sie lächelte. ‚Sollen wir was trinken?'

‚Ist das eine Einladung?' Er blinzelte ihr zu und sie lachte. Er hatte diesen Abend nicht viele gute Trinkgelder bekommen – er war nicht in der Stimmung gewesen, die Gäste zu umgarnen. Nicht dass es viele gewesen wären. ‚Wo ist Maria?'

‚Sie ist müde. Sie bleibt zuhause.'

Sie gingen zu einer Bar und sie lud ihn zu mehreren Bier ein. Endlich fühlte er sich wieder normal.

‚Können wir zurück in dein Apartment gehen', sagte er und spielte dabei mit ihren Haaren.

‚Nein, Maria schläft. Wie sieht's mit deiner Wohnung aus?'

‚Wir würden meine Mutter aufwecken.'

‚Du lebst bei deiner Mutter?' Sie klang erstaunt.

‚Natürlich. Ich bin nicht verheiratet.'

‚Ich bin auch nicht verheiratet, aber ich lebe nicht bei meiner Mutter.'

‚Wie alt bist du?'

‚Vierundzwanzig.'

Sie war älter als er gedacht hatte. ‚Hier ist das schwierig. Wir verdienen nicht so viel.' Er bot ihr eine Zigarette an. Sie nahm eine.

‚Es ist auch in England nicht einfach. Die Hälfte meines Gehalts geht für Miete, Einkommenssteuer und Wasserrechnungen drauf. Mir bleiben nur ungefähr 300 Pfund im Monat.'

Das war ungefähr das, was er verdiente, ohne Trinkgelder.

‚Fragst du mich gar nicht, was ich mache?'

‚Was machst du?'

‚Ich unterrichte.'

‚Eine Lehrerin. Das ist gut.' Es war schrecklich. Er war durch fast alle seine Prüfungen gefallen und war so früh wie nur möglich von der Schule abgegangen.

‚Nicht wirklich gut. Ich unterrichte an einer Schule im Osten von London. Das ist sehr schlimm. Die Kids sind immer aggressiv. Einer hatte vor einigen Wochen ein Gewehr dabei.'

Sie erzählte mehr über ihren Job. Er verstand nicht alles, aber er verstand, dass sie in einer anderen Welt lebte. Sie hatte studiert. Er hatte in seinem Leben nur ein Buch gelesen, *The Alchemist* von Paulo Coelho, weil sein Bruder gesagt hatte, er solle das tun, aber er hatte ein Jahr dazu gebraucht. Und dennoch war er sich nicht sicher, ob er alles verstanden hatte.

‚Lass uns am Strand lang gehen', sagte sie.

Zé fügte sich, obwohl er keine Lust hatte. Es war windig. Ausländische Frauen wollten immer am Strand spazieren gehen – sogar im Regen. Aber die Vorstellung von Zoe, wie sie im kurzen Rock vor der Tafel stand, heizte ihm ein und er bezweifelte, dass einer der älteren Männer sie sehen würde. Sie nahmen einige Bier mit, und sobald die Dunkelheit sie vor Blicken schützte, begannen sie, sich zu küssen. Zé hatte wieder das Gefühl des freien Falls. Dieses Mädchen war etwas Besonderes. Er fand eine Stelle bei den Felsen, die recht geschützt war. Der Wind peitschte den Sand in alle Richtungen. Draußen auf dem Meer flackerten die Lichter der Fischerboote rot und weiß.

‚Schau dir die Sterne an', sagte sie.

‚Ja?' sagte Zé.

‚Zwischen uns ist etwas ganz Besonderes, findest du nicht?' sagte sie und drückte ihn auf den Boden.

Zé stimmte ihr zu, während er ihren Nacken küsste und seine Hände ihren Körper unter dem Kleid erkundeten. Kleider waren so viel praktischer als Jeans.

‚Du bist fantastisch', flüsterte Zé, während sie sich liebten. Als er in sie drang, stockte ihr hörbar der Atem.

‚Hättest du Lust, mich in England zu besuchen?' sagte sie, als sie aneinander geschmiegt saßen und rauchten.

‚Nur wenn ich rauchen darf', sagte er lächelnd.

‚Bei mir kannst du immer rauchen', sagte sie. ‚Ich bin nur noch ein paar Tage hier.'

‚Aber du kommst wieder?' sagte er.

‚Möchtest du das?'

‚Natürlich.'

‚Wirst du mir E-Mails schicken, wenn ich weg bin?'

‚Ich habe keinen Computer.' Selbst wenn er einen hätte, wüsste er nicht, was er damit anfangen sollte.

‚Es gibt Internet Cafés.'

‚Aber, du weißt, ich habe nicht viel Zeit.'

‚Ach. Wann ist dein freier Tag?'

‚Morgen.'

‚Ausgezeichnet. Wir können was zusammen unternehmen. Vielleicht mit dem Bus nach Lagos fahren.'

Der Bus nach Lagos. An seinem freien Tag spielte er immer Fußball am Strand. Er begleitete sie nach Hause und versprach ihr, sie würden sich am nächsten Tag sehen. Dann beeilte er sich, seinen Bruder im *Social Club* zu treffen, aber er war schon gegangen.

Am nächsten Tag stand Zé rechtzeitig zum Mittagessen auf. Es gab *feijoada* und Reis. Seine Mutter hatte Schokoladencreme gemacht, sein Lieblingsdessert.

‚Wie war die Arbeit gestern Abend, Zé?' fragte seine Mutter.

‚Viel zu tun, Mãe. Wie waren erst spät fertig', sagte Zé.

Sein Bruder lachte. Er hatte ihn mit Zoe zum Strand gehen sehen.

‚Du kannst nicht mitreden', ermahnte seine Mutter seinen Bruder. ‚Du hast nicht einmal Arbeit. Hast du gute Trinkgelder bekommen, *filho*?'

‚Nicht schlecht. Brauchst du Geld, Mãe?'

‚Nein, *filho*, spar du für dein Auto. Und bitte sei heute Abend unbedingt zurück, weil deine Tante, dein Onkel und deine Cousins vorbeikommen.'

Nach einem starken *bica* Kaffee gingen Zé und sein Bruder gemeinsam zum Strand hinunter.

Zoe war wieder in der *pastelaria*. Dieses Mal saß sie bei João, dem örtlichen Drogendealer und Sasha, der verrückten russischen Prostituierten – jedenfalls sagten das die Gerüchte – und bei Günter, einem alten Typen aus Deutschland, der mit seinem heulenden Hund in den Ruinen sein Lager aufgeschlagen hatte. João und Sasha trugen die gleichen Strohhüte und violette Sonnenbrillen. Zé winkte ihnen allen zu, während Zoés Augen ihm folgten. Sein Onkel Jorge, Nuno, Romeo und ein paar ihrer Hunde

spielten nah am Wasser Fußball. Während sein Bruder Bier holen ging, spielte Nuno ihm den Ball zu.

Zé ließ den Ball auf seinen Knien tanzen, bevor er mit ihm herumtänzelte und ihn mit dem Hacken in Richtung Jorge kickte. Jorge köpfte zwei Mal, ehe er den Ball im Bogen Romeo zuspielte. Zé liebte es. Mit den Füßen auf dem warmen Sand, der durch das

35

Gewicht des Meeres zu einem festen Untergrund geworden war, die Kameradschaft zwischen den Jungs, die Kontrolle, die er über den Ball hatte, wie er sich um seinen Körper drehte, sich in jede Richtung bewegte, seinen Körper hinunter rollte. Er könnte das den ganzen Tag machen. Wenn ihm heiß war, dann tauchte er in die eiskalte See, um sich abzukühlen. Irgendwann ließen sie sich in den Sand fallen, ausgepowert. Sein Bruder schlug vor, sie sollten Pete besuchen. Er hatte einen Pool und er hatte sie eingeladen. Zé erinnerte sich, dass er versprochen hatte, Zoe zu treffen. Sein Bruder sah sein Zögern.

,Das wird super, Zé. Komm, lass uns mit den Jungs was trinken.'

,OK.'

Sie verbrachten den Rest des Nachmittags in Petes Haus und tranken Bier. Er bekam eine SMS von Zoe, die wissen wollte, wo er war. Er antwortete, dass es ihm leid täte, aber er hatte nach Hause gehen müssen.

Zé, sein Bruder und Jorge kamen zu spät zum Abendessen und seine Mutter schimpfte mit ihnen, aber sie schien nicht sauer zu sein. Seine Cousins Esmeralda und João waren da, ebenso wie Tante Paula und Onkel Rui mit ihren Kindern, Ines und dem kleinen Marinho. Der Tisch war übervoll. Sie knirschten sich durch *camarão*, gebackene Garnelen – und tranken mehr Bier. Nach dem Abendessen entschuldigte er sich, um fernzusehen. Das Letzte, woran er sich erinnerte, war der kleine Marinho, der mit einem Buch zu ihm kam und sagte, dass er lesen lernen müsse.

Es blieben ihm einige Stunden vor der Arbeit am nächsten Tag. Also ging er hinunter zum Strand zu den Jungs. Er hatte ungefähr zwölf Stunden geschlafen und er fühlte sich klarer im Kopf, gut wie seit Tagen nicht. Nuno ließ den Ball auf seinem Oberschenkel auf- und abspringen, während sein Onkel Jorge Paulo erzählte, dass ein kleines Mädchen aus Luz gekidnappt worden war. Er sollte nicht mit dem Auto hinfahren, da die Gegend von GNR und Reportern wimmelte. Zés Handy klingelte in der Tasche seiner Shorts. Es war eine Nachricht von Zoe, die fragte, ob er Lust auf einen Kaffee habe. Er schrieb zurück, dass er am Strand sei. Vielleicht könnten sie sich später treffen?

Er hörte jemanden seinen Namen rufen und drehte sich um, während der Ball über seinen Kopf hinweg segelte. Da stand Zoe in einem lila Bikini, die Arme vor dem Bauch gekreuzt. Ein Windstoß peitschte ihr die langen Haare ins Gesicht.

Nuno blinzelte ihm zu und rannte dem Ball nach.

‚Hi Zoe. Tut mir Leid wegen gestern. Ich hab geschlafen.' Er lächelte sie strahlend an.

‚Ach ja? Ich habe in der *pastelaria* auf dich gewartet.'

‚Sorry. Ich musste bei meiner Familie bleiben. Dann schlafe ich wie ein Stein.'

‚OK, aber können wir reden? Jetzt.'

Zé warf seiner kleinen Gruppe einen sehnsüchtigen Blick zu. ‚Klar', sagte er. ‚Setzen wir uns hin.'

‚Es ist einfach so, dass ich den Eindruck habe, dass du dich nicht mit mir treffen willst', sagte sie. Ihre Stimme kippte ein wenig dabei. ‚Nicht einmal einen Kaffee mit mir trinken?'

Zé blickte aufs Meer hinaus. Ein Segelschiff streifte die weiße, seidige Oberfläche. ‚Natürlich will ich dich sehen', sagte er.

‚Aber du bist immer mit anderen Jungen zusammen.'

‚Das sind Kumpel', sagte er lahm.

‚Also bist du lieber mit ihnen zusammen als mit mir?'

Zé hatte das Gefühl, dass das, was er sagen würde, falsch war. ‚Manchmal.'

‚Ich verstehe.' Sie zögerte. ‚Ich habe vielleicht die Gelegenheit hierher zu kommen und hier zu arbeiten – in der International School. Ich habe mit ihnen Kontakt aufgenommen und sie schienen sehr interessiert.'

‚Aber das ist gut für dich, oder?' Er wusste, sie wollte, dass er mehr sagte, aber er konnte nicht – obwohl die *International School* ein gutes Stück entfernt war.

‚Ich weiß nicht. Ich muss darüber nachdenken.' Sie stand auf. ‚Weißt du, Zé, du kannst nicht dein Leben lang mit den Wellen schwimmen. Eines Tages wachst du allein am Strand auf.'

Zé zuckte mit den Schultern, küsste sie auf beide Wangen und sagte, dass er sie nach der Arbeit treffen würde. Dann hatte er es eilig, wieder zu seinen Kumpels zu kommen. Solche Dinge brauchten Zeit. Aber sicher verstand sie das. Er würde später mit ihr sprechen.

Nach der Arbeit wartete sie nicht auf ihn. Er ging in alle Bars, aber er konnte sie nicht finden. Er ging zu ihrer Wohnung, aber alles war dunkel. Vielleicht schliefen sie. Er würde sie am nächsten Tag finden. Er ging nüchtern ins Bett und dachte an sie.

Am nächsten Tag bekam er eine SMS. *Es tut mir Leid, dass ich mich so geirrt habe. Ich dachte, da wäre etwas Besonderes zwischen uns.* Er hatte die Absicht zu antworten, aber seine Telefonkarte war leer. Er ging zu ihrem Apartment, aber weder von ihr noch von Maria war etwas zu sehen. Er suchte nach ihr am Strand, aber dort war sie auch nicht. Sie musste abgereist sein. Er zuckte mit den Schultern und schaute sich um. Lange, sonnengebräunte Beine lagen in Richtung See ausgestreckt. Es gab genügend andere Mädchen. Jemand warf ihm einen Ball zu. Er fing ihn, warf ihn zurück und ging in Richtung *pastelaria.*

3. Die Sackgasse

Robert legte die Nagelpistole auf den Boden und nahm sich den Hammer und ein paar Fünfer Nägel. Er würde sie für die Trägerbalken des Fußbodens brauchen. Er schaute durch das offene Velux Fenster nach oben und erhaschte einen kurzen Blick auf einen Adler, der am blauen Himmel über den riesigen Eukalyptuswäldern seine Kreise zog. Er blinzelte. Wenn er arbeitete, vergaß er manchmal, wo er sich befand. Dann hörte er den Staubsauger stotternd zum Leben erwachen. Warum Rebecca darauf bestand Staub zu saugen, während er arbeitete, würde er nie verstehen. Aber sie hatten es fast geschafft. Die Türen und Fenster waren eingebaut, das Badezimmer war fast fertig, die IKEA-Küche sollte nächste Woche kommen. Und dann würden sie nur noch den Außenbereich fertigstellen müssen. Keine sechs Monate mehr. Scheiß auf den Zeitdruck. Für heute reichte es ihm. Er hatte gestern Abend ein paar *medronhos* zu viel gehabt und brauchte eine Pause.

Er kletterte von der Leiter und ging auf den kleinen, brummenden Kühlschrank zu, der dort stand, wo mal die Küche sein sollte. Der Staubsauger musste ihn gehört haben, denn er schwieg plötzlich.

‚Bist du fertig?' rief Rebecca ihm zu und kam ihm entgegen.

‚Fast', sagte Robert, nahm sich ein Bier und ignorierte ihren mürrischen Gesichtsausdruck.

‚Es ist erst drei, Rob', sagte sie.

Er war erstaunt, dass er so lange durchgehalten hatte. Er nahm ein paar Schluck Bier, bevor er sie anschaute. Sie ging auf die Leiter zu. Das erste Bier des Tages kühlte seine Kehle und seinen Magen und brachte ihn zum Lächeln.

‚Ich dachte, wir würden heute die Treppe machen?' erinnerte sie ihn. ‚Damit wir endlich hier oben schlafen können.' Sie kletterte die Leiter hoch, um den Fußboden zu inspizieren.

‚Morgen', sagte Robert mit eingefrorenem Lächeln. ‚Aber der Fußboden ist fertig', fügte er hinzu. Er wusste, dass ihr irgendetwas nicht passen würde.

‚Da drüben sieht's so aus, als ob einige Nägel raus ragten und es sieht nicht so aus, als wenn du ihn schon abgeschmirgelt hättest.'

‚Das dauert nur ne Minute.'

‚Und wie lange wird's dauern, die Treppe zu machen?'

‚Einige Tage.'

Rebecca seufzte. ‚Mir wäre lieber, wir hätten noch für einen weiteren Monat die Miete gezahlt.'

Robert trank weiter sein Bier, fest entschlossen, sich von ihr nicht provozieren zu lassen. Er würde sich nicht stressen lassen – davon hatte er genug gehabt, als er noch als Haustischler für eine Ladenkette im Westen von London gearbeitet hatte. Sie hätten die Miete noch ein wenig länger zahlen sollen, aber Ende April hätte sich die Miete fast verdoppelt. Der Hausbau dauerte länger, als er gedacht hatte. Wo sie doch das Dach, die Installationsarbeiten und die Elektrik hatten machen lassen, ebenso wie das Verputzen der Innen- und Außenwände. Erst dann waren sie mit Sack und Pack nach Portugal ungezogen. Na und? Sie hatten ein Dach über dem Kopf. Das Haus würde schon fertig werden – hoffentlich, bevor ihnen das Geld ausging. Egal, es machte Spaß, sein eigenes Haus zu bauen.

Rebecca kam zurück und warf einen Blick auf all die Säcke mit Mörtel und Zement, die sich dort stapelten, wo einmal das Wohnzimmer sein sollte.

‚Wie wär's, vielleicht könnten wir diesen ganzen Kram in die Küche tun?'

‚Warum?' fragte Robert. ‚Ich brauch es bald.'

‚Damit wir nicht noch eine Nacht drauf starren müssen.'

‚Mensch Beks, du sollst nachts schlafen und nicht auf Säcke mit Zement starren.'

Robert stellte sein Bier ab und ging zu ihr, um sie in den Arm zu nehmen. Als seine von Sägespänen rauen Arme sie umschlossen, brach sie in Tränen aus. Sie roch nach Terpentinersatz.

‚Überall wo ich hingehe, sehe ich Zement, Sand, Glasscherben, Schutt über Schutt und noch mehr Unordnung.'

‚Dies ist eine Baustelle, Beks', sagte Robert. ‚Du wusstest das.'

‚Ich wusste nicht, dass es so schlimm sein würde und du hast gesagt, das Haus würde bis März fertig sein. Jetzt haben wir Anfang Mai und wir haben noch nicht mal einen Raum, in dem wir schlafen können.'

‚Fuck, Rebecca, ich tue, was ich kann.' Er ließ sie los und trank den Rest seines Biers.

‚Und warum trinkst du immer?'

‚Das ist nur eine kleine Flasche Bier, Rebecca. Das ist normal. Ist dir noch nicht aufgefallen, dass jeder hier den ganzen Tag Bier trinkt? Verdammte Scheiße, ich hab' Durst.' Er ging zum Kühlschrank und holte sich noch eins. Ihm war klar, dass er langsam sauer wurde.

‚Robert, du trinkst jeden Tag – und nicht nur Bier. Und wir müssen dieses Haus fertig kriegen. Du machst nicht alles alleine. Ich habe jede Wand gestrichen, abgeschliffen, sauber gemacht – während du dein Scheißbier trinkst.'

‚Machs nicht noch schlimmer, Beks.'

‚Ich mach's nicht schlimmer. Ich will nur heute das Bett nach oben schleppen. Können wir also den Fußboden fertig machen?'

‚Das lohnt sich nicht. Er muss noch abgeschliffen werden. Dann muss er geölt werden oder versiegelt, oder was immer du damit machen willst.'

‚OK, dann schleif ihn ab. Du hast gesagt, das würde nur ne Minute dauern. Dann kann ich ihn wenigstens weiter behandeln.'

‚Nein, verdammt noch mal, Rebecca – ich hab genug für heute.' Robert nahm die Schlüssel seines Transporters und ging auf die Tür zu, die Balkontür, die er selbst gebaut hatte. Sie würde ihn nicht dazu bringen, Dinge zu tun, wenn ihm nicht danach war.

‚Wo gehst du jetzt hin?' kreischte Rebecca hinter ihm her. ‚Du rennst vor der Scheiße weg.'

Er antwortete nicht, sondern ging weiter, vorbei an von Zement verkrusteten Maurerkellen und Stapeln von Ziegelsteinen, bis zur Müllhalde, wo sein roter Transporter und der Discovery geparkt waren. Er lief nicht davon: Er wollte nur keine Szene. Er würde in der Gegend herumfahren und die Ruhe bewahren. Er hörte, wie seine neuen Balkontüren zugeschlagen wurden und er hörte gedämpftes Keifen, so als versuchte jemand, ihr einen Knebel zu verpassen. Wäre nicht schlecht.

Als er die Tür des Transporters öffnete, sah er, wie ihre Nachbarin, Dona Maria, eine alte Frau von ungefähr achtzig, nur ein paar Meter entfernt mit einer *enxada* die Erde umgrub. Sie war nur ungefähr 1,20 m groß, aber stark wie ein Ochse. Sie winkte ihm zu und rief ‚Olá‘.

‚Olá‘, rief Robert zurück.

Rebecca gefiel es nicht, dass Dona Maria über ihr Grundstück ging, wenn sie die Straße erreichen wollte, aber Rebecca gefiel so manches nicht.

Er ließ den Wagen an und fuhr los. Rebecca war ihm nicht gefolgt. Sie würde keine Szene machen, während die alte Frau da war. Er war gerettet.

Er würde einige Nachbarn besuchen, die auch mit Baumaßnahmen beschäftigt waren. Sieben waren es, alle aus Leeds, auch zwei Frauen und zwei Kinder, aber sie schienen sich über Zementsäcke nicht aufzuregen. Dann änderte er seinen Plan. Er war wirklich nicht in der Stimmung, mit Leuten zu reden. Er beschloss, nach Portimão runter zu fahren. Er könnte Sandpapier für seinen Bandschleifer holen.

Sein Handy klingelte. Er schaute auf die Nummer und atmete tief ein. Rebecca. Er würde nicht rangehen. Sie würden sich nur streiten.

Er fuhr die Straße entlang, die rechts und links von Eukalyptusbäumen gesäumt war. Gelegentlich blickte er auf die Berge, die zur Westküste hin abfielen. Woran lag es, dass er nichts richtig machte? Sie kritisierte ihn ständig und meckerte an ihm herum. Man sollte meinen, sie wären in eine verdammte Wohnsiedlung gezogen, nicht ein wunderschönes Gebirge in der Algarve. Sie waren seit acht Jahren zusammen. Er hatte gedacht, dass das eine Beziehung für immer wäre, aber der Gedanke mit ihr nur für weitere acht Tage zusammen zu sein, geschweige denn acht Jahre, beunruhigte ihn. Er hatte gedacht, sie würde hier glücklich sein, aber er musste sich eingestehen – es funktionierte nicht. Die Wahrheit traf ihn so hart, dass er in der Kurve bremsen musste. *Es funktionierte nicht.*

Er bog in die Ost-West-Verbindung ein und sah das Meer dort an der Südküste liegen, ruhig, unvergänglich. Vielleicht würde er irgendwo zur Miete wohnen – dann könnte sie das verdammte Haus fertigstellen. Vielleicht sollte er sich den Rest seines Geldes auszahlen lassen und ihr das Haus überlassen? Andererseits, vielleicht sollte er erst einmal einen trinken und sich entspannen. Der Transporter fuhr Kurve um Kurve ins Tal. Er konnte die qualmenden Bremsen riechen. Der LDV Convoy hatte schon bessere Zeiten gesehen.

Er beschloss, nicht zu Maxmat zu gehen – wozu noch. Stattdessen fuhr er nach Praia da Rocha und parkte nahe der Küste. Er klopfte sich den Staub von der Hose, wechselte das T-Shirt, zog das modische, schwarze Jackett an, das er im Auto hatte. Er nahm den aufwendig gepflasterten Fußweg entlang der Küste, der zu den Bars und Restaurants führte, und setzte sich an eine kleine Bar, wo das Bier nur einen Euro kostete. Sein Bier wurde brummend serviert.

Die Leute am Nebentisch waren massig, rosig und sprachen mit dem Akzent der Nordeuropäer. Sie fingen an her umzurechnen, wie viel das Essen in Pfund kostete. Robert schüttete das Bier in sich hinein, ließ einen Euro auf dem Tisch zurück und ging auf die Toilette, wo er sich so gut es ging wusch und sich die Haare mit den Fingern kämmte. Zum Glück hatte er sich am Morgen rasiert. Er hatte Hunger und beschloss, in das nahe gelegene *Fish and Chips* Restaurant zu gehen. Normalerweise würde er das nie tun – Rebecca und er hielten sich von Touristenkneipen und Treffpunkten für Briten fern, aber er hatte geradezu Heißhunger auf *Fish and Chips*. Nur ein einziger weiterer Gast saß vor dem Restaurant. Robert bestellte Kabeljau und Chips und ein großes Bier.

‚Auf Urlaub hier?' fragte ihn die kräftige Frau mittleren Alters, die ihm sein Bier brachte. Sie trug eine Schürze und war vermutlich die Besitzerin.

‚Nein', sagte Robert. ‚Ich lebe hier – oder besser, in den Bergen.'

‚Ach wirklich. Wie gefällt es Ihnen da oben? Spricht irgendjemand Englisch?'

‚Na ja, es gibt da ein paar Engländer, Dänen und Deutsche, die Häuser wieder instand setzen. Aber nicht viele Einheimische sprechen Englisch.'

‚Das ist doch gut, oder? Ich meine, so lernt man die Sprache.'

Robert nickte unverbindlich. Rebecca lernte schnell, aber er hatte so seine Probleme.

‚Ich versuch's immer, aber hier bringt das kaum was. All unsere Gäste sind Engländer.'

‚Seit wann sind Sie hier?' fragte er.

‚Seit einem Jahr, aber wir haben erst im März aufgemacht. Das ist alles schwieriger, als wir dachten.'

Robert brummte mitfühlend und die Frau verzog sich an einen anderen Tisch.

‚Noch ein Bier bitte, Ann', rief ein anderer Gast.

Essig und Salz erinnerten ihn an den regenreichen Westen von London. Nicht, dass er es vermisste. Nur die glücklicheren Zeiten, die er dort mit Beks gehabt hatte. Anderseits, sie hatten sich während der Woche kaum gesehen – sie hatten beide gearbeitet. Und sie arbeiteten beide samstags, sodass sie nur den Sonntag und die Ferien gemeinsam verbrachten. Seit sie vor sechs Monaten nach Portugal gezogen waren, waren sie Tag und Nacht zusammen.

Er aß die *Fish and Chips*, verabschiedete sich von Ann, wünschte ihr viel Glück und fuhr weiter in Richtung Praia da Rocha. Es war noch früh in der Saison und früh am Abend. Daher waren nicht viele Touristen unterwegs. Aus den *Sports Bars* schallten die unterschiedlichsten Ergebnisse und Kommentare. Dann sah er einen Hinweis vor einer Bar: Chelsea gegen Manchester United. Super! Das Spiel hatte schon angefangen, aber immerhin stand noch mehr als die Hälfte bevor. Rebecca mochte Fußball nicht. Deshalb hatte er kaum jemals die Gelegenheit, ein Spiel zu sehen. Er ging hinein. Es war dunkel und von einem großen Flachbildfernseher strahlten ihm riesige Gesichter entgegen. Es stand 0:0.

Er bestellte ein Bier und setzte sich auf einen Barhocker. Ein Typ mit dunklen kurzen Haaren und Kinnbart saß neben ihm und redete auf den Fernseher ein. Rob glaubte, er sei Amerikaner, aber er war – laut und deutlich – ein Chelsea Fan. Als Rob an seinem Bier nippte und nachdem er in das Spiel hineingefunden hatte, spürte er, wie ein Glücksgefühl von oben bis unten durch seinen Körper schoss, von den Fingerspitzen bis hin zu den Zehen. Dies war das wahre Leben. Der Mann neben ihm drehte sich zu ihm um und streckte ihm seine Hand entgegen.

‚Ed', sagte er schlicht.

‚Rob', antwortete er. Sie schüttelten sich die Hand und stöhnten gemeinsam, als Drogbas Schuss die Latte traf.

Ed bestellte eine Runde Tequila für die circa Dutzend Leute in der Bar – fast alles männliche Chelsea Anhänger, abgesehen von zwei jungen Mädchen von ungefähr zwanzig, die wegen Ronaldo Fans von Manchester United sein mussten, wenn er ihr Kichern hinter vorgehaltener Hand richtig deutete. Robert wusste, er sollte den Tequila nicht trinken, wenn er die Absicht hatte, nach Hause

44

zu fahren, aber – Scheiß drauf – vielleicht würde er nicht zurückgehen.

Ryan Giggs traf den Querpfosten.

‚Hell, Chelsea, macht ihr Siesta?' brüllte Ed das Fernsehbild an. ‚Aufwachen!'

‚Keine Sorge, die Jungs von Manchester träumen doch, wenn sie glauben, sie können das Spiel gewinnen', sagte Rob – zu seiner eigenen Überraschung. ‚Kommt in die Gänge, ihr Blauen!'

Das Spiel quälte sich weiter, ohne dass einer der beiden Mannschaften ein Tor gelang, aber viele Fouls – Makalele, Ferreira, Ashley Cole.

‚Mehr wie Rugby', sagte Ed, jetzt mit überraschend gebildetem, englischen Akzent.

‚Sind sie Engländer?' fragte Rob.

‚Natürlich bin ich Engländer. Was denken Sie denn?'

‚Sie haben einen amerikanischen Akzent.'

‚Stimmt, ich bin Engländer mit amerikanischem Akzent. Ich hab ungefähr fünfzehn Jahren in den Staaten gelebt, bevor meine Frau … Oh du Arschloch!'

Makalele war abseits.

‚Was hat Ihre Frau gemacht?'

‚Sie hatte ein Verhältnis, hat mich rausgeschmissen, die Schlösser ausgetauscht und dann fast mein ganzes Geld geklaut. Chelsea vor!'

‚Oh', sagte Rob. Zumindest das würde Beks nicht tun. Oder würde sie?

Das Spiel ging in die Verlängerung und führte zu weiteren Bieren bis Drogba – endlich – ein Tor schoss und abgepfiffen wurde. Rob und Ed sprangen von ihren Barhockern, die Arme in die Luft gereckt. Die anderen Männer stimmten ein Lied an und Bier schwappte aus Gläsern, die sie hin- und her schwenkten, während Schals wie Regenbögen über Köpfen kreisten. Mourinhos Fäuste schossen in die Luft, während Ronaldo den Kopf zwischen den Knien hatte, deutlich angepisst. Die Mädchen sahen so aus, als würden sie gleich anfangen zu weinen.

‚Wahrscheinlich kein Spiel, dass in die Annalen eingehen wird', sagte Ed. ‚Aber wir haben gewonnen. Wir sind Meister!'

‚Krass', sagte Rob. ‚Wir sind Meister!' Als er diesen Satz sagte, spürte er ein Zusammengehörigkeitsgefühl, das er seit Langem nicht empfunden hatte.

‚Auf die Blauen. ‚Hey, hast du Lust, mit mir einen auf den Sieg zu trinken? Ich kenne eine gute Bar unten am Jachthafen.'

‚Klar', sagte Rob.

Sie verließen die *Sports Bar* und gingen ein Stück weiter die Straße entlang. Jetzt waren ein paar mehr Touristen unterwegs. Außerdem lautstarke Chelsea Fans und demoralisierte Manchester United Anhänger. Junge Mädchen in Stiletto Sandalen und kurzen Röcken klammerten sich aneinander, an Paaren vorbeiklappernd, die Strickjacken trugen und rosa und blaue Crocs an den Füßen.

‚Wer im Himmel es geschafft hat, die Welt dazu zu bringen, die Füße mit einem Plastikzaun zu umgeben, sollte ein Diplom für Gehirnwäsche verliehen bekommen. Sind das nicht die hässlichsten Dinger der Welt?'

Robert stimmte ihm zu, froh darüber, dass er seine nicht trug.

‚Wo wohnst du?' fragte Ed.

‚Ich lebe in den Bergen.'

‚Echt? Die obere Bergregion der Algarve?'

‚Nennst du das so?' sagte Rob lachend. ‚Nicht den ‚Nachttopf der Algarve?'

‚Den was!'

‚Man sagt, dass die Wolke auf der Bergspitze der Nachttopf Gottes sei.'

‚Hey, das ist aber nicht die Formulierung des Immobilienmarktes. Regnet es da oben wirklich viel?'

‚Ja.'

‚Hm. Aber nicht so viel, wie in England, richtig?'

‚Wahrscheinlich mehr. Wenn es regnet, dann schüttet es. Warum? Hast du vor, da hinzuziehen?'

‚Das nicht, aber wir planen hier zu investieren – Grundstücke aufzukaufen und wieder instand zu setzen. Ich hab mir einige dort oben angesehen und ich meine, das wären gute Investitionsobjekte für Klienten. Die Küste ist recht überfüllt – und überteuert. Bist du dabei zu renovieren?'

‚Also eigentlich überlege ich, ob ich ausziehen soll', sagte Robert. ‚Hab Probleme mit meiner Freundin. Ich fürchte, wir sind in einer Sackgasse.'

‚Mensch, was du brauchst, ist eine Nacht für dich allein. Lass uns später zum Jachthafen fahren, aber erst gehen wir ins Casino.'

Bevor sich Robert bewusst wurde, worum es eigentlich ging, folgte er Ed durch die dunklen Glastüren.

‚Wir holen uns ein Bier und gewinnen ein wenig Kleingeld. Bist du dabei?'

Robert zögerte weniger als eine Sekunde. Warum nicht, zum Teufel? Er würde Spaß haben. Normalerweise spielte er nicht um Geld. Er konnte es sich leisten, zwanzig Euro in den Sand zu setzen. Ed wechselte einige Hundert und dann steuerten sie auf die einarmigen Banditen zu und begannen, Geld hineinzupumpen.

Robert war erstaunt, dass sich immer wieder Autos mit der gleichen Farbe aneinanderreihten und Geld zurückfloss. Im Geräuschchaos der Maschinen ignorierte er das Klingeln seines Handys. Ja! Noch ein Dreier! Ausnahmsweise schüttete es Geld.

‚Hey, deine Glücksnacht! Na los, holen wir uns das Geld und dann gucken wir uns die Show an.'

‚Welche Show?', fragte Robert.

‚Welche Show! Mal ehrlich, Kumpel, wo hast du dich vergraben? Hast du nicht von der neuen Show gehört, *Vida!* Diese Mädchen sind heiß. Ich habe sie gestern Abend in einer Bar am Jachthafen getroffen und sie haben mir von der Show erzählt.'

Rebecca würde ihn umbringen. Robert hatte das Gefühl, als habe man ihn unter Strom gesetzt und angeknipst: Jede Lampe brannte. Er machte sein Handy aus, ignorierte drei eingehende Anrufe und konnte fast dreihundert Euro von der Kasse abholen.

Robert kaufte die Eintrittskarten und man führte sie in einen dunklen Raum, zu einem Tisch direkt vor der Bühne. Es waren nicht viele Leute da und abgesehen von zwei Paaren nur einzelne Männer. Bei einem Kellner im schwarzen Smoking bestellte Ed zwei *caipirinhas*. Robert war sich nicht sicher, ob das nach Bier und Tequila eine gute Idee war, aber änderte seine Meinung, als er an dem Strohhalm sog, der tief in Eis und Limettensaft eintauchte. Der Drink war kalt, süß und bitter. Und sehr stark. Perfekt.

Roberts Augen öffneten sich wieder, als die elektronische Musik begann und vier junge Frauen kopfüber von der Decke hingen, ihre Körper erotisch um Seile gewunden. Sie drehten sich unentwegt im Kreise, schneller und schneller, bis sie über ihnen flogen, ihre glitzernden Beine streichelten die Dunkelheit. Eine nach der anderen landeten sie auf der Bühne und gingen in die Hocke, rollten sich zusammen, dann entfalteten sie sich langsam, nahmen mehr und mehr Gestalt an. Das war eher Kunst als die übliche Showeinlage, kam es Robert spontan in den Sinn. Beks würde das gefallen. Danach kamen acht Tänzerinnen auf die Bühne. Sie waren als Schulmädchen kostümiert, mit kurzen

Röcken und Hosenträgern, Stilettos, glitzernden Augen und roten Lippen. Robert änderte seine Meinung. Im hinteren Bereich der Bühne tauchten zwei männliche Tänzer auf, die wie Schuljungen angezogen waren. Robert sog nochmals an seinem *caipirinha*. Eins der Mädchen zwinkerte Ed zu.

Ed kannte sich echt aus, musste Robert zugeben, als er die Showgirls beobachtete. Ihre Körper waren geschmeidig, durchtrainiert, muskulös und sexy, als sie um Stühle und umeinander herumtanzten. In der Luft waren noch mehr Tänzer Vier Mädchen schwangen an Reifen hin und her und ein Mädchen ohne Busen warf die Beine so hoch, dass sie sich oberhalb ihres Kopfes schlossen. Robert wusste gar nicht, dass der weibliche Körper zu so etwas fähig war. Nach der Darbietung der Schlangenfrau war es eine Erleichterung, den Tänzerinnen zuschauen zu können, die jetzt Federboas und hohe Stiefel trugen. Es gab eine Grauzone zwischen Erotik und Groteske; Robert war sich dessen sicher.

Dann posierten zwei stämmige Männer auf der Bühne, unbehaart und eingeölt und in Shorts aus Leopardenfell. Einer von ihnen hob den anderen langsam hoch, so als wäre er ein Kommandostab. Ed tauschte mit Robert einen Blick und rollte dann die Augen nach oben, so als hoffte er, ein Mädchen würde ihm von der Decke herab in den Schoß fallen. Oder vielleicht wollte er damit sagen, was war schon dabei, das könne er auch. Robert war sich nicht sicher, aber ihm war klar, dass sie beide froh waren, als die Mädchen zurück kamen, die Discokugel sich zu drehen begann und die Mädchen miteinander tanzten.

Er hatte keine Ahnung, was für eine Geschichte auf der Bühne erzählt wurde, aber als die Mädchen ihre Oberteile von sich warfen, konnte er nicht anders als auf sechzehn große Brüste zu starren. Ed erstickte fast an seinem *caipirinha*. Robert blinzelte.

‚Wow', sagte Ed, nachdem die Mädchen gegangen waren, die Bühne wieder dunkel war und er aufgehört hatte zu husten. ‚Das war fast so gut wie der Chelsea Sieg. Ich glaub, mir ist nach Sex', Der Kellner brachte ihm die Rechnung. ‚Kommst du mit in diese Bar? Ich muss was essen, ich meine, ich muss dieses wunderschöne Showgirl treffen, obwohl ich das gottverdammte Gefühl habe, dass sie vergeben ist.'

Robert wusste, dass er jetzt nach Hause gehen sollte. Er hatte genug getrunken, er hatte einen super Abend gehabt, es war Zeit nach Hause zu gehen. Von Besäufnissen in der Vergangenheit wusste er, dass er gehen sollte, bevor es zu spät war. Er gab Ed fünfzig Euro für Getränke und Trinkgeld. Der Kellner nickte ihm zu.

‚Klar komme ich mit', sagte Robert. ‚Willst du hier auf sie warten?'

‚Nein, die brauchen Jahre. Du weißt, wie Mädchen sind. Wir treffen sie in der Bar.'

Robert wusste nicht, wie Mädchen waren – Rebecca wartete immer auf ihn – aber er konnte es sich vorstellen. Sie würden sich aus ihren glitzernden Slips schälen müssen, duschen, das Bühnen-Make-up abschminken und sich dann zum Ausgehen zurechtmachen.

Die Bar am Jachthafen wimmelte von glamourösen Menschen, die sich an *caipirinhas* festhielten. In einem überdachten Chill-out Bereich standen Rattansofas und das Licht war gedämpft. Im Inneren stand ein DJ am Mischpult und einige Leute tanzten unter Discokugeln.

‚Hey! Ist das nicht fantastisch!' Ed bestellte mehr *caipirinhas* und sie standen an der Bar und schauten sich um. ‚Portimão rockt!'

Die Musik pulsierte in Roberts Adern und bald bewegte er sich zu den Schallwellen. Auch Ed setzte seinen Drink ab und begann, die Hände in der Luft zu bewegen.

Sie tanzten und tranken wild entschlossen. Einmal fragte Ed ihn nach Rebecca.

‚Also was ist das Problem bei euch beiden?'

Plötzlich war sich Robert nicht mehr so sicher. Er murmelte etwas in die Richtung, dass sie ihn ständig kritisieren würde. Er war kurz davor hinzuzufügen, dass sie gern die Kontrolle übernahm und sich immer über seine Trinkerei beschwerte, aber sprach es nicht aus. Er wollte jetzt nicht darüber reden.

Fünf der Showgirls tauchten mit ein paar portugiesischen Typen auf. Rob erkannte einen von ihnen als den Kellner, der sie bedient hatte. Die Mädchen sahen wie Zuckerwatte aus und Robert ertappte sich dabei, dass er sich von allen erregt fühlte. Ed bestellte sofort mehr *caipirinhas*. Charlotte, die ihre dunklen Haare mit blonden Strähnchen zu einem Pferdeschwanz zusammengebunden hatte und deren blaue Augen immer noch glitzerten, setzte sich auf einen Barhocker, seufzte und wühlte in ihrer Handtasche.

‚Also, wie fandest du die Show?' fragte sie.

‚Ich fand sie beeindruckend', sagte Ed. ‚Und du warst die Beste.'

Sie lächelte und hielt ihre linke Hand hoch. Sie trug einen Ehering. Robert konnte nicht glauben, dass sie verheiratet war. Sie sah wie höchstens zwanzig aus.

‚Schei...Schande', sagte Ed. ‚Das Leben ist einfach nicht fair.'

Sie lachten.

‚Aber du bist Tänzerin', platzte Robert in die Unterhaltung. Zumindest hatte er nicht ‚Showgirl' gesagt, was er eigentlich gemeint hatte.

‚Das heißt?' sagte Charlotte und erdolchte ihn mit ihren eisblauen Augen.

‚Das heißt, dass du zu jung zum Heiraten bist.'

Sie lachte. ‚Wo kommst du her?' Sie drehte ihm den Rücken zu, wendete sich zu Ed hin. ‚Na, wie oft warst du schon verheiratet?'

‚Nur einmal', sagte Ed. ‚Jetzt durch und durch Single.'

Robert wandte sich ab, strich die Abfuhr aus seinem Gedächtnis und fühlte sich zu einer Blonden hingezogen, mit Haut so makellos wie Ebenholz. Sie trug ein rotes, eng anliegendes Kleid mit tiefem Ausschnitt und einem schwarzen Jäckchen, das sie bald auszog. In ihren roten, hochhackigen Sandalen war sie fast so groß wie Robert – und er war 1,78 m.

‚Hat dir die Show gefallen?' fragte sie mit tiefer, rauchiger Stimme.

Robert nickte, traute sich nicht etwas zu sagen. Er hielt sich für gut aussehend, besonders mit seinen von der Sonne hellen Haaren und seiner gebräunten Haut, aber er hatte einiges getrunken und er sagte manchmal dumme Sachen. Stattdessen tanzten sie miteinander, Robert in ständigem Bewusstsein dieser Brüste so nah bei sich.

‚Vorsichtig Vicky, er lebt in Scheidung!' rief Ed.

‚Du hast es gerade nötig', rief sie zurück, bevor sie sich wieder Robert zuwandte.

‚Was ist passiert? Sackgasse?' fragte Vicky.

‚Ja!' sagte Robert. Woher wusste sie das? Passierte das jedem?

‚Also ist sie hier in Portimão?' fragte sie.

‚Nein', erwiderte Robert. Er legte den Arm um sie und zog sie zu sich.

‚Dann ist es kein Problem.'

Robert lachte. Dann war es kein Problem. Beks würde es nie erfahren. Ed bestellte weitere *caipirinhas* und reichte sie Robert und Vicky. Vicky gab ihm ihr Glas, als die männlichen Tänzer herüberkamen und sie anfing, mit ihnen zu tanzen. Robert trank beide Drinks. Dann entschied er, dass Vicky zu intim mit einem der Tänzer wurde, da er einen Arm eng um sie geschlungen hatte und seine Hüften sich geschmeidig bewegten.

‚Was glauben Sie, wer Sie sind?' knurrte er und bewegte sich auf sie zu.

‚Hey, Rob, bleib ruhig, Mann.'

Ein Arm griff ihn und steuerte ihn in eine andere Richtung. Es war Ed.

‚Ach, mach dir keine Sorgen um mich', sagte Rob und kippte einen weiteren *caipirinha*. ‚Ist sie nicht einfach großartig?' sagte er und folgte der tanzenden Vicky mit den Augen. ‚Und sie ist nicht verheiratet.' Er fing an zu lachen.

‚Sei vorsichtig, dass du sie nicht verärgerst. Sie hat viele Freunde.'

‚Wie könnte ich sie verärgern? Mädchen können mir nicht widerstehen.' Rob lachte. Er hatte nie Probleme gehabt, eine Freundin zu finden – nicht, dass er in den letzten acht Jahren eine gebraucht hätte. Aber jetzt war alles anders. Er war Single. Er kippte einen weiteren *caipirinha* hinunter, klatschte über dem Kopf in die Hände und ging auf Vicky zu. Als er näher kam, schob er die anderen beiden Tänzer aus dem Weg. Vicky drehte ihren Kopf zur Seite und sah ihn missbilligend an. Dann wandte sie sich von ihm ab, in Richtung eines der kleineren Tänzer – einem kleinen, dünnen Mann, der sich hin- und her schlängelte, wie eine Kobra in Trance. Vicky imitierte seine Bewegungen. Um nicht ins Hintertreffen zu geraten, tat Rob das Gleiche. Er meinte, Leute lachen zu sehen und fragte sich warum, weil er sich wirklich gut bewegte. Er spürte, wie die Musik durch seinen Körper wogte. Er hob die Hände, tanzte zu den Klängen einer unsichtbaren Flöte, bevor er sich in seinen Schlangenkorb zurückzog.

Robert spürte, wie pulsierendes Licht versuchte in seinen Kopf einzudringen. Sein Mund war voller Dreck und sein Körper fühlte sich so an, als hätte eine Herde Elefanten auf ihm herum getrampelt. Fuck, was war passiert? Wurde er als Geisel im Irak festgehalten? Er stöhnte, wischte sich mit der Hand über den Mund und öffnete die Augen, um feststellen zu müssen, dass die Brandung in nur fünf Metern Entfernung auf in zu kam. Scheiße. Er rieb sich die pochenden, schmerzenden Augen, setzte sich auf und blickte sich um, nachdem er seine Augen vom Sand befreit hatte. Er war am Praia da Rocha, es war früh am Morgen, einige Leute waren mit ihren Hunden draußen, aber die Sonnenliegen waren noch nicht aufgestellt. Sein Kopf fühlte sich so an, als wäre er mit Zement gefüllt und ihm war kalt. Was zum Teufel war passiert?

Er blätterte sein Gedächtnis durch und ihm wurde übel, da er sich aber auch an nichts erinnern konnte – absehen von einem Club am Jachthafen und den Showgirls. Er schaute hinter sich auf die ockerfarbenen Felsen und die Hochhäuser, die sich vor dem blauen Himmel auftürmten, aber das einzige, was er daraus schließen konnte, war, dass er sich irgendwo zwischen dem Jachthafen und der Stelle befand, wo er seinen Transporter geparkt hatte. Er musste versucht haben, zu Fuß nach Hause zu gehen, war wohl umgekippt und hatte einen Blackout gehabt. Ihm war kalt, weil er sein Jackett nicht hatte. Er musste es im Club gelassen haben. Er klopfte auf die Seitentaschen seiner Jeans. Sein Handy war noch da und erstaunlicherweise auch seine Brieftasche. Er öffnete sie – nur zehn Euro. Eigenartig. Er erinnerte sich deutlich, dreihundert Euro gewonnen zu haben – das konnte er doch unmöglich alles ausgegeben haben. Sein Mobiltelefon war ausgeschaltet. Er ließ es dabei. Er war noch nicht ganz soweit, sich der Realität zu stellen. Er musste nachdenken. Er erinnerte sich daran, mit Vicky getanzt zu haben, noch mehr *caipirinhas* getrunken zu haben. Hatten sie gesagt, sie wollten in einen anderen Club fahren? Hatte er versucht, ihnen zu folgen? Waren sie in ein Taxi gesprungen und hatten ihn schwankend am Straßenrand zurückgelassen? Er hatte wage Vorstellungen davon, an einer Straße zu stehen und zu versuchen, ein Taxi zu bekommen. Aber er hatte nicht die geringste Ahnung, wie er am Strand gelandet war.

Robert umklammerte seine Knie, sein Kopf fiel auf die Brust. Wie schnell sich das Leben ändern konnte. Gestern um diese Zeit war er mit einem Kater aufgewacht, aber er wusste, er würde den Tag damit verbringen, den Fußboden zu machen. Beks würde mit ihm meckern und er würde ein paar Bier trinken und alles wäre in Ordnung. Heute Morgen am Strand fühlte er sich, als ob jemand ihn abgeschliffen hätte, nicht den Boden. Er wagte es kaum, darüber nachzudenken, was er Beks erzählen würde. Aber war das nicht eigentlich scheißegal? Sie hatte ohnehin genug von ihm. Er würde ihr die Wahrheit erzählen. Dann, wenn es denn nötig sein würde, würde er schwimmen gehen und nicht zurückkehren. Er stellte das Handy an. Es war 8.10 Uhr und er hatte drei SMS und fünf entgangene Anrufe – alle von ihr. Er rief sie an. Er war auf einen Tsunami vorbereitet.

‚Rob? Bist du das? Bist du OK?'

‚Ich bin OK, Beks. Es tut mir Leid.'

Ein Augenblick des Schweigens.

‚Du bist OK? Wo zum Teufel warst du? Ich hab mir Sorgen gemacht. Wo bist du?'

Rob war überrascht von ihrer ruhigen Stimme. Er hatte erwartet, sie würde ihn in Stücke reißen.

‚Ich bin in Portimão. Ich hab diesen Typ getroffen, Ed, und wir haben uns einen getrunken. Ich hab bei ihm übernachtet, weil ich nicht mehr fahren konnte.' Sie musste nicht die ganze Wahrheit wissen.

‚Aber warum war dein Handy ausgestellt? Ich hab mir Sorgen gemacht.'

Beks war nicht sauer auf ihn – das war wie ein Wunder. ‚Tut mir echt Leid, Beks. Ich hab's ausgemacht, weil ich sauer war, und hab's dann vergessen. Hör zu, wir reden drüber, wenn ich zurück bin, OK? Brauchst du irgendwas aus Portimão?'

‚Bisschen Brot und Butter.'

‚OK, ich bringe welches mit.'

‚Und Rob … Ich liebe dich, das weißt du.'

Rob blinzelte. Seine Augen fühlten sich wieder sandig an.

‚Ich lieb dich auch', sagte er. Als er das sagte, wusste er, dass er sie mehr liebte als alles in der Welt. Himmel, was hatte er sich letzte Nacht nur gedacht.

‚Hey, und du glaubst es nicht!'

‚Was?' sagte er, sein Magen in den Kniekehlen.

‚Ich habe den Fußboden fertig! Und ich habe oben geschlafen! Es ist wunderschön, die Sterne durch das Velux Fenster zu beobachten.'

‚Wie hast du das geschafft?' fragte er.

‚Ich hab ihn mit Sandpapier abgeschmirgelt, sauber gemacht und geölt.'

‚Wow', sagte er lahm. Plötzlich wollte er in ihrem Haus sein, zusammengerollt auf ihrer Matratze unter den Sternen. Er wollte seine Arme um sie legen und ihre blonden Haare streicheln und ihre langen dunklen Wimpern küssen.

‚Beeil dich. Bis gleich.'

‚Bis gleich', sagte er.

Er machte das Handy aus und faltete es zusammen. Er wünschte, jemand würde ihn zusammenfalten. Er war ein Arschloch gewesen. Damit war jetzt Schluss. Kein Alkohol mehr. Es machte kein Spaß, frierend am Strand aufzuwachen, den Mund voller Sand – und sich nicht zu erinnern, was passiert war. So stellte er sich sein Leben nicht vor. Er stand auf, schwindelig im Kopf, und klopfte sich den Sand von T-Shirt und Jeans. Es würde nichts bringen, zu versuchen sein Jackett zu finden. Er hatte Glück gehabt, nur die Jacke und das Geld zu verlieren. Sehr viel Glück. Er brauchte Kaffee und er brauchte Frühstück, bevor er Auto fahren konnte. Wenn man ihn jetzt anhalten würde, hätte er immer noch mehr als genug im Blut. Nicht, dass das am Morgen wahrscheinlich war.

Der Sand war zäh wie Klebstoff, als er vom Strand in Richtung einer der klapprigen Holzleitern ging, die sich an den Felsen klammerten. Er griff eines der Geländer und schleppte sich die Leiter hinauf und mit jedem Schritt hatte er mehr Mühe. Er musste stehen bleiben und kotzte einige *caipirinha* auf die Sukkulenten mit spitzen, leuchtend rosa Blütenblättern, die in den Felsspalten wuchsen. Die Stufen waren jetzt in den Felsen gehauen und langsam quälte er sich - nicht immer geradlinig - nach oben.

Das *Fish and Chips* Restaurant war noch nicht geöffnet. Also ging er in die Kneipe, wo das Bier einen Euro kostete und bestellte Bohnen auf Toast, einen Kaffee und einen Orangensaft.

‚Ein schöner Morgen', sagte der Kellner zu ihm.

‚Ja', sagte Rob.

‚Morgen gibt's Regen.'

‚Wirklich?' Die Türen und Fenster brauchten noch einen zweiten Anstrich und er musste auch den Beton auf dem Dach noch streichen.

Der Kellner nickte bestimmt und ging seine Bestellung aufgeben. Ein anderes englisches Paar, weit älter als er, betrat die Kneipe und bestellte Kaffee und Weinbrand. Einen Moment lang war Rob in Versuchung – nach einem Weinbrand würde er sich so viel besser zu fühlen – aber er trank seinen Orangensaft, aß seine Bohnen auf Toast und hoffte auf die Wirkung des Kaffees. Dann ging er hinüber zu Alisuper und kaufte Brötchen und Milch. Als er aus dem Geschäft kam, fühlte er sich wieder so mies, dass er die Kabine der öffentlichen Toilette gerade noch im Laufschritt erreichte, wo er sein kaum verdautes Frühstück erbrach. Der Gestank von *cachaça ließ* ihn würgen, aber da war nichts mehr. Er

54

stand über dem Toilettenbecken und fühlte sich schwächer denn je. Vielleicht sollte er Beks bitten, ihn abzuholen? Aber das bedeutete, er würde ihr erzählen müssen, wie viel er wirklich getrunken hatte. Nein, er war OK. Sie gab ihm eine zweite Chance und die würde er nicht vergeben. Er spritzte sich Wasser ins Gesicht und versuchte, sich unter den Achseln zu waschen. Seine blauen Augen waren rot, sein blondes Haar war dreckig und er musste sich rasieren. Er starrte den ungepflegten Mann im Spiegel an – eher fünfzig als dreißig. Er spülte sich den Mund aus, hielt den Kopf unter den Wasserhahn und dann unter den Händetrockner.

Als er die Toilette verlief, fühlte er sich schon ein wenig mehr wie ein Mensch. Er nahm den Weg zurück, den er gestern gekommen war, den gepflasterten Pfad an der Küste. Fischerboote und Jachten glitten durchs Wasser, die Sonne wurde langsam wärmer. Der Transporter stand dort, wo er ihn gestern geparkt hatte. Er erwachte spuckend zum Leben, und als er vom Parkplatz fuhr, fühlte er sich ein ganzes Stück besser als vor einer Stunde. Es was ein wunderschöner Tag. Er lebte und wurde geliebt – obwohl er ein Vollidiot war.

Er fuhr an Lidl und am Einkaufszentrum vorbei. Er überlegte kurz, ob er bei Maxmat vorbeifahren und Schleifpapier holen sollte, aber er wollte zu Hause ankommen. Vorbei an LeClerc, einem anderen Supermarkt, vorbei an Zigeunern mit Pferd und Karren und vier Pferden, die nebenher liefen, an jeder Seite zwei. Er bog nach Alvor ab, nährte sich dem Kreisel – und sein Herz hörte auf zu schlagen. Die Polizei hatte eine Straßenblockade errichtet und die GNR hielt fast jedes Auto an. Die Polizisten hielten den Fahrern Plakate vor die Nase.

Rob versuchte, langsam ein- und auszuatmen. Er hatte mindestens noch doppelt so viel Alkohol im Blut wie erlaubt – wenn nicht mehr. Wegen Alkohols am Steuer hatte man Mike ein Wochenende in Polizeigewahrsam genommen. Aber vielleichtwürde er Glück haben. Er hatte gehört, dass die Polizei manchmal ausländische Nummern und Leihwagen nicht herauswinkte, da der Papierkram zu viel Aufwand war. Die beiden Wagen vor ihm durften passieren. Er trat aufs Gas, um ihnen zu folgen, aber einer von den Idioten winkte ihn mit einer Kelle heran. Scheiße, Scheiße, Scheiße. Er fuhr rechts ran, kurbelte sein Fenster herunter und sah sich einem Polizisten gegenüber, der mindestens fünf Jahre jünger war als er.

,Bom dia. Fala Português?'

Rob schüttelte den Kopf. 'Englisch?'

,Ausweis und Führerschein.'

Bleib ruhig, redete Rob sich ein, die Papiere hast du dabei. Er fand seinen Führerschein in seiner Brieftasche, aber er erinnerte sich, dass sein Personalausweis im Jackett gewesen war.

,Ich habe meinen Pass verloren', sagte er.

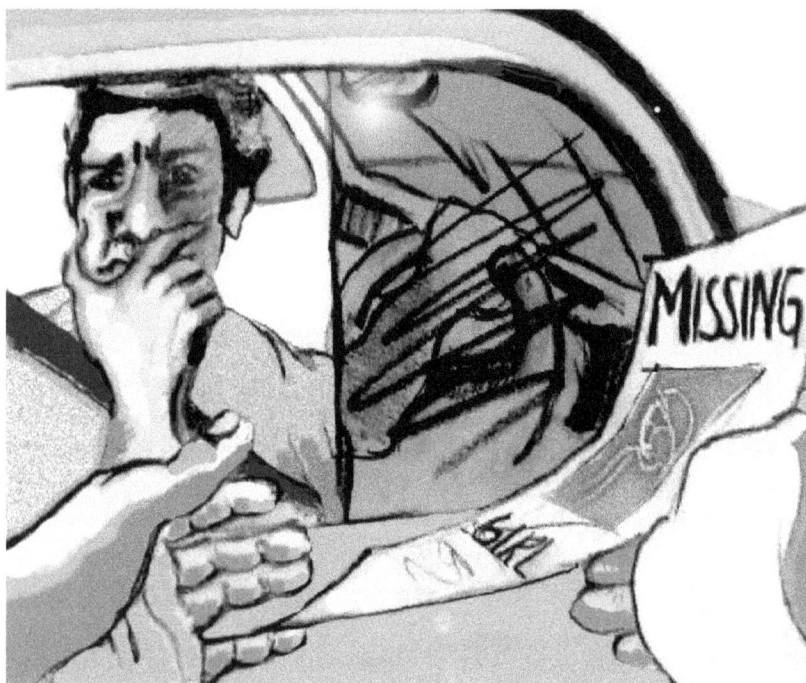

Der Polizist untersuchte seinen Führerschein, so als wäre er ansteckend. Schließlich, nachdem er ihn mehrfach gedreht und gewendet hatte, begann er, sich Notizen zu machen. Das Ganze dauerte ungefähr fünfzehn Minuten. Rob versuchte sich zu erinnern, wie lange der Körper brauchte, um ein Promille abzubauen. Er ging davon aus, es waren ungefähr zwei Stunden, das heißt, er wäre Viertel der *caipirinhas* los, wenn der Polizist sich ihm wieder zuwandte. Er überschlug die Rechnung im Kopf und vermutete, dass das wahrscheinlich bedeutete, dass er immer noch 6 ¼ *capirinhas* im Blut hatte.

,Pass?'

,Ich hab ihn verloren. Gestern Abend. Ich muss die britische Botschaft kontaktieren.'

,Steigen Sie bitte aus dem Fahrzeug aus', sagte der Polizist.

‚Warum? Was nicht in Ordnung?' antwortete Rob und versuchte, nicht in Richtung der Uniform zu atmen.

‚Wir müssen den Transporter durchsuchen. Ist er offen?'

Rob machte den Motor aus, schnappte sich die Schlüssel und öffnete die Tür. Seine Beine waren aus Gummi und er ging unsicher zum hinteren Teil des Transporters. Seine Hand zitterte, als er den Schlüssel in das Schloss der Hintertür steckte und sie öffnete. Zwei Polizisten und ein Schäferhund schwärmten aus. Sie sprangen hinein.

‚Wozu das alles?' fragte Rob. ‚Was suchen Sie?'

Zumindest hatte er keine Drogen im Kofferraum. Eigentlich war da kaum etwas, abgesehen von einem Sack Zement und einem halben Dutzend Kisten, die sie noch nicht ausgepackt hatten, aber die jetzt von der Polizei geöffnet und von den Hunden beschnüffelt wurden. Rob dachte voller Angst an das, was drin sein könnte. Beks hatte das ganze Packen übernommen.

‚Wo kommen Sie her?'

‚England'

‚Ich weiß das. Wo wohnen Sie? Letzte Nacht?'

‚Oh', Rob lachte. ‚Ich verstehe. Portimão.'

‚Portimão? Sie sind die ganze Nacht dort?'

‚Ja.'

‚Wo schlafen Sie?'

‚Bei einem Freund in Praia da Rocha.'

‚Sie leben dort?'

‚Nein, ich lebe in der Nähe von Monchique.'

‚Haben Sie irgendwo ein kleines Mädchen gesehen?' Der Polizist zeigte ihm ein Foto von einem kleinen Mädchen mit blonden Haaren, dunklen Augen und einem gehetzten Blick.

‚Nein. Warum? Wer ist sie? Was ist passiert?'

‚Sie ist verschwunden. Sie haben die Nachrichten nicht gesehen?'

‚Nein', sagte Robert. ‚Wir haben keinen Fernseher.'

Der Polizist beäugte in misstrauisch. ‚Und sie haben keinen Pass?'

‚Nein, ich habe ihn verloren.'

‚Wo verloren Sie ihn?'

‚Ich bin mir nicht sicher, aber ich denke, er war in meinem Jackett in einer Bar am Jachthafen.'

Der Polizist wandte sich von ihm ab und sprach mit jemand anderem, der daraufhin eine Salve von Worten auf sein Funkgerät abfeuerte.

‚Sie kommen mit uns aufs Revier in Portimão.'

Der andere Polizist war immer noch am Funkgerät, wahrscheinlich forderte er Verstärkung an. Robs Magen fühlte sich an, als wäre er einem Zementmixer, aber dies war nicht der Moment, zusammenzuklappen und sich zu übergeben. Damit würde er sich verraten. Er wollte Fragen stellen, aber er wusste, er würde keine Antworten bekommen. Als er wieder zu seinem Transporter wankte, versuchte er sich selbst zu überzeugen, dass alles gut ausgehen würde: Er durfte fahren, er war nicht festgenommen worden – und er hatte nicht pusten müssen. Und er war sicher, dass kein kleines Mädchen im Transporter versteckt war.

Er hatte keine Gelegenheit, Beks anzurufen. Er folgte dem Polizeiwagen zurück nach Portimão, an den Zigeunern vorbei, LeClerc, Maxmat und hoch bis zum Kreisel. Dieses Mal bog er rechts zur Polizeistation und den Gerichtssälen ab. Sein Magen wirbelte wieder durch den Zementmixer und sein ganzer Körper bebte, als zwei Polizisten ihn in ein Vernehmungsbüro bugsierten, die Gürtel mit Pistolen, Schlagstöcken und Handschellen behängt. Jetzt war es soweit. Sie würden ihn einsperren und die Schlüssel wegwerfen. Sie deuteten auf einen Stuhl vor einem Schreibtisch, blieben stehen und diskutierten stundenlang über etwas, so schien es ihm. Sie machten sich nicht einmal die Mühe, ihn anzusprechen, obwohl sie sich an einer Stelle offensichtlich über ihn lustig machten, da sie ihn beide anschauten und lachten. Robert grinste einigermaßen freundlich, tat so, als ob er sie verstünde, obwohl er in Wirklichkeit auch Marsmenschen hätte zuhören können. Wenn er aus dieser Sache heil herauskäme, dann würde er nicht nur nie wieder trinken, sondern er würde Portugiesisch lernen. Eine Sprache nicht zu verstehen, war ein Gefühl wie hinter Gitterstäben.

Jemand rief etwas durch die Tür und einer der Polizisten bat um seine Autoschlüssel. Robert gab sie ihm. Dann, nach einer halben Stunde, kam ein kleiner rundlicher Mann in Zivil in den Raum gehetzt – mit einigen Ordnern, seinen Autoschlüsseln, einer Literflasche Wasser und einer Plastiktasche. Der Mann legte die Tasche auf den Boden, das Wasser und die Schlüssel auf den Tisch und schob Unterlagen auf dem Tisch hin und her. Während der ganzen Zeit beobachtete er Robert, auch während er mit den beiden anderen Polizisten sprach. Robert versuchte, seinem Gesicht einen betroffenen Ausdruck zu verleihen und seine Horrorvisionen zu verbergen. Schließlich gingen die beiden Polizisten.

‚Nun, Mr Roberte Layester?' Er schaute hoch. ‚Sagt man das so?'

‚Leicester wir in Les-ter', erklärte Robert und lächelte den ziemlich übergewichtigen Mann mit Glatze an.

‚Wie der Verein, Leicester City?' Robert nickte. ‚Ah, diese englische Sprache. Wie kann das jemand lernen?'

‚Es ist schwierig. Aber nicht so schwierig wie Portugiesisch', sagte Robert und taute ein wenig auf. Das Ganze entwickelte sich zu einer gewöhnlichen Unterhaltung.

Der Mann änderte abrupt den Tonfall und feuerte eine Frage auf ihn ab.

‚Mr Roberte, wo genau waren sie gestern Nacht?'

Robert antwortete so ruhig, wie er konnte. ‚In Praia de Rocha. Ich habe einen Bekannten getroffen und wir sind ins Casino gegangen und dann in eine Bar am Jachthafen. Und ich habe mein Jackett mit meinem Pass verloren.'

‚Und wie viel haben Sie getrunken?'

‚Drei oder vier *caipirinhas*?' sagte Robert. Zu viele, um noch fahren zu können. Ich habe beschlossen, in Portimão zu bleiben.'

‚Und wo schliefen Sie?'

Robert seufzte. ‚In einer Wohnung eines Bekannten. Es tut mir Leid, aber ich hatte ihn erst am gleichen Abend kennengelernt.'

‚Und deswegen ist Sand an ihrer Kleidung?' fragte ihn der Mann.

Robert schaute an sich hinunter. Da war Sand auf seinem T-Shirt und in den Falten seiner Jeans. Scheiße. Er atmete tief mit offenem Mund ein. War es verboten, am Strand zu schlafen?

‚Ich bin früh morgens zu meinem Transporter zurückgegangen – am Strand entlang. Ich hab mich einen Moment hingesetzt und aufs Meer geschaut.'

‚Verstehe. Und während Sie aufs Meer schauen, erinnern Sie sich nicht daran, dieses Mädchen gesehen zu sehen?' Zum wiederholten Mal wurde das Foto des blonden Mädchens aus der Akte gezogen.

Robert schüttelte den Kopf gedankenvoll. ‚Nein. Da waren einige Leute mit Hund, aber keiner kam mir verdächtig vor.' Bis auf mich, dachte er.

‚Also gut, Mr Roberte.' Der Mann hob die Plastiktüte auf und legte sie auf den Tisch. ‚Gehört dies Ihnen?'

Robert wollte die Frage gerade verneinen, als er sein schwarzes Jackett erkannte. ‚Ja', rief er aus. ‚Ist mein Pass drin?' Seine Finger schnappten sich die Tüte, zogen das Jackett heraus und wanderten auf der Vorderseite entlang, um die Taschen zu abzutasten.

‚Ja, Mr Roberte, er ist da. Sie haben Glück.'

Als seine Finger den Pass in der Brusttasche erfühlten, atmete er langsam aus. Die Erleichterung floss durch seinen Körper, so als hätte jemand einen Wasserhahn aufgedreht.

‚Wo haben Sie sie gefunden?'

‚Sie wurde heute Morgen abgegeben. Nur der Pass. Sie hatten Geld in der Jacke?'

‚Nein, ich hatte meine Brieftasche bei mir.'

Der Inspektor warf einen Blick auf die Uhr an der Wand. Es war fast elf.

‚Sie können gehen, Mr Roberte. Aber trinken Sie zuerst etwas Wasser und in Zukunft fahren sie nicht alkoholisiert Auto. Meine Kollegen sagen, Sie stinken heute Morgen wie eine *tasca*.'

4. Zwischen Himmel und Meer

‚Das Meer liegt dir im Blut, Sohn', rief ihm sein Onkel Jorge zu und lächelte, als Mário am Meeresufer auf- und abhüpfte. Er wartete ungeduldig darauf, dass die *Sereia*, das Boot seines Vaters, durch die ruhige See ziehen würde, so wie ein Schwarm Vögel aus Afrika.

Sein Onkel sprang aus der *Fica Bem,* hob Mário hoch und setzte ihn schwungvoll im Boot ab, zwischen all die Seile und Netze und den Fang des Tages. Angelockt durch den Geruch des Fisches kreischten die Möwen und tauchten bis über seinen Kopf hinab. Mário tat so, als ob er sich auf See befand, indem er nach links und rechts schaukelte. Er sollte eigentlich noch im Bett sein – die Schule fing bald an – aber er liebte es einfach, die Fischer zu begrüßen, wenn sie von einer Nachtfahrt zurückkehrten. Die Sonne warf ihren ersten weißen Strahl über das Wasser, aber er konnte die *Sereia* immer noch nicht sehen. Er wünschte so sehr, er wäre dort draußen, könnte durch das Wasser tuckern, die Netze einholen, den Fisch sortieren. Sein Vater wollte Mário mitnehmen, aber seine Mutter ließ das nicht zu. ‚Was soll er mal mit der Fischerei anfangen?' sagte sie immer. ‚Ich hab's dir schon so oft gesagt: Er muss lesen und schreiben lernen und einen Job finden; er soll nicht so arm sein wie wir.'

Mário hatte nichts mit lesen und schreiben im Sinn. Er wollte Fischer werden.

‚So schlecht geht's uns doch nicht', würde sein Vater sagen und sich mit den Händen durch die Haare fahren. ‚Wir haben ein Haus, Elektrizität, mehr als genug zu essen, Kleidung. Die Zeiten waren schon viel schwieriger. Das stimmt doch, Sohn?'

Mário würde nicken, während seine Mutter immer wieder darauf herumreiten würde, wie viel mehr ihre Schwester besaß, die mit einem Oberkellner im Casino von Portimão verheiratet war. Sein Vater würde grummeln, dass Kellner im Casino auch nachts arbeiteten – und nicht nur mit Fischen. Mário verstand nicht, was sein Vater meinte, aber seine Mutter würde den Mund halten.

Ein Trecker heulte auf und ratterte am Strand entlang auf sie zu. Sein Onkel setzte ihn auf dem Sand ab und die anderen Männer kamen, um zu helfen. Der Frühnebel ließ Mário frösteln und er lief hinter dem Trecker her, der das Boot vom Meer weg zog, dort, wo die Touristen tagsüber badeten. Möwen fuhren per Anhalter, saßen auf dem Ruder aufgereiht. Die rote und grüne Farbe war abgeplatzt, aber die schwarzen Buchstaben *Fica Bem* waren deutlich an beiden Seiten des Bootes zu erkennen, während die verblasste rot-grüne Fahne am Mast flatterte, die gelbe Mitte verdeckt.

Mário verfolgte fasziniert, wie die Netze entwirrt und die Behälter mit zuckenden Seebarschen und Seebrassen abgeladen wurden. Ein paar Touristen, unbeholfen in ihren großen Schuhen und dicken Jacken, schauten sich neugierig um und machten Fotos. Sein Onkel Jorge kümmerte sich nicht um sie, sondern arbeitete weiter.

‚Ordentlicher Fang?' rief Antonio, der Treckerfahrer, seinem Onkel zu.

‚Jedes Mal weniger, aber heute geht' s. Der Seegang hat heute Nacht einen Schwarm Sardinen fast in mein Boot getrieben!'

‚Glück gehabt. Und Rui?'

Sein Onkel zeigte auf das Meer. ‚Ich glaub', das da drüben ist er. Es kam plötzlich ein Gewitter auf und die See war für kurze Zeit rau. Aber nicht schlimm. Er wird bald da sein.'

Mários Blick folgte dem Finger seines Onkels, um zu sehen, wo sein Vater war. Mário fühlte, wie seine Augen brannten. Er würde zur Schule gehen müssen, ohne ihn zu begrüßen. Und dann würde er den ganzen Tag in der Schule verbringen müssen. Sein Onkel warf den Möwen Fischabfälle zu. Sie kreischten wie seine kleine Schwester.

Ein Korb voller Krabben wurde abgeladen. Ihre Scheren griffen ins Leere..

‚Und guck dir das an! So einen großen habe ich noch nie gesehen.'

Ein Tintenfisch von der Größe eines Fußballs äugte aus dem Korb, seine Arme verknotet.

‚Was für ein guter Fang! Der ist gutes Geld wert.'

‚Manchmal gibt das Meer und manchmal nimmt das Meer', sagte sein Onkel. ‚Heute hat es uns gegeben.'

Auf dem Marktplatz verhandelte sein Onkel die Preise der Fische mit den Besitzern der Restaurants.

‚Komm jetzt, Marinho', sagte sein Onkel. ‚Deine Mutter wird sich Sorgen machen.'

Mário nahm die Hand seines Onkels und ging mit ihm den Berg hoch, bis in die enge Rua dos Pescadores. Die Fenster- und Türrahmen ihres kleinen Hauses waren dunkelblau gestrichen. Sie begegneten seinem Cousin Zé, der gerade den Berg hinunterging. Cousin Zé war Kellner im Paraíso, dem besten Restaurant des Dorfes. Alle seine Tanten und Onkel und besonders seine Mutter sagten, dass er es weit gebracht habe. Er arbeitete drinnen, wenn das Wetter feucht und ungemütlich war, er verdiente gutes Geld und hatte etwas, was man Rente nannte. Das war Geld, das er bekam, wenn er ein alter Mann sein würde. Mário konnte sich nicht vorstellen, ein alter Mann zu sein, aber er konnte sich sehr gut vorstellen, wie es war, in einem Restaurant zu arbeiten, umgeben von vier Wänden und vierzig Tischen, und ständig in Eile zu sein und Tabletts mit Essen und Trinken zu tragen. Das wollte Mário nicht. Er wollte mit den Wellen zusammen sein, unter dem großen blauen Himmel auf dem großen blauen Wasser.

‚Guten Morgen, Zé', sagte sein Onkel.

‚Guten Morgen. Hey, Marinho.' Zé hob ihn hoch, schwang ihn herum und setzte ihn wieder auf den Boden. Mário war das peinlich: Er war zu groß, um auf der Straße wie ein Baby durch die Luft gewirbelt zu werden. Sein Cousin roch nach Zigaretten und *Macieira*. Wenn Mário groß war, würde er nicht rauchen und trinken. Die Leute stanken danach und machten dumme Sachen. Sein Vater trank und rauchte nicht mehr. Er hatte das mal gemacht, aber er hatte aufgehört, weil der Arzt ihm erzählt hatte, dass seine Leber zusammengeschrumpft war wie eine Feige und dass seine Lunge innen so viel Ruß habe wie ein Schornstein. Der Doktor hatte ihm die Fotos gezeigt und jetzt hingen sie als Erinnerung im Wohnzimmer an der Wand. Außerdem sagte sein Vater, dass viele Fischer starben, wenn sie betrunken waren. Sie tranken so viel, dass sie über Bord fielen. Die Verschwendung eines Lebens, würde sein Vater sagen.

‚Hattet ihr eine gute Nacht?' fragte Cousin Zé seinen Onkel Jorge.

‚Kann nicht klagen. Ja, war ein guter Fang letzte Nacht. Obwohl es eine komische Nacht war. Ein plötzliches Gewitter um ca. 3 Uhr und so viel Wind, dass ein Sardinenschwarm praktisch ins Boot gedrückt wurde! Sehr ungewöhnlich für Mitte Mai.'

‚Ich hab' nachts die Blitze draußen auf dem Meer gesehen',
sagte Zé.

‚Heißt das, dass du auch eine gute Nacht hattest?' Sein Onkel
zwinkerte Zé zu. ‚Wer ist sie? Die *bife* Lehrerin, die immer in der
pastelaria auf dich gewartet hat?'

‚Nein, sie ist abgereist. Paulo und ich hatten ein paar Drinks
nach der Arbeit. Dann waren wir in einem Nachtklub in Luz, aber
Paulos Schrottkarre hat den Geist aufgegeben, sodass wir zu Fuß
nach Hause gehen mussten.'

‚Zu Fuß! Mein Gott! Vielleicht nicht so eine gute Idee, bei all
dem Rummel nach Luz zu fahren. Die ganze Gegend ist
abgesperrt, oder?'

Zé nickte. ‚Wir wollten sehen, was so los ist. Die Gegend
wimmelt von Polizisten und Fernsehkameras. Aber das war kein
Problem: Das Auto ging in die Brüche, bevor wir da waren.'

Mário zupfte seinen Onkel an der Jacke. Seit Kurzem redeten
alle die ganze Zeit über Luz, aber keiner wollte ihm sagen, was
passiert war. Er hatte die Fotos des Mädchens im Fernsehen
gesehen, aber er wusste nicht, was mit ihr geschehen war.

‚So viele Leute sind angehalten worden. Ihr hattet Glück, dass
das Auto nicht beschlagnahmt wurde. Ja, Marinho, wir gehen.'

‚Ich glaube nicht, dass das einen Unterschied gemacht hätte. Ich
bezweifle, dass es wieder anspringt. Aber egal, schlaf gut.'

‚Du auch.'

Sein Cousin ging weiter, nicht wirklich geradeaus. Sein Onkel
hämmerte an ihre Tür, bevor er sie öffnete.

‚Paula, Mário ist hier', rief sein Onkel seiner Mutter zu.

‚Sieh an! Ich habe sogar die Tür abgeschlossen und auf dem
Schlüssel geschlafen, damit er nicht raus konnte. Ich dachte, er sei
noch im Bett.' Seine Mutter schlug ihm auf den Kopf, aber es tat
nicht weh. ‚Mach dich für die Schule fertig. Und weck deine
Schwester nicht auf. Ausnahmsweise schläft sie. Geh und lerne
lesen und schreiben, damit deine Frau sich nicht die ganze Nacht
um dich Sorgen machen muss.'

‚Aber ich will fischen gehen', sagte Mário.

‚Wir nehmen dich zum Fischen mit, wenn du ein bisschen älter
bist', versprach ihm sein Onkel. ‚Ich hab's dir schon mal gesagt:
Wenn du lesen kannst, nehmen wir dich mit. Vielleicht in den
Sommerferien.'

‚Er sollte nicht alleine am Strand lang laufen. Alles Mögliche könnte passieren. Denk dran, was mit dem armen kleinen Mädchen in Luz passiert ist.'

‚Was ist passiert?' fragte Mário.

‚Niemand weiß, was mit ihr geschehen ist', sagte seine Mutter. ‚Aber sie ist verschwunden. Mitten in der Nacht. Wie du. Nur sie ist nie zurückgekommen. Kannst du dir die Sorgen der armen Mutter vorstellen? Nun geh, zieh dich um. Und wo ist mein Mann heute Morgen?' Seine Mutter wandte sich Onkel Jorge zu. ‚Ich verstehe nicht, warum er immer als Letzter zurück sein muss.'

Während er seine Schuluniform anzog, hörte Mário wieder die Geschichten von großen Fischschwärmen, die in der Nacht aufgetaucht waren. Sein Onkel ging und Mário aß seinen Toast. Da er jetzt sieben war, ging er alleine zur Schule. Er kam an einer Gruppe von Fischern vorbei, die bei den Netzen beieinander hockten. Ein großes grünes GNR-Auto hielt an und zwei Polizisten stiegen aus. Mário hätte wetten können, dass sie einen Schatz suchten. Manchmal, mitten in der Nacht, kamen Männer mit Säcken ans Ufer, die sie im Sand vergruben. Sein Vater hatte ihm alles darüber erzählt. Oder vielleicht suchten sie das Mädchen, das verschwunden war.

Kurz vor der Schule kletterte Mário auf seinen Lieblingsfeigenbaum, von dem aus er bis zum Horizont sehen konnte. Er machte das Boot seines Vaters aus, sah, wie es näher kam. Er legte sich in die Arme des Baumes und stellte sich vor, wie es denn wäre, sich auf den Wellen auf und ab zu bewegen, das Boot voller zappelnder Fische, der Motor leise knatternd.

In der Schule las Mário eine Geschichte über eine Meerjungfrau, die sich in einen Mann verliebte und sich in ein Mädchen verwandelte, wobei es sich für sie so anfühlte, als ginge sie auf Glas. Als der Mann sie nicht mehr liebte, stürzte sie sich ins schäumende Meer und verschwand. Vielleicht war das dem kleinen Mädchen passiert, das in Luz verschwunden war.

Zur Mittagszeit raste Mário aus der Schule und sah seinen Onkel Jorge auf dem Bordstein sitzen, im Schatten einer der großen Palmen. Mário fand das komisch, denn sein Onkel kam sonst nie zur Schule, aber vielleicht hatte ihm seine Lehrerin erzählt, dass er lesen konnte. Vielleicht hatte sich die Neuigkeit verbreitet. Sein Onkel rief seinen Namen und stand auf. Mário lief aufgeregt auf ihn zu.

,Gehen wir fischen?' sagte Mário, als sein Onkel in hochhob und küsste. ,Ich habe heute eine ganze Geschichte gelesen! Ich kann lesen!'

,Heute nicht, Marinho.' Die dunklen Risse im Gesicht seines Onkels waren voller Regen. Er trug ihn an eine Stelle, von der aus sie von den Felsen aufs Meer hinausblicken konnten.

,Du bist zu jung, um dies zu verstehen, Mário, aber manchmal gibt das Meer. Und manchmal nimmt es.' Die Brust seines Onkels bebte wie der Motor des Bootes.

,Gestern Nacht … hat es deinen Vater mitgenommen.'

,Wohin?' fragte Mário verwirrt.

,Auf die andere Seite, Marinho. Der Motor bebte wieder. ,Es tut mir Leid, aber er kommt nicht wieder.'

,Warum nicht?'

Mário starrte aufs Meer. Es hatte ein dellen förmiges Muster, wie die Oberschenkel seiner Mutter. Er blickte auf das dunkle Meer und den hellen Horizont und versuchte, die andere Seite zu erspähen. Das Einzige, was er sah, war eine gerade Linie. Warum sollte sein Vater nicht zurückkommen wollen?

,Sie haben die *Sereia* gefunden. Sie war leer. Er muss ins Wasser gefallen und ertrunken sein.'

,Aber er trinkt nicht.'

,Oh Marinho.' Sein Onkel vergrub sein Gesicht in seiner Schulter und stammelte Worte, die Mário nicht verstand.

Da stimmte etwas nicht, dachte Mário. Nur die Fischer, die tranken, fielen ins Wasser. Sein Onkel hatte etwas falsch verstanden. Sein Vater war nicht wirklich ertrunken. Vielleicht war er über den Horizont hinausgefahren, nach Afrika. Er stellte sich vor, dort draußen zur anderen Seite zu segeln. Er näherte sich einem goldenen Ufer, wo Boot neben Boot lag und Männer Netze einholten, rauchten, redeten, lachten und Meerjungfrauen auf See beobachteten. Mário würde dort hingehen, um seinen Vater zu suchen. Er war sicher, er würde ihn finden.

5. Die große Puppe

Dona Marias Blick wanderte über ihre Kartoffeln. Die Erde war völlig aufgewühlt. *Caraças!* Wieder diese Wildschweine. Jetzt reichte es: Nach dem Frühstück würde sie eine große Puppe zusammenbauen, um sie zu verjagen. Sie ging ins Haus und setzte Wasser auf, als das Telefon klingelte. Sie hoffte, es war nicht ihre Tochter.

‚*Mãe*, hast du über das nachgedacht, was wir gesagt haben?'

‚Über was?' antwortete Maria, obwohl sie sehr wohl wusste, worum es ging.

‚Über deinen Umzug nach Portimão? Du kannst bei Alicia wohnen. Sie wäre über deine Gesellschaft froh.'

‚Ich weiß nicht, *filha*. Wer würde sich um das Gemüse kümmern?'

‚Aber, *Mãe*, wer kümmert sich um dich? Niemand von uns lebt mehr in den Bergen. Du bist allein. Jetzt, wo Jorge verstorben ist und Zezinha nach Monchique gezogen ist, Lúcia nach Portimão…'

‚Antonio ist noch hier', sagte Maria trotzig, obwohl er und seine Frau Ana sich zurückgezogen hatten, nach dem, was mit Serafina passiert war.

‚Das schon, aber er ist ein ganzes Stück entfernt und du sprichst nicht mit ihm.'

‚Und da sind die Fremden', sagte Maria. ‚Sie sind vor ein paar Wochen eingezogen. Ich habe sie beobachtet. So viele Kisten.' Sie schaute aus dem Fenster, auf das neu umgebaute Haus gegenüber. Es war noch nichts von ihnen zu sehen, aber es war noch früh. Sie waren jung, sehr glamourös, mit blonden Haaren. Seit Allerheiligen waren sie jeden Tag zum Haus gekommen, aber sie waren erst eingezogen, nachdem sie neue Fenster und Türen eingesetzt hatten. Sie winkten ihr jeden Tag zu und riefen ‚*Olá*'. Sie hatte ihnen ihre besten Kohlköpfe geschenkt und mit ihnen geredet. Sie lächelten immer, aber sie konnte nicht verstehen, was sie sagten.

‚*Mãe*, sie sprechen nicht einmal Portugiesisch. Wie sprichst du mit ihnen?'

‚Na ja, ich rede.'

‚Aber sie verstehen dich nicht, oder? Außerdem sind sie anders. Hör auf mich, *Mãe*, ich finde, du solltest wegziehen. Vielleicht dein Haus verkaufen? Zézinha hat ihr's verkauft und ein Vermögen gemacht.'

‚Aber das ist mein Zuhause', sagte Maria. ‚Ich habe hier mein Leben lang gelebt.'

‚Ich weiß, *Mãe*, aber du bist achtundsiebzig und es ist gefährlich, alleine zu leben. Bitte denk darüber nach.'

An jenem Nachmittag dachte Maria darüber nach. Sie saß da und blickte hoch zum Foía, dem noch grünen Gipfel des Berges, der jetzt mit Masten und Empfängern gespickt war – einer von ihnen sah wie eine riesige Eiswaffel aus. Alle Häuser um sie herum waren zu einem Haufen Schutt verfallen. So etwas dauerte nicht lange. Die Sonne brannte wie glühende Kohlen, der Regen rauschte herab wie vom Teufel gesandt und der Wind heulte wie ein Rudel Wölfe, die den Berg hinunter rasten. Und dennoch – vor nur wenigen Jahrzehnten hatten in dem kleinen Ort Familien mit Kindern gelebt, die laut riefen und spielten, mit Tieren, die grunzten, bellten und wieherten.

Erst nach dieser Revolution hatte die Welt, die sie kannte, angefangen zu verschwinden: die jungen Leute gingen zuerst, sie sagten, dass sie in den Städten besser leben könnten, dann starben die Tiere, oder aber wurden verkauft und schließlich humpelte ihre Generation davon - diejenigen, die ihre Schuhe nicht ohnehin schon für immer ausgezogen hatten. Erst eine Woche war es her, dass Lucia sie nicht mehr besuchte und sie zusammen im Schatten des Hauses saß. Nachdem Lúcia weggezogen war, war niemand mehr da. Ihre Tochter hatte recht. Aber sie konnte nirgendwo anders leben – ihr ganzes Leben blickte von diesen Bergen auf sie hinab.

Da oben führte damals ein alter Pfad zu den jetzt verlassenen Bergterrassen des Foía, wo ihre Töchter zur Grundschule gegangen waren. Sonntags war es üblich, dass die ganze Familie zu Fuß zur Messe nach Monchique ging. Zwei Stunden dauerte das. Sie standen beim Morgengrauen auf und kamen vor Sonnenuntergang zurück. Manchmal stand Maria damals auf, bevor es hell wurde, und buk Brot, um es in der Stadt zu verkaufen. Sie beluden den Esel und mühten sich, ihn zum Laufen zu bewegen.

‚Es wäre einfacher, mich zu beladen', murrte ihr Mann, wenn der Esel einmal wieder seine Mucken hatte.'

Sowohl sie als auch der Esel schauten ihn hoffnungsvoll an und sie lachten.

Genau links oberhalb ihres Hauses sah man die roten Ruinen, dort wo der Dorftanz stattgefunden hatte. Alle zogen ihren Sonntagsstaat an und kamen zusammen. Die Frauen redeten, die Kinder spielten, die Männer tranken *medronho* – und alle tanzten zum Akkordeon des alten Romeo. Als junge Frau hatte sie mit ihrem Ehemann Martinho getanzt – aber nicht nur mit ihm. Damals musste man natürlich vorsichtig sein. Ihre ältere Cousine Serafina hatte hinter der Mühle nicht nur getanzt mit Antonio. Antonio war der Nachbar, mit dem Maria nicht sprach, aber damals war er ein schmucker Bursche, der gerade mit Deutscher Mark aus Deutschland zurückgekehrt war. Er hatte Ana geheiratet, aber sie war am Abend des *baile* krank gewesen. Serafina hatte Antonio immer gemocht und hatte sich wohl vom silbernen Licht des Vollmonds verführen lassen – oder von Antonios Deutscher Mark.

Ein alter Feind der Familie hatte sie zusammen gesehen und hatte gedroht, Antonio zu verraten, wenn er nicht das Schwein, den ersten Preis, rausrücken würde. Antonio hatte das Schwein gestiftet, aber um sicherzugehen, dass sich die Gerüchte nicht weiter verbreiten konnten, hatte Antonio auch jedem erzählt, dass Serafina für die Kommunisten Hühner stahl. Eigentlich war es ein Fuchs gewesen, aber niemand sagte etwas und Serafina wurde eines Nachts unauffällig festgenommen und mitgenommen.

Erst Jahre später erfuhr Maria, dass Serafina als Hausangestellte in Lagos arbeitete – wo sie immer noch arbeitete, obwohl sie über achtzig sein musste. Sie war nie in das kleine Dorf zurückgekehrt. Maria sprach selten mit Antonio oder Ana, aber er hatte ihr zu Weihnachten eine Flasche *medronho* geschenkt. Sie vermutete, das war lange her.

In diesen Tagen war Antonio der einzige Mann auf dieser Seite des Berges, der *medronho* aus den Früchten des Erdebeerbaumes herstellte. Und das war auch gut so. Damals machten alle Männer welchen und davon wurden ihre Augen rot und wässrig und ihre Stimme klang wie die einer Katze. Ihr Mann war immer besoffen. Einmal war sie ihn suchen gegangen und fand seinen Hut auf dem Weg, während er bewusstlos unter einem Busch lag. Sie hatte ihn dort liegen lassen. Er war sogar besoffen gewesen, als er starb. Sie hatten nie erfahren, woran er gestorben war, aber er hatte darauf bestanden, einige Gläser *medronho* am Tage zu trinken. Er hatte über Bauchschmerzen geklagt und es abgelehnt, ihr Brot zu essen, weil er sagte, es sei schlecht für seine Verdauung. Völliger Unsinn. Wahrscheinlich war es der Alkohol, der ihn getötet hatte.

Damals schon hatte ihre Tochter versucht, sie dazu zu bewegen in die Stadt zu ziehen. ‚Weißt du, *Mãe,* du hast nicht einmal einen Arzt in der Nähe. Er hätte länger leben können, wenn das der Fall wäre.' Maria wusste nicht, ob er hätte länger leben wollen. Sie wusste nicht, ob sie gewollt hätte, dass er länger lebte – Gott war offensichtlich nicht dieser Meinung. Und er war wenigstens zu Hause gestorben.

Sie hatten zwei Töchter bekommen, die überlebt hatten und zwei Söhne, die bei der Geburt gestorben waren. Anscheinend hatte sie selbst Glück gehabt, die Totgeburt ihres Sohnes zu überleben. Sie hatte zu viel Blut verloren. Lúcias Mutter war ihre Hebamme gewesen und hatte ihr das Leben gerettet. Natürlich würde so etwas heutzutage nicht passieren, wenn man in einer Stadt mit Krankenhäusern und Ärzten lebte.

Wie jeder hatten ihre Töchter ihr Zuhause verlassen, sobald sie nur konnten. Sie lernten lesen und schreiben, lernten Auto zu fahren, fanden Jobs, Wohnungen, Ehemänner. Die eine lebte in Portimão, die andere in Lissabon. Ihre Kinder waren erwachsen geworden und das eine lebte in Coimbria, ein anderes in Deutschland. Sie alle lebten in Städten. Sie erinnerte sich an das erste Mal, als ihre Tochter sie in den kleinen Schuhkarton hoch oben im Himmel von Portimão mitgenommen hatte.

‚Alles ist sauber und zivilisiert', sagte ihre Tochter. ‚Nicht wie in den Bergen.'

Maria hatte voller Ehrfurcht auf die hübschen Lichter und Lampenschirme geschaut, auf die glänzenden, gefliesten Böden, auf die Ledersofas, auf Kühlboxen in Schränken, auf Maschinen die Wäsche wuschen, Badezimmer mit silbernen Wasserhähnen und auf weiche Handtücher, aber nachdem einige Zeit vergangen war, hatte sie aus dem Fenster geschaut, auf die anderen Häuserblocks – und hatte sich eingesperrt gefühlt. Ihr fehlte die Luft. Und die ganze Erde war mit Beton bedeckt. Wo konnte man Gemüse anbauen? Ihre Tochter hatte sie ausgelacht.

‚Warum soll man sich auf dem Land abrackern, wenn man in einen Laden gehen kann!'

Maria hatte das Gemüse aus dem Laden probiert und zum ersten Mal in ihrem Leben hatte ihr *caldo verde* wie Dreckwasser geschmeckt, das Fleisch war zäh und die Chips matschig. Hinzu kam, dass ihre Tochter sehr dick geworden war, seitdem sie im Laden einkaufte. Und da fiel es ihr wieder ein: Sie musste noch eine große Puppe zusammenbauen, um die Wildschweine von ihren Kartoffeln zu verscheuchen.

Sie stand auf und ging an der Seite des Hauses herum, wo sie normalerweise in einem Nebengebäude ihr Feuerholz hackte. Sie fand ein paar lange Äste und nagelte sie zusammen. Dann ging sie in ihre dunkle Küche, in der noch der Rauch stand, da sie zuvor Feuer gemacht hatte. Sie nahm eine der großen Wasserflaschen aus Plastik, die die Fremden jeden Tag in den Abfall warfen, und hackte den oberen Teil ab. Sie schnitt Löcher für drei Karotten hinein und dann noch mehr Löcher am Rand entlang, in die sie ein paar leere 7-Up Dosen steckte. Im Schlafzimmer fand sie in einem Schrank eine alte Jacke, die ihrem Mann gehört hatte und eine alte schwarze Mütze. Sie nahm die Sachen mit nach draußen, zog den Ästen die Jacke über und setzte dann die große Wasserflasche oben drauf. Sie warf einige kleine Steine in die 7-Up Dosen, damit sie im Wind schepperten, und knotete Plastiktüten als Hände an die Jacke. Ganz zum Schluss setzte sie der Plastikflasche Martinhos Mütze auf. Einen Moment lang spürte sie Tränen in den Augen: Sogar die Mohrrübe sah ein wenig wie seine Nase aus. Dann trug sie ihre große Puppe zu ihrem Kartoffelbeet und schlug sie am Weg zwischen ihrem Haus und dem der Fremden in den Boden.

,So, Martinho', sagte sie, ,jetzt kannst du den Schweinen Angst einjagen.'

Sie sammelte einige Pflaumen auf und setzte sich neben das Rohr am Wassertank, um sie zu waschen. Sie würde später gießen müssen. Sie hatte sechzehn Stunden pro Woche das Recht zur Bewässerung, aber jetzt war niemand da, der sich um die Rohre kümmern konnte. Ihre Tochter schien nicht zu glauben, dass sich die Fremden darum kümmern würden, aber wie wollten sie ohne Wasser Dinge anbauen? Sie würden viele Flaschen brauchen.

Sie hörte Schritte hinter sich, und als sie sich umdrehte, sah sie die beiden großen blonden Menschen auf sich zukommen. Sie zeigten auf ihre Puppe. Sie waren offensichtlich beeindruckt. Sie stand auf und begrüßte sie. ,Ich war gerade dabei, ein paar Pflaumen für sie abzuwaschen', sagte sie. Sie sagten ,Guten Tag' und schwenkten ihren Arm wie den einer Pumpe. Sie waren fast doppelt so groß wie sie und trugen beide Bluejeans, ärmellose Oberteile und feste Lederstiefel. Sie könnten noch etwas Fett auf den Rippen vertragen, aber absehen davon waren sie wunderschön. Sie rückte ihren schwarzkrempigen Baumwollhut zurecht und klopfte ihre Schürze ab, die sie über ihrem Rock trug. Wenn sie gewusst hätte, dass sie kommen würde, dann hätte sie Strümpfe angezogen.

,Tut mir Leid. Ich bin ganz staubig. Setzen Sie sich. Setzen Sie sich doch', sagte sie und stellte mehr Hocker bereit. Sie schienen nicht zu wollen, flatterten umher wie riesige Schmetterlinge, aber endlich schaffte sie es, dass sie sich niederließen. Ha, dachte sie. Ich habe neue Freunde! Wie Engel! Ich muss jetzt nicht nach Portimão ziehen. Die Frau streckte ihre Hand aus und sagte, ,Bec' oder ,Beco'? Und nun? Sie deutete wieder auf die Puppe und ihre Hand durchschnitt die Luft zwischen ihrem Land und Marias Land. Brauchten sie einen Zugang? Verwirrt erzählte ihnen Maria, dass die Puppe dazu da war, die Schweine zu verscheuchen, die Wildschweine. Der *Senhor* sprach jetzt, aber was er sagte, gab keinen Sinn.

,Wie schaffen Sie es denn, die Wildschweine, von ihrem Land zu vertreiben?' fragte Maria, aber sie verstand sie nicht, die langatmigen Erklärungen ihrer verdrehten Zungen. Dann holte der *Senhor* ein Buch hervor, blätterte darin herum und zeigte es ihr. Es war ein schönes, glänzendes Buch, in der Farbe des Himmels, aber da waren keine Bilder auf der Seite, die er ihr zeigte. Nur Wörter. Sie schüttelte den Kopf, erzählte ihnen, dass sie keine Wörter kannte und ging ins Haus, um Wurst zu holen und etwas von Antonios *medronho*. Sie wollte nicht, dass sie sie für unhöflich hielten. Sie rückte eine Kiste zurecht, stellte ihr bestes Plastiktablett mit der Flasche, Gläsern und Scheiben von *chouriço* und dem leider nicht frisch gebackenen Brot darauf – und goss den *medronho* ein. Der Mann versuchte ,nein' zu sagen, aber Maria ließ sich nicht von ihrer Idee abbringen.

,Auf neue Nachbarn!' sagte Maria und hielt das Glas hoch.

Sie stießen an, tranken den *medronho* und lächelten – na ja, sie verzogen eher das Gesicht. Aber das war beim ersten Glas normal.

Maria nahm den Teller mit Wurst und bot sie ihnen an. Sie schüttelten den Kopf. Maria sagte, dass es gute *chouriço* sei, aber sie wollten keine. Sie versuchte, ihnen mehr *medronho* anzubieten, aber auch davon wollten sie nichts mehr. Sie nahmen ihre Pflaumen, und als sie gingen, sagten sie ,Schönen Tag noch' und ,Danke'. Die *Senhora* zeigte wieder auf die Puppe und faltete die Hände, so als wolle sie beten. Vielleicht wollte sie eine? Aber sie bauten nichts an. Die Puppe stand ohnehin direkt vor ihrem Haus, sodass sie auch ihre Schweine verjagen würde. Sie trug das Tablett schweren Herzens zurück in die Küche. Zumindest hatten sie sie besucht.

Nachdem sie den Wassertank auf ihr Land entleert hatte und sichergestellt hatte, dass das Wasser durch die Kanäle lief, ging sie ins Haus und suchte das Telefonbuch. Sie fand das Foto ihrer Tochter und wählte die Nummer.

‚Bin ich froh, dass du anrufst, Mãe. Hast du über das nachgedacht, worüber wir heute Morgen gesprochen haben? Ich kenne einen Immobilienmakler, der sich dein Haus anschauen kann, wann immer du willst.'

‚Was ist ein Immobilienmakler?' fragte Maria.

‚Jemand, der Häuser verkauft.'

‚Ich weiß nicht recht, *filha*.' Sie zögerte. ‚Die Fremden haben mich heute besucht.'

‚Das ist nett. Worüber habt ihr gesprochen.'

‚Hm. Nicht viel.'

‚Nein.'

‚Nein, das war sehr komisch. Ich habe ihnen *chouriço* angeboten und sie wollten sie nicht essen.'

‚Vielleicht hatten sie gerade gegessen.'

‚Es war spät am Nachmittag.'

‚Oder vielleicht sind sie Vegetarier.'

‚Vege.. was?'

‚Vegetarier. Weißt du, es gibt Leute, die essen kein Fleisch.'

‚Kein Fleisch essen? Es gibt Leute, die kein Fleisch essen?'

‚Viele Fremde tun das nicht, Mãe. Ich hab dir gesagt, dass sie anders sind. Sie mögen es nicht, dass man Tiere tötet.'

‚Aber was machen sie dann mit ihnen?'

‚Ich weiß nicht. Sie haben wahrscheinlich keine, oder doch?'

‚Nein.'

‚Einige machen's auch nicht wegen der Gesundheit. Ich könnte wetten, dass sie nicht dick sind, oder?'

‚Nein', sagte Maria. Vielleicht sollte ihre Tochter eine von diesen Vege… Dingsbums werden. ‚Was könnte ich dann für sie zum Mittagessen kochen?'

‚Gemüse?'

‚Nur Gemüse? Aber sie werden mich für knauserig halten.'

‚Nein, das werden sie nicht. Mach Gemüse mit Tomaten, oder so.'

Maria aß von der Suppe, die sie am Vortag gekocht hatte, und ging dann ins Wohnzimmer. Das Sideboard war mit Spitze geschmückt, die ihre Mutter gehäkelt hatte, als sie jünger war. Darauf stand ein Schwarz-Weiß Foto, das sie selbst mit Martinho, ihrer Mutter und ihren beiden Töchtern zeigte. Es war vor ungefähr fünfzig Jahren vor dem Haus aufgenommen worden. Im Hintergrund konnte man den Esel sehen. Der kleine Teufelsbraten.

Sie machte den Fernseher an. Sie konnte wunderbar ohne diese Maschinen auskommen, die wuschen und kochten, aber ein Leben ohne Fernsehen konnte sie sich nicht mehr vorstellen. Wer auch immer die Idee hatte, Bilder in eine Kiste zu übertragen, sollte zum Heiligen gemacht werden. Als ihr Mann vor fünfzehn Wintern starb, hatten ihre Töchter den Fernseher für sie gekauft. Es stellte sich heraus, dass er ein guter Begleiter war, besonders weil sie die Erste gewesen war, die einen hatte und die Nachbarn bei ihr vorbeikamen, um fernzusehen.

Es liefen noch die Abendnachrichten. Bilder von dem hübschen kleinen Mädchen, das verschwunden war, füllten den Bildschirm. Die Eltern kamen gerade aus einer Kirche und hielten eine Blume in der Hand. Sie waren gut aussehend, wie ihre neuen Nachbarn – groß, blond, mit himmelblauen Augen, so traurig wie die eines jungen Hundes, aber die Mutter klagte und weinte nicht. Man sagte, das lag daran, dass sie Engländerin war. Und Ärztin. Maria konnte sich nicht vorstellen, all den Schmerz für sich zu behalten. Arme Frau. Armes Kind. Wer könnte sie mitgenommen haben? Mehr als ein Monat war vergangen. Wer hätte einem kleinen Mädchen so etwas antun können? Der Gedanke war einfach unerträglich. Maria schaltete auf *Dança Comigo* um, wo Cecilia aus *Ilha dos Amores* tanzte. Sie wirbelte herum, hielt inne und flatterte um den Mann herum wie eine Libelle. Sie sollte gewinnen.

Maria stand am nächsten Morgen früh auf und nachdem sie einige Tomaten aus dem Kühlschrank genommen hatte, ging sie hinunter zu ihrem Kartoffelfeld. Es sah nicht so aus, als ob die Schweine diese Nacht da gewesen wären. Es war windig gewesen und die Dosen hatten die ganze Nacht geklappert und einen ziemlich Krach gemacht. Ha! dachte sie, zufrieden, dass ihre große Puppe funktioniert hatte. ‚Schau dir das an, Martinho, du hast dich endlich einmal nützlich gemacht.' Sie zerrte einige Äste bis zu ihrer Tür und hackte sie für das Feuer. Sie zündete es an und setzte einen Topf Wasser zum Kochen auf. Dann ging sie wieder nach draußen und bereitete das Spritzen ihres Gemüses vor. Sie lud den Behälter mit den Chemikalien auf ihren Rücken und besprühte ihren Kohl und ihre Bohnen. Danach pflückte sie Zucchini und ein paar Bohnen – sie waren fast soweit.

Es war schon heiß, als sie ins Haus ging, sich eine Tasse Kaffee machte und ein wenig Toast aß. Teile davon gerieten zwischen ihre falschen Zähne und sie musste sie herausnehmen und sauber machen. Sie wusch ihr Gesicht, kämmte ihr graues Haar, befestigte ihren Pony mit einer Haarspange und setzte ihren Hut auf. Dann ging sie in die Küche, legte mehr Holz auf das Feuer und begann, das Gemüse zu schneiden. Obwohl der Herd an war, war es in der dunklen Küche kühl, verglichen mit der Bruthitze draußen. Ihre Töchter sagten immer zu ihr, sie solle den Boden fliesen lassen, aber er gefiel ihr so, wie er war. Er hielt die Küche kühl. Sie hatte Fliesen in anderen Räumen. Und Elektrizität natürlich, und heißes Wasser im Badezimmer. Ihr Mann hatte vor vielen Jahren sogar eine Dusche gebaut, indem er einen Eimer mit Löchern aufgehängt hatte. Ihre Tochter wollte eine richtige Dusche installieren lassen, aber Maria gefiel der Eimer. Er erinnerte sie an Martinho.

Während das Gemüse vor sich hin köchelte, ging sie hinaus in die gelbe Sonne und den Weg entlang, der zum Haus der Fremden führte und begrüßte Martinho. Vor vielen Jahren hatte auch das andere Haus ihren Eltern gehört, aber sie hatten es ihrem Onkel als Tausch gegen eine Wasserquelle überlassen. Seine Enkel hatten es letztes Jahr verkauft. Sie hatten alle geglaubt, reich zu werden. Maria wusste, dass kaum noch etwas übrig blieb, nachdem Anwälte und Verkäufer bezahlt und alles durch sieben geteilt war. Nicht dass vom Haus selbst viel übrig gewesen war. Aber es zeigte zur Sonne und jetzt erstrahlte es weiß. Ihre Mutter hatte ihr erzählt, dass sie dort geboren sei. Natürlich erinnerte sie sich nicht daran, aber sie erinnerte sich daran, mit ihren Cousins den alten Feigenbaum hochgeklettert zu sein, der vor dem Haus stand.

‚Guten Morgen', rief sie.

Die *Senhora* war wohl dabei, Fenster und Türen zu streichen. Ihr Mann kam mit zwei Tassen in der Hand aus der Küche. Martinho hatte ihr nie Kaffee gemacht.

‚Guten Morgen', sagte die *Senhora*. Sie hatte einen Spritzer blauer Farbe auf ihrer Wange. Dieselbe Farbe wie ihre Augen.

‚Ich habe Mittagessen gemacht, wenn sie mögen. Ist leider nur Gemüse, da meine Tochter gesagt hat, dass Sie Vege … Dingsbums seien.'

‚Es tut mir Leid, ich verstehe Sie nicht', erwiderte die *Senhora*. Maria sprach lauter.

‚Mittagessen?' wiederholte die *Senhora*.

Maria nickte heftig mit dem Kopf und zeigte, dass sie mit ihr kommen sollten, aber sie sprachen in ratternder Geschwindigkeit miteinander. Sie schüttelten mit dem Kopf und sagten ‚Tut uns Leid' und ‚Monchique'.

‚Ach, das macht nichts, ein anderes Mal.'

Die *Senhora* zeigte wieder auf ihre große Puppe.

‚Haben Sie gesehen, wie es funktioniert! Keine Schweine! sagte Maria triumphierend.

Sie meinte zu verstehen, dass die *Senhora* sagte, dass die Puppe viel Lärm machte. Maria nickte erfreut. ‚Genau so wie damals mein Mann!' fügte sie hinzu, aber sie glaubte nicht, dass die *Senhora* sie verstanden hatte, denn sie runzelte die Stirn und ging zurück zum Haus, um die Türen zu streichen.

‚Tut mir Leid, dass ich sie gestört habe', sagte Maria. ‚Vielleicht ein anderes Mal. Einen schönen Tag wünsche ich Ihnen noch.'

Maria ging zurück zu ihrem Topf mit kochendem Gemüse und wollte sich Brot abschneiden, aber konnte das Brotmesser nicht finden. Stattdessen sägte sie mit einem kleinen Gemüsemesser an dem Brot herum. Sie würde das mit *chouriço* essen. Zum Essen setzte sie sich bei offener Tür in ihre Küche. Der Jeep und der Transporter standen immer noch da. Sie standen auch noch da, als sie ihr Geschirr abwusch. Vielleicht hatten sie ihre Meinung geändert. Sie legte den Deckel auf den Topf und ging noch einmal den Pfad hoch. Es ging ein heißer Wind. Die Dosen an der großen Puppe klapperten laut. *Caraças*. Wenn der Wind zunahm, könnte er den Kohl verbrennen.

‚Ich habe Ihnen etwas zum Mittagessen gebracht, falls sie doch nicht in die Stadt fahren', rief sie, aber sie sah niemanden. Sie legte die Hände dicht an die Scheibe und schaute hinein. Die *Senhora* saß auf ein paar Säcken Zement vor einem Computer. Maria klopfte an die Tür, um auf sich aufmerksam zu machen. Ihre Augen sahen müde aus, als sie die Tür öffnete.

‚Ich habe ihnen was zum Mittagessen gebracht, falls sie nicht in die Stadt fahren', sagte Maria wieder und gab ihr den Topf. Die *Senhora* sah skeptisch aus.

‚Vegetarier', sagte sie.

‚Es ist nur Gemüse.' Maria hob den Topf hoch, um es ihr zu zeigen.

Die *Senhora* roch das Essen und ihre Augen lächelten.

‚Danke, danke.'

‚Nichts Besonderes', sagte Maria. ‚Es ist nichts Besonderes. Also dann, bis später.'

Die Tür schloss sich hinter ihr und sie ging zurück zu ihrem Haus. Sie würde ein bisschen *Ilha dos Amores* gucken und sich ein wenig hinlegen. Wenn es später kühler war, würde sie die Gurken und den Salat pflücken. Sie musste daran denken, das Huhn aus dem Kühlschrank zu nehmen und die Hefe vorzubereiten. Ihre Tochter und ihr Schwiegersohn würden früh am Morgen kommen. Als sie mit der Hand in den Kühlschrank fasste, fühlte sie einen stechenden Schmerz. Ihr Finger brannte. Sie guckte in den Kühlschrank und das Brotmesser schimmerte ihr scharf entgegen. Sie zog ihre Hand hastig zurück und sah, dass Blut von ihrem Finger herabtropfte. Sie musste das Messer dort vergessen haben, als sie die Tüte mit Tomaten aufgemacht hatte. Sie hastete nach draußen und hielt ihren Finger unter laufendes Wasser. Das Wasser färbte sich rot. Sie riss ein Stück Stoff von ihrer Schürze ab und wickelte es um den Schnitt, in der Hoffnung, dass es aufhören würde zu bluten. Sie ging ins Haus, um einen Verband zu suchen, aber sie fand keinen und so riss sie einen großen Schlüpfer in Streifen. Sie nahm das blutgetränkte Stück der Schürze ab und goss ein wenig *medronho* über den Schnitt. Dann umwickelte sie ihn wieder.

‚*Mãe*, lass mal sehn, was hast du mit deiner Hand gemacht?'

Ihre Tochter war gerade erst in der Küche angekommen und schon redete sie auf sie ein. Sie könne sich nicht um sich selbst kümmern, was wäre passiert, wenn sie hingefallen wäre?

‚Ich bin nicht gefallen. Ich habe mich gestern an einem Messer geschnitten und die Wunde ist in der Nacht aufgegangen. Jetzt muss ich das Bettzeug waschen.'

‚Lass mich mal sehen. Warum hast du keinen Verband drum gemacht?'

‚Ich konnte keinen finden.'

‚Warum hast du deinen neuen Nachbarn nicht gefragt?' Ihre Tochter redete weiter in dieser durchdringenden, offiziellen Stimme mit ihr, während sie die Streifen des Baumwollschlüpfers abwickelte. Ihre Tochter arbeitete im Gesundheitszentrum in

Portimão und war es gewohnt, sehr laut mit Leuten zu reden. ‚Das ist ein tiefer Schnitt.'

‚Ich wollte sie nicht belästigen.'

‚Verstehst du jetzt? sagte ihre Tochter wissend. ‚Warte hier, ich habe antiseptische Salbe im Wagen.'

Ihre Tochter reinigte die Schnittwunde, trug die Wundheilsalbe auf und legte einen richtigen Verband an. João, ihr Schwiegersohn, schickte sich an, im Brotofen ein Feuer anzumachen. Maria saß mit klopfendem Finger in der dunklen Küche, während ihre Tochter den Teig ausrollte.

‚Ich habe neulich Lúcia getroffen', sagte ihre Tochter.

‚Wie geht es ihr?' Maria wusste, was ihre Tochter sagen wollte, aber sie würde ihr nicht auf den Leim gehen.

‚Ihr gefällt es einfach dort. Sie geht zur Messe, besucht ihre Freunde …'

‚Wie schön', sagte Maria.

‚Ja. Sie sagt, sie ist noch nie so glücklich gewesen.'

Maria war verblüfft. Das wurde Lúcia doch nie sagen, oder doch? Sie ging nach draußen, um zu sehen, ob das Feuer gut brannte. João warf mehr Scheite ins Feuer.

‚Fast einsatzbereit', sagte er.

Ihre Tochter kam aus dem Haus und trug die rohen Brotlaibe auf einem Tablett, von wo aus sie sie in den Ofen bugsierte. Dann schrubbte sie das Bettzeug und wusch auch ihre eigene Wäsche aus Portimão. Sogar ihre Tochter sagte, dass keine Maschine die Wäsche so sauber bekam wie das frische Bergwasser und die Sonne. Sie verbrachten den Rest des Morgens mit graben, zurückschneiden und düngen. Maria pflückte Bohnen – während ihre Tochter Hühnchen *piri-piri* zubereitete.

‚Ich bringe den Fremden ein bisschen Brot', sagte Maria. ‚Sie haben ihren Brotofen noch nicht benutzt.'

‚Ich könnte wetten, sie mögen es nicht', sagte ihre Tochter. ‚Sie mögen weiches Brot.'

Was für ein Unsinn, dachte Maria, als sie die Brotlaibe aus dem Ofen holte und ihr der Duft von frisch gebackenem Brot und Holzkohle entgegenschlug. Jeder mochte ihr Brot – na ja, absehen von Martinho, als er im Sterben lag, aber er zählte nicht. Sie klopfte auf jedes Brot und tat einige zurück, die noch nicht ganz durch waren. Den Rest brachte sie in die Küche. Ein Brot schlug sie in ein Tuch ein und dann ging sie zum Haus hinüber. Es war niemand zu sehen, aber sowohl der Jeep als auch der Transporter waren noch da. Maria schaute ins Fenster, aber da sie niemanden sah, hämmerte sie an die Tür. Die Frau erschien in einem Morgenmantel.

,Ich wollte Sie nicht stören, aber ich habe ihnen Brot gebracht.' Maria hob das Tuch an, um ihr Brot zu zeigen.

,Brot?' antwortete sie lächelnd. ,Oh, danke.'

,Es ist nicht der beste Laib, den ich je gemacht habe – es ist schwer, den Ofen heiß genug zu halten – aber so schlecht ist es nicht.'

,Danke.'

,Ja, dann will ich Sie nicht weiter aufhalten.'

Maria ging wieder. Die Tür schloss sich hinter ihr. Dort, wo das Land nicht bewässert worden war, war das Gras zu Stroh geworden und die Erde war zu Krümeln eingetrocknet. Wenigstens hatte der Wind über Nacht nicht aufgefrischt.

,Sie schlafen noch?' fragte ihre Tochter.

,Ja', sagte Maria. ,Sie arbeiten bis spät abends.'

Um ein Uhr setzten sie sich alle auf Hocker im Schatten des Feigenbaums und aßen Hühnchen *piri-piri*, Chips und Salat mit dem frisch gebackenen Brot und mit Olivenöl. João machte eine Flasche Rotwein auf und Maria holte auch noch ein paar Dosen 7-Up.

,Die Fremden fahren gleich weg', sagte João. ,Prima Auto. Ein fast neuer Discovery.'

Sie stiegen in den weißen Jeep ein.

,Bis später!' rief Maria und winkte ihnen vom Tisch aus zu.

Sie winkten zurück.

,Sie ist sehr attraktiv', sagte ihre Tochter.

,Ja', sagte Maria. ,Er sieht auch nicht schlecht aus.'

,Haben sie Kinder?'

,Noch nicht', sagte Maria. ,Das wird schön, wenn sie welche haben.'

Als sie das Geschirr abwuschen, fing ihre Tochter wieder an. Maria holte tief Luft.

,Aber, Mãe, es ist gefährlich, wenn du hier alleine bleibst. Hier ist keiner der dir helfen kann. Du bist vergesslich und ich will nicht, dass du dich verletzt.'

,Ich werde mich nicht verletzen', sagte Maria, verärgert darüber, dass ihre Tochter sie wie ein Kind behandelte.

,Und was ist mit dem Messer?'

,Das war ein Unfall.'

‚Eben.'

‚Willst du nicht Freunde um dich herum haben?'

Maria spürte, wie ihr Widerstand erlahmte und vor ihrer Abfahrt war sie einverstanden, dass sie sie am Mittwochabend abholen würden. Sie würde bei Joãos Schwester Alicia wohnen, die jetzt allein war, nachdem Zé gestorben war. Als Gegenleistung versprachen sie ihr, dass sie sie jedes Wochenende zurückbringen würden. Maria seufzte, als sie den Fernseher anschaltete. Sie zog ihre alten Stiefel aus, die ihr Martinho ein Jahr vor seinem Tod geschenkt hatte. Sie würde sie nicht mehr lange brauchen. Sie wusste, sie würde in so einer Kiste aus Beton sterben, die in den Himmel ragte.

Mittwoch kam und trotz des blauen Himmels und der Schatten, die der frühe Morgen auf die grünen Berge warf, war Maria von tiefer Traurigkeit erfüllt. Sie machte das Haus sauber und trug eine einzige Plastiktüte mit Müll zu den Tonnen.

Sie ging zurück auf ihr Land, hob eine *enxada* auf und grub ein Beet am unteren Ende der Terrasse um, das sie nicht zum Anbau genutzt hatte, seit Martinho tot war. Sie kam bald ins Schwitzen, als die Sonne über die Berge gewandert war, und musste aufhören. Sie schälte eine Orange, setzte sich in den Schatten des Feigenbaums und schloss die Augen, ignorierte das Summen der Fliegen um sie herum.

‚Guten Morgen.'

Maria öffnete die Augen und sah die *Senhora,* die wie eine Vision über ihr in der Sonne tanzte. Sie setzte sich auf und blinzelte.

‚Mittagessen?' sagte die *Senhora.*

‚Mittagessen?' wiederholte Maria.

‚Ja. Haben wir gemacht. Hier. Ein Uhr. Ist das gut?' Die Senhora zeigte auf ihre Uhr.

‚Das ist gut', sagte Maria, verwirrt.

Die Vision verschwand. Aber sie kamen zum Essen! Und sie hatte gelernt zu reden. Vielleicht würde sie doch nicht in einer Kiste aus Beton sterben müssen. Es war kaum genug Zeit. Maria hatte gerade erst die Kartoffeln ins Fett getan, als die Nachbarn mit einem Topf in der Türe standen.

‚Hi, ich bringe Essen', sagte die *Senhora* und zeigte ihr den Inhalt des Topfes.

Der *Senhor* hielt eine Flasche Rotwein in der Hand und eigenartiges dunkles Brot, mit Körnern auf der Kruste.

Maria schaute auf das dampfende Reis-Gemüsegericht mit Auberginen. Es duftete nach Koriander, ihrem Lieblingsgewürz.

‚Und ich mache Pommes frites und Salat.' Sie goss Olivenöl über den Salat.

‚Draußen?' fragte die *Senhora* sie.

‚Wie Sie wollen. Wir können im Haus essen, wenn Sie wollen. Das ist kühler.'

Aber sie gingen schon auf den Tisch unter dem Feigenbaum zu. Der *Senhor* hatte Gläser, Messer und Gabeln gefunden und brachte sie zum Tisch. Dann holte er ein paar Hocker. Maria schüttelte den Kopf. Ihr Mann hatte das nicht ein Mal in seinem Leben getan. Sie schaute zu ihrer großen Puppe hinüber und sagte ‚Da kannst du mal sehen, was andere Männer machen!' Sie nahm die Pommes aus der Pfanne und schüttete sie auf einen Teller. Trotz ihrer Proteste trug der *Senhor* die Kartoffeln und einige Teller nach draußen. Innerhalb von Sekunden stand der Tisch voll mit Essen und Trinken und ihre beiden Engel saßen erwartungsvoll davor.

‚Essen Sie, essen Sie doch', rief Maria aus. ‚Sie müssen zunehmen.'

Doch sie prosteten ihr beide zu.

‚Auf gute Nachbarschaft!' sagten sie.

‚Auf gute Nachbarschaft', sagte sie – und lächelte. Ihre Tochter hatte unrecht; sie waren nicht anders, sie waren ihre Freunde.

Sie probierte das Auberginengericht. Es fehlte Salz, aber es war nicht schlecht. Das Brot mochte sie nicht besonders: Es enthielt viele Körner und hatte kaum eine Kruste. Was für ein Glück, dass noch ein kleines Stückchen vom Hühnchen *piri-piri* übrig war. Das konnte sie später essen.

Nachdem sie gegessen hatten, erzählte ihnen Maria, dass sie in Portimão würde leben müssen. Aber sie würde zurückkommen. Vielleicht würde sie eines Tages wieder hier leben. Vielleicht würde sie ihre Tochter überzeugen können, dass jetzt alles in Ordnung war.

‚Sie gehen weg? Nach Portimão? Für immer?', fragte die *Senhora*.

Maria zuckte mit den Achseln. Es würde nicht für immer sein. Die Wohnung was hoch oben im Himmel, aber es war auf keinen Fall das Paradies. Aber für eine Weile. Vielleicht für ein paar Wochen.

‚Wie schade', sagte die *Senhora* und ihre blauen Augen öffneten sich so weit wie Fenster. ‚Können wir sie dann nehmen …?', fragte sie und zeigte auf ihre große Puppe.

Maria fragte sich, wo sie sie denn hinstellen wollten, aber natürlich sagte sie ja. Die Augen lächelten sie an. Sie bat sie darum, dass sie sie auf jeden Fall zurückbringen sollten, wenn sie sie nicht mehr brauchten, weil die Schweine wiederkommen und ihr Gemüse fressen könnten, aber sie redeten schon in ihren verdrehten Zungen aufeinander ein.

Sobald sie weg waren, rief sie ihre Tochter an.

‚Du brauchst nicht zu kommen, weil ich neue Freunde habe', rief sie.

Aber ihre sture Tochter bestand auf ihrer Verabredung und sie kamen genau zur vereinbarten Zeit.

Ihre neuen Freunde winkten ihr zu, während sie still auf dem Rücksitz des Wagens saß. Sie waren so schön. Als das Auto an ihrem Haus vorbeikam, schaute sie aus dem hinteren Fenster und sah Martinhos Arm, der ihr zuwinkte, als die Fremden ihn aus der Erde zogen und zu einem Haufen Bauschutt und Glasscherben trugen. Eigenartig, dachte sie, dorthin würden die Schweine nicht kommen. Sie beobachtete schweigend, wie die große Puppe auf eine alte, kaputte Tür geworfen wurde. Martinhos Nase schlug auf eine Flasche auf und fiel ab und sein schwarzer Hut rollte in den Staub. Der Anflug eines Lächelns ging über ihr Gesicht, bevor sie die Augen schloss, während das Auto in Schlangenlinien die Berge hin abfuhr, hin zu einer Stadt gebaut aus Kisten am Meer.

6. Vida

Charlotte lehnte sich aus dem Bett und öffnete die Rollläden ein wenig, so dass das weiße, gleißende Licht durch die Schlitze drang. Sie blinzelte und zog sich das Laken über den Kopf – selbst nach drei Monaten in ihrem Apartment im vierten Stock eines Hochhauses von Portimão war sie noch immer nicht an die Intensität des Lichts gewöhnt. Es war gefühlte achttausend Mal heller als im englischen Chelsea, selbst außerhalb ihrer Wohnung dort. Sie nahm ihr Handy. Sie hatte es um fünf Uhr nachts abschalten müssen, weil Ed ihr eine SMS nach der anderen geschickt hatte. Anders als Rodrigo. Das Handy meldete sofort drei Nachrichten und sie lachte laut auf. Die aktuellen Nachrichten (oder vielmehr, die der letzten Nacht) waren: ‚Schläfst du schon? Die heutige Nacht hat mir sehr gut gefallen. xxx', ‚Habe ich dir schon gesagt, dass du das fantastischste Mädchen bist, das ich je getroffen habe? xxx.' ‚Wirklich. Gute Nacht. xxx.' Das Telefon vibrierte in ihrer Hand und eine weitere SMS kam an. ‚Bist du schon wach, Baby? Was hältst du davon, wenn ich dich und die Mädchen auf eine Bootstour einlade?' Sie kicherte, schüttelte den Kopf und schaute auf die Uhr. 12.30 Uhr. Sie konnte hören, dass entweder Vicky oder Sarah in der Küche Geräusche machten. Eine Stimme wie Shakira sang davon, dass es illegal war, das Herz einer Frau zu brechen – also Sarah.

Sie schlug das Laken zurück, setzte sich auf, zog die Rollläden halb hoch und blinzelte ins gleißende Licht, bis sie durch eine Lücke zwischen den Gebäuden Portimãos das türkis glitzernde Dreieck sehen konnte. Sie schlüpfte in ihre blau-weißen Neilson Flip-Flops und in einen blassblauen, seidenen Morgenmantel mit filigranen Schmetterlingen, den Rodrigo ihr aus Japan mitgebracht hatte, ehe sie auf den Terrakotta-Fliesen zur Schlafzimmertür schlurfte.

Sarah kam ihr an der Tür immer noch singend entgegen, einen Becher Tee in der Hand.

‚Hey, Charlotte. Hier bitte, für dich.'

‚Du bist so ein Schatz, danke.'

‚Also, Charlotte', rief Vicky aus der Lounge. ‚Wohin führt uns Ed heute aus?'

Charlotte lachte, Sarah und sie gingen zu Vicky hinüber, die in ihrem rosa Bustier und Spitzenslip auf dem schwarzen Ledersofa lag. Eine Gucci Sonnenbrille schob ihre Haare schwungvoll aus dem Gesicht und eine Ausgabe der Daily Mail war auf ihrem Bauch ausgebreitet. Vicky war drei Jahre älter als Charlotte, neunundzwanzig, aber sah immer noch fantastisch aus und tanzte auch so.

‚Er hat uns zu einer Bootsfahrt eingeladen', sagte Charlotte und setzte sich auf einen der schwarzen Stühle.

‚Fantastisch', sagte Sarah und klatschte in die Hände. ‚Ich liebe Boote.'

‚Wann ungefähr?'

‚Ich weiß nicht. Ich hab nicht geantwortet. Was soll ich machen?' sagte Charlotte, streckte ihre langen Beine auf dem Couchtisch aus und bewunderte ihre karminroten Fußnägel.

‚Ruf ihn an und frag!' antwortete Vicky.

‚Nein, du Idiot, was soll ich mit ihm machen?'

‚Was gibt es da zu machen? Er ist ein netter Typ. Du tust ja nichts, was du nicht solltest, oder?'

‚Nein', sagte Charlotte. ‚Aber gestern Nacht haben wir uns geküsst.' Sie hatte ihn nicht mit in die Wohnung bringen wollen, aus Angst davor, was passieren könnte, also hatten sie sich im Dunkeln herumgedrückt, vor ihnen ein grünes Apotheken-Kreuz auf weißem Hintergrund. Dann hatte er sie an sich gezogen. Es sei unvermeidlich, sagte er, als er sie küsste. Seine Lippen waren warm, sanft, nicht fordernd. Sie hielt seinen Kopf in ihren Händen und erwiderte seinen Kuss. Ihre Körper waren enger aneinander gerückt, hatten mehr und mehr Druck aufeinander ausgeübt, so als wollten sie eins werden. Sie hatte kämpfen müssen, um loszulassen, ihm zu sagen, dass sie das nicht konnte.

‚Süß', sagte Sarah.

‚Und dann?' fragte Vicky grinsend.

‚Ich hab ihm zum hundertsten Mal erzählt, dass es keine gute Idee sei, dass ich verheiratet bin und dass ich meinen Mann liebe. Der gleiche Mist, den ich ihm die letzten drei Wochen erzählt habe.'

‚Was hat er gesagt?'

‚Er hat gesagt, er könne nicht verstehen, wie jemand, der mit mir verheiratet ist, mich für länger als einen Tag allein lassen könne.'

Die beiden anderen Mädchen schwiegen, hielten sich an ihren Bechern Tee fest. Das Eigenartige war, dass sich Charlotte in dem Augenblick, als sie es ausgesprochen hatte, Sorgen machte, dass es die Wahrheit sein könnte. Aber es konnte einfach nicht sein. Rodrigo war Fußballer – er musste jeden Tag trainieren. Er hatte gerade bei den Milton Keynes Dons, einem Zweitligisten, unterschrieben, aber Rodrigo war sich sicher, dass sie aufsteigen würden. Er hatte nicht gewollt, dass sie diesen Job machte: Sie brauchten das Geld nicht, sie hätten eine schöne Wohnung in Chelsea. Ungefähr einen Monat nach ihrer Hochzeit hatte Rodrigo gesagt, sie sollte aufhören zu tanzen; sie tanzte schon seit zwanzig Jahren – ob das nicht genug sei? Also hatte sie bei der West End Show gekündigt, in der sie zwei Jahre lang getanzt hatte. Die ersten paar Monate waren wie Urlaub, aber dann hatte sie angefangen sich zu langweilen – und sie nahm zu. Warum hatte sie trainiert seit sie fünf Jahre alt war, nur um dann aufzuhören zu tanzen? Sie war erst sechsundzwanzig.

Daher war sie entschlossen gewesen zuzugreifen, als sich diese Gelegenheit ergab. Es war nur für acht Monate, es war in Portugal, Rodrigo konnte mit dem Flieger kommen, wann immer er wollte. Und er war Brasilianer, sprach also sogar die gleiche Sprache – obwohl er in Großbritannien lebte, seit er elf Jahre alt war. Schließlich hatte er zugestimmt. Sie telefonierten fast jeden Tag, er arbeitete hart und sie hatte – zugegeben – unheimlich viel Spaß. Dies war das beste Tanzengagement, das sie je gehabt hatte. Rodrigo sagte immer wieder, dass er sie besuchen wollte, aber bis jetzt hatte er es noch nicht geschafft. Um ehrlich zu sein, gestern hatte er nicht einmal angerufen.

Wieder vibrierte das Handy in ihrer Hand. Sie dachte, es könnte Rodrigo sein, aber es war wieder Ed. Sie las die neue SMS laut vor, war sich ihres Grinsens bewusst und ihrer geröteten Wangen.

‚Was hältst du davon, wenn ich euch alle um 14.00 Uhr abhole, wir fahren mit dem Boot herum, gehen von dort aus schwimmen – und wie wär's mit einem winzigen Glas Champagner und Austern? xxx'

Die Mädchen jubelten laut.

‚Er hat ein Boot?' fragte Sarah und verschüttete Tea auf dem Sofa. ‚Fantastisch!'

‚Ich glaube nicht', sagte Charlotte und scrollte die SMS nochmals hoch, um zu sehen, ob sie sich getäuscht haben könnte. ‚Vielleicht meint er ein Boot, das Ausflüge für Touristen organisiert.'

‚Selbst dann', sagte Sarah. ‚Das würde echt Spaß machen. Was meint ihr, Mädels? Ich war noch nie auf einem Boot. Los, wir machen uns fertig. Es ist Freitag und wir haben heute Nachmittag keine Probe. Wir können Klamotten zum Umziehen mitnehmen, falls wir direkt zur Arbeit müssen. Vicky?'

‚Oh, ich bin dabei. Das muss Charlotte entscheiden. Sie ist diejenige, die sich Prince Charming vom Leib halten muss.'

‚Eher einen alten König', sagte Charlotte. ‚Er ist zwölf Jahre älter als ich.'

‚Na ja, einen jüngeren hast du ja schon', sagte Vicky.

Sie lächelte, als sie das sagte, aber Charlotte hatte den Eindruck, dass Vicky von ihrer Ehe mit Rodrigo nicht gerade begeistert war.

‚OK, fertig machen, Mädels.'

‚Ich bin fertig', rief Sarah, als sie sich alle mit geschmeidigen Bewegungen erhoben und in ihre Zimmer gingen.

Um zwei tauchten Eds dunkler Schopf und seine Hundeaugen im Bild der Überwachungskamera auf. Charlotte sagte ihm, sie würden sofort unten sein. Sekunden später quetschten sie sich in seinen gelben Land Rover Defender, den Sarah schon ‚'Mustard' getauft hatte – Taschen über der Schulter, Sonnenbrillen auf der Nase und Haare von der Brise ins Gesicht geweht, die zwischen den Ferienhochhäusern entlang fegte.

‚Hey, Mädels, seid ihr bereit für den besten Nachmittag eures Lebens?'

Charlotte lächelte und Sarah lachte laut auf. Dies war das erste Mal, dass Sarah sich außerhalb Englands aufhielt, alles war neu für sie. Sie war eine gute Tänzerin: zu gut für die Show, dachte Charlotte, als sie auf den Vordersitz kletterte, aber wie viele von ihnen hatte Sarah den Job gewollt, weil er sie in andere Welten führte – ohne dass sie eine Anstellung auf einem Kreuzfahrtschiff annehmen musste. Las Vegas war ein anderes beliebtes Ziel, aber da war viel Striptease dabei. Charlotte fand das in *Vida* nicht schlimm – es war Teil der Geschichte, die das Leben und die Wiedergeburt darstellte und außerdem war es ja nur das Oberteil. Man konnte Tausende von Titten an den Stränden sehen. Wo war der Unterschied? Aber sie glaubte nicht, dass sie die Vegas Shows machen könnte.

Charlotte ertappte sich dabei, dass sie Ed voller Erstaunen ansah. Seine glatte, leicht gebräunte Haut glänzte ein wenig von seiner Sonnencreme und sah eher aus wie die eines Kindes als die eines Achtunddreißigjährigen. Es war eine gute Idee von ihm gewesen, seinen Bart abzunehmen und sein Haar war jetzt ein wenig länger und hatte den Fassonschnitt abgelöst, den er trug, als sie ihn traf. Er überraschte sie immer wieder. Innerhalb von drei Wochen hatte er sie zum Surfen und an zahlreiche Strände mitgenommen, war mit ihnen zum Mittagessen in die Berge von Monchique gefahren und sie waren dabei in seinem Mustard über kleine Bergstraßen geholpert. Sie hatten Adler und Schlangen gesehen und er hatte ihnen Geschichten erzählt, wie er sich zum Beispiel eine Ruine angeschaut hatte und einem Wildschwein gegenüberstand und um sein Leben laufen musste. Er war mit ihnen nach ihrer Arbeit in die Berge gefahren und hatte ihnen Sternschnuppen und den Orion gezeigt. Er hatte mit ihnen in teuren Restaurants in Alvor und Portimão zu Abend gegessen, hatte immer frischen Fisch und die besten Weine bestellt – obwohl sie vor der Arbeit nicht viel trinken konnten. Nach einer Vorstellung hatte er ihnen Blumen geschenkt – rote Rosen für sie selbst, rosa und weiße Rosen für Sarah und Vicky. Sie hatten die ganze Nacht lang Champagner getrunken, am Strand auf den Sofas in Nikkis Bar. An einem regnerischen Nachmittag hatte er sie zum Einkaufszentrum mitgenommen und ins Kino in Guia und hatte ihnen allen Ohrringe gekauft, Lapislazuli – für sie hatte er einen wunderschönen himmelblauen Stein ausgesucht, ‚er passt zu deinen Augen‘, hatte er zu ihr gesagt. Er war fast zu gut, um wahr zu sein.

Seine Hand glitt vom Steuer auf ihre braunen Beine. Hinter ihr unterhielten sich Sarah und Vicky laut über die nächste Strandparty bei Vollmond in Nikkis Bar. Jon J würde der DJ sein.

‚Geht's dir gut?‘ sagte er in deutlich artikuliertem Englisch. Manchmal hörte man noch seinen englischen Mittelklasse-Akzent durch, aber zumeist sprach er nach fünfzehn Jahren in New York und Kalifornien mit einem amerikanischen Akzent, den Charlotte erfrischend fand. Er schob seine Sonnenbrille hoch und schaute sie an. Da war Sorge in seinen Augen, so als wäre sie ihm wirklich nicht egal. Er streichelte sanft ihr Bein, bevor seine Hand zum Steuer zurückwanderte.

‚Ja, natürlich‘, sagte sie lächelnd. ‚Ich hab nur nachgedacht.

‚Über mich, hoffe ich.‘

‚Ja‘, sagte sie.

‚Endlich!‘ rief er grinsend und raste so schnell um eine Kurve, dass Sarah und Vicky sich festhalten mussten. Champagnerflaschen rollten auf dem Boden hin und her. Sie riefen ihm zu, er solle vorsichtig sein.

‚Wo liegt das Boot eigentlich?‘ fragte Charlotte, als sie feststellte, dass sie in Richtung der 125 fuhren und nicht zum Jachthafen von Portimão.

‚Lagos.‘

‚Ist es deins?‘

‚Nein, es gehört einem Freund von mir, Pedro. Wir werden zu fünft sein.‘

‚Ausgezeichnet‘, sagte Charlotte, ließ einen Arm aus dem Fenster baumeln und sog die Nachmittagsdüfte von Portimão in sich auf. Es roch nach Kaffee und Mandeltörtchen. Das Leben in der Algarve, entschied sie für sich, war gut. Sehr gut.

Sie sangen gerade gemeinsam ‚Mama Mia', als sie Lagos erreichten. Sarah war letztes Jahr bei einer Bühnenperformance dabei gewesen und da Ed nur eine eigenartige Jazzkollektion besaß, zogen sie es vor zu singen. Ein Wanderzirkus hatte sich auf dem unbebauten Land vor dem Kreisel niedergelassen. Charlotte konnte Lamas und Elefanten in behelfsmäßigen Quartieren sehen. Sie sahen ein riesiges Plakat, auf dem ein Mann mit einem Schnurrbart abgebildet war und ein Tiger, der durch einen Reifen sprang. Er sah aus, als wäre er aus dem letzten Jahrhundert entsprungen – oder sogar dem vorletzten.

‚Hey, wir könnten doch mal in den Zirkus gehen', rief sie.

‚Das wär was', sagte Ed. ‚Ich wollte das schon vorschlagen, aber ihr Briten seid so empfindlich, was Tiere im Zirkus angeht.'

‚Warum?'

‚Weil ihr meint, das sei grausam. Aber was würdet ihr denn lieber tun: Durch die Sahara schleichen und Wasser suchen, oder euch vor einem Publikum verbeugen und jeden Tag ein kühles Bad bekommen?'

Sie zuckte mit den Achseln. ‚Ich würde lieber mit dem Boot hinausfahren und Champagner trinken.'

Ed lachte. Sie mochte es, wenn sie ihn zum Lachen brachte. Am Kreisel bog er ab, um Pingo Doce herum, einem Supermarkt, und parkte hinter dem Jachthafen. Sie stiegen aus und ließen den Mustard zurück. Charlotte glättete ihre blauen Shorts, im gleichen Farbton wie ihre Augen, und warf ihre passende blaue Harrods Tasche über die Schulter. Es war ein Geburtstagsgeschenk von Rodrigo. Ed fand einen Beutel für den Champagner.

Pedro tauchte aus einem Restaurant auf, eine Zigarette hing aus seinem Mund und er trug einen Eimer und ein Bier. Er war größer als der durchschnittliche portugiesische Mann, aber immer noch kleiner als sie. Er sah gut aus: dunkles Haar mit hellen Strähnen vom Sonnenlicht und diese meergrünen Augen, die Charlotte schon überall in der Algarve aufgefallen waren. Blaue und weiße Boote lagen in Reihen an den Pontons, glücklich vor sich hin plätschernd. Charlotte fragte sich, welches sie wohl nehmen würden. Pedro behandelte Ed wie einen Freund, den er lange nicht gesehen hatte, und begrüßte sie alle mit Handschlag. Dann sprach er mit Ed, bevor er um eine Ecke des Jachthafens verschwand.

‚Wo ist er hin?' fragte Charlotte.

‚Das mit dem Boot klären. Es ist am Kay M festgemacht – auf der anderen Seite. Er meint, wie sollten etwas Leichtes essen, bevor wir ablegen.'

‚Was ist mit den Austern?' fragte Vicky ein wenig vorlaut.

‚Nun, offensichtlich sind das nicht wirklich Austern, aber man hat mir gesagt, dass wir sie sehr gern mögen würden', sagte Ed und zwinkerte Charlotte zu. ‚Aber trotzdem ist es besser, wenn wir vorher etwas essen würden.'

Sie setzten sich in den Schatten, an einen der Tische vor den plätschernden Booten und bestellten frischen Orangensaft und belegte Brötchen. Natürlich war es Ed, der bezahlte, und, nachdem sie gegessen hatten, führte er sie um den Jachthafen herum, vorbei am Segelzentrum, hin zum Kay M. Pedro schloss sich ihnen an und zeigte seinen Berechtigungsausweis vor, um sie hereinzulassen. Sie stöckelten über die schwimmenden Holzstege hin zu einem schwarzen Schlauchboot mit dem Namen ‚Storm'.

Die Mädchen lachten, als sie es sahen. Es sah ein bisschen wie ein großes Dingi aus.

‚Lacht nicht', sagte Pedro. Das ist ein ehemaliger Rigid Raidor aus der Armee. Das schnellste Boot in diesem Jachthafen.'

‚Wir müssen aber nicht rudern?' sagte Vicky lächelnd. Sie sah gut aus mit ihrer Gucci Sonnenbrille, einem Sonnenhut und einem Wickelrock, den man schnell ausziehen konnte. Ihr blondes Haar, frisch gewaschen und an der Luft getrocknet, glänzte in der Sonne.

‚Nein, ihr müsst nicht – zu viel – rudern.' Pedro zwinkerte Vicky zu und sein Lächeln streichelte sie.

Charlotte lächelte. Vicky hatte nicht viel Glück mit Männern gehabt. Sie war nie verheiratet gewesen, hatte eine Reihe von beschissenen Freunden gehabt und in der Algarve eine lange Reihe von unangenehmen Dates. Ein Typ aus Albufeira hatte sie zum Abendessen eingeladen und dann darauf gewartet, dass die Show endete, damit er sie mit auf das von ihm gebuchte Hotelzimmer nehmen konnte. Vicky hatte es höflich aber bestimmt abgelehnt, mit ihm in ein Taxi zu steigen. Und dann war da noch dieser Idiot Robert, den Ed vor ein paar Monaten getroffen hatte und der sie die ganze Nacht nicht in Ruhe gelassen hatte. Als sie versuchten, ihm zu entfliehen, hatte er sich Vickys Handtasche gegriffen und wollte sie nicht zurückgeben, ehe Vicky mit ihm in ein Taxi stieg. Am Ende waren sie alle eingestiegen und hatten gesagt, sie wollten zu einer Party am Strand. Sie hatten ihn am Strand zurückgelassen, als er anfing, im Kreis zu laufen und die Sterne zu bewundern.

Pedro half ihnen ins Boot und sie setzen sich auf die Bänke. Pedro forderte sie auf, sich an den Griffen festzuhalten, die vor den Sitzen befestigt waren. Ed tat den Champagner in eine Kühlbox und hob einen der Sitze hoch, um die Box zu verstauen. Pedro nahm die Schutzplane ab, die das Armaturenbrett am hinteren Ende des Bootes bedeckte. Dann reichte er ihnen orangefarbene Schwimmwesten.

,Muss das wirklich sein?' fragte Vicky.

,Natürlich nicht. Falls du eine gute Schwimmerin bist.'

Die Mädchen zogen sie an, als der Yamaha-Motor selbstgefällig aufheulte.

,Heute ist die See ziemlich ruhig, wir sollten keine Probleme haben.'

Pedro setzte vom Ponton zurück, ein weiteres Bier in der Hand. Charlotte fand es erstaunlich, wie viele Biere portugiesische Männer im Laufe des Tages trinken konnten. Sie schaute sich nach Ed um, der neben ihm stand, die Arme verschränkt. Er hatte seine Schwimmweste nicht angelegt, aber er war ohnehin schon so gut gepolstert, dass er wahrscheinlich tagelang auf dem Wasser treiben konnte. Sie lächelte in sich hinein.

Das Boot ließ den Jachthafen von Lagos hinter sich, fuhr unter der Fußgängerbrücke durch, vorbei an den Wache haltenden Palmen. Hunderte von Menschen gingen nah am Ufer der *Avenida* spazieren oder fuhren Rad; viele mit Hunden, Karren und Kindern im Schlepptau, andere saßen faul auf der Mauer und schauten zu, wie der drückend heiße Juli Nachmittag verflog. Möwen segelten wie Papierflugzeuge durch die Luft, so als wäre es zu heiß, mit den Flügeln zu schlagen. Weiter draußen schaute Charlotte bewundernd auf Meia Praia, den Strand, der sich wie ein sichelförmiger Streifen Goldes von hier bis Alvor erstreckte. Der Himmel war makellos, ohne ein einziges weißes Staubkorn.

,Haltet euch fest, Mädels', rief Pedro.

Ed hatte gerade noch Zeit, sich neben sie zu setzen, bevor das Boot einen Satz nach vorne machte, lautstark beschleunigte – und gen Horizont raste. Sarah schrie auf und sie grinsten alle hilflos, als das Boot auf den Wellen tanzte. Ed legte den Arm um sie, und bevor sie überhaupt darüber nachdenken konnte, kuschelte sie sich an ihn. Sarah und Vicky winkten den Passagieren anderer Boote zu.

,Bist du OK?', fragte er sie.

,Es geht mir super.'

Das stimmte. Sie konnte einfach nicht anders als zu denken, dass dies die glücklichste Zeit ihres Lebens war. Pedro fuhr langsamer, um ihnen die Ponte de Piedade zu zeigen, mit dem Leuchtturm ganz oben. Er zeigte ihnen auch die Felsformationen – den Kamelkopf, den Kamin und das Auge des Teufels. Er wollte ihnen die Höhlen zeigen, aber dort waren sehr viele Boote, so dass sie beschleunigten und sich gen Afrika wandten – über die Wellen fliegend.

Schließlich drosselte er den Motor und machte ihn ganz aus. In der Stille des Meeres schaukelten sie im Rhythmus der sanft schwingenden Wellen, die an das Boot schlugen.

‚Zeit für eine Erfrischung, denke ich', sagte Ed und ging zur Kühlbox, um eine Flasche Champagner zu holen.

Er gab ihnen allen Plastikbecher und öffnete die Flasche. Veuve Cliquot.

‚Wir sollten eigentlich nicht. Wir haben heute Abend eine Show', sagte Vicky halbherzig und nahm einen Schluck. ‚Lecker! Prost Ed, prost Pedro, prost Mädels. Noch ein wundervoller Tag.'

Sie hoben ihre Becher und bemühten sich, nicht die Balance zu verlieren, als sie versuchten miteinander anzustoßen. Pedros kippte seinen Champagner in einem Zug hinunter.

‚Ich liebe es', sagte Sarah, lehnte sich zur Seite und tauchte ihre Finger ins Wasser. ‚Können wir hier schwimmen?'

‚Besser nicht hier. Wir sind weit von der Küste entfernt. Wir können auf dem Rückweg anhalten.'

‚Machst du das immer, Pedro?' fragte Vicky.

‚Na klar, ich bin ein großer Playboy.' Er zwinkerte ihr zu. ‚Nein, ich bin Fischer und mache Touristenausflüge wie diesen.'

Pedro holte einen Eimer hervor, den er vorher mit an Bord genommen hatte. ‚Dieses sind *percebes,* Muscheln. Genau wie Austern. Man isst sie so.' Er machte vor, wie man einen aß und aus der Schale nahm, und alle probierten es.

‚Bah!' sagte Vicky. ‚Die kann man mit Austern nicht vergleichen. Eher wie gesprenkelte Schnecken.'

Ausnahmsweise hatte auch Sarah etwas gefunden, das sie nicht so toll fand. Charlotte fand die Muscheln nicht ganz so schlimm, aber Vicky hatte schon recht mit den Schnecken. Ed konnte gar nicht aufhören, davon zu essen und öffnete eine weitere Flasche Champagner. Während sie dort saßen und tranken, sahen sie einen Kreis von Wellen, so als würde ein großer Föhn auf die Oberfläche blasen.

‚Delfine beim Fressen', sagte Pedro.

‚Delfine! Ich habe noch nie Delfine im Meer gesehen', sagte Sarah.

Charlotte auch nicht. Aufgeregt starrte sie auf den aufgewühlten Teil des Meeres. Mit einer zerrenden Bewegung erweckte Pedro den Motor wieder zum Leben und sie bewegten sich langsam in Richtung des sich kräuselnden Kessels. Von Zeit zu Zeit krümmte sich der schlanke Rücken eines Delfins in den Kreis hinein und wieder heraus.

‚Da sind sie', rief Sarah.

‚Sie umkreisen den Fischschwarm, sodass sie nicht entkommen können. Dann fressen sie sie.'

Als Pedro gerade nicht hinsah, warf Vicky ihnen ein paar *percebes* zu. Charlotte lachte.

Auf dem Rückweg legte Ed den Arm um sie und sie kuschelten sich aneinander. Sie wusste, die anderen beobachteten sie, aber das war ihr egal. Pedro zeigte ihnen Luz Bay und erzählte ihnen, dass das die Stelle war, wo das kleine Mädchen gekidnappt wurde.

‚Ein Boot wartet hier und dann bringen sie sie nach Spanien, oder vielleicht Marokko.'

‚Woher weißt du das?' fragte Vicky. ‚Hast du's getan?'

Pedro lachte. ‚Nein, nicht ich. Aber ich denke, das ist passiert. So viele Schmugglerboote hier auf See.'

Charlotte sagte nichts. Jeder hatte seine eigene Theorie.

Sarah wollte schwimmen, also hielt Pedro in einer Bucht, wo das Wasser eine dunkeltürkise Farbe hatte und die Wasseroberfläche völlig glatt war wie ein Spiegel. Ed hielt sich die Nase zu und rollte rückwärts vom Boot direkt ins Wasser. Charlotte schnappte nach Luft. Sarah zog ihre Shorts aus und schob ihr T-Shirt hoch, dann ließ sie sich ins Meer gleiten. Quiekend verursachte sie mehr Unruhe im Wasser als die Delfine.

‚Das Wasser ist eiskalt!' rief sie.

‚Los, Charlotte', rief Ed ihr zu. Auf seinem Rücken trieb er im Wasser, wie auf einem großen Federbett.

Charlotte tauchte ihre Finger ins Wasser – es war wirklich eiskalt.

‚Vicky?'

‚Auf keinen Fall.' Vicky und Pedro zündeten sich Zigaretten an und saßen friedlich rauchend zusammen. Pedro kippte noch ein Bier.

Charlotte zog sich langsam ihre blauen Shorts und ihr T-Shirt aus. Sie trug ihren Lieblingsbikini von Next in hellblau und schwarz. Sie setzte sich auf den Rand des Bootes, schwang ihre Beine herum und schob sich ins Wasser. Die Kälte setzte ihrem Körper mehr zu als ein Schluck Tequila. Beim Wassertreten rang sie nach Luft und musste sich darauf konzentrieren, ihre Beine auch wirklich zu bewegen.

‚Wenn du dich erstmal dran gewöhnt hast, ist es herrlich', rief Sarah.

Charlotte schwamm zu Ed herüber und versuchte, ihn als Kissen zu benutzen, doch beide gingen unter. Pedro warf ihnen Schnorchel zu und sie setzten sie auf. Charlotte tauchte ihren Kopf unter Wasser und vergaß die Kälte, als sie die Unterwasserwelt mit ihren Schlössern aus Fels sah, die von Schwärmen schwarzer und leuchtend blauer Fische bewacht wurden. Ed schwamm neben ihr, streichelte ab und an ihren Bauch und erzeugte einen angenehmen Schauer. Erst als sie ein ganzes Stück vom Boot entfernt waren, glitten seine Finger unter ihren Bikini.

Als sie wieder zurück in Lagos waren, war es fast 18.00 Uhr und Ed fuhr sie direkt zum Casino. Sie konnten dort duschen und sich umziehen. Charlotte stellte fest, dass sie drei Anrufe von Rodrigo verpasst hatte. Typisch. Er hatte sie seit zwei Tagen nicht angerufen und dann rief er sie dreimal an, während sie draußen auf See war. Charlotte wollte mit ihm sprechen, aber nicht, solange Ed noch da war. Also schaltete sie das Handy aus. Sobald Ed sie am Praia de Rocha abgesetzt hatte, schaltete sie es wieder ein und es klingelte sofort. Er was es.

‚Hey, Rod, wie sieht's aus?' sagte sie kühl.

‚Ich habe den ganzen Nachmittag versucht, dich anzurufen. Wo bist du, Charlotte?' sagte er.

‚Ich bin jetzt im Casino, warum?'

‚Na ja, du hast nicht zurückgerufen. Wo warst du?'

‚Die Mädchen und ich haben heute einen Ausflug mit dem Boot gemacht und ich hab das Telefon nicht gehört – oder vielleicht war auf dem Meer kein Empfang. Tut mir leid.'

‚Oh', sagte er. ‚Das hast du mir nicht erzählt.'

‚Nein, wie hätte ich es dir erzählen sollen! Du hast mich gestern nicht angerufen. Ich erzähle es dir jetzt. Es war ein fantastischer Ausflug. Und du, alles in Ordnung?'

‚Ja, mehr geht's gut. Bisschen müde. Wie haben gestern acht Stunden trainiert.'

‚Ist es gut gelaufen?'

‚Ja. Wie haben am Montag in einem Freundschaftsspiel im neuen Stadion gegen Chelsea gewonnen.'

‚Das ist super.'

‚Ja, der neue Manager macht den Unterschied aus. Ich glaube, dass wir nächstes Jahr auf Erfolgskurs sein werden.' Er machte eine Pause. ‚Was macht das Tanzen?'

‚Läuft alles gut. Alles ist super. Ich liebe es hier. Du solltest mich besuchen kommen.'

‚Das stimmt.'

‚Prima. Hör mal, ich muss mich jetzt fertig machen. Ruf mich morgen an, Rod. OK?'

‚Charlotte?'

‚Was?'

‚Ich bin hier. In der Algarve. Ich stehe vor deiner Wohnung. Ich wollte dich überraschen.'

‚Was? Du verarscht mich?'

‚Nein, ich komme zur Show. Hinterher lade ich dich ein. Ich habe im Oriental ein Zimmer für uns gebucht.'

Charlotte hatte das Gefühl, das Boot wäre gekentert und sie unter dem Rumpf gefangen. Sie hörte sich selbst ‚OK' sagen, bevor sie das Handy zuschnappen ließ. Sie schüttelte sich und rannte in die Umkleideräume. Die Mädchen schauten sie erwartungsvoll an. ‚Rodrigo ist da, Rodrigo ist hier', sagte sie, der Hysterie nahe. ‚Was soll ich bloß machen? Er hat im gleichen Hotel ein Zimmer gebucht wie Ed!' Den Mädchen stand der Mund offen. Dann stellten sie eine Unmenge Fragen, die sie alle nicht beantworten konnte. Sie wusste nicht, wann er angekommen war und wie lange er bleiben wollte. Sie wusste nicht, wie sie es fand, dass er hier war. Sie wusste nicht, was sie für Ed empfand … Ed, Ed. Sie musste ihm eine SMS schicken und ihn informieren.

Als ihr Make-up komplett, ihr Haar gestylt und sie für die Show bereit war, spielte ihr Magen verrückt. Sie bedauerte, diese Schnecken gegessen zu haben. Selbst der Champagner fühlte sich so an, als würde er immer noch blubbern. Sie lockerte die Krawatte, die sie für die Schulmädchen-Szene zur Eröffnung trug und hoffte, dass sie sich nicht würde übergeben müssen. Rod hatte sie überhaupt erst einmal auf einer Bühne gesehen. Sie stellte sich nicht nur die Frage, was sie für ihn empfand, auch die Tatsache, dass er hier war, zehrte an ihren Nerven. Besonders weil sie ihm nie gesagt hatte, dass sie in der letzten Szene fast nackt waren – nicht, dass ihr das was ausmachte. Sie hatte ihm erzählt, dass es sich um Luftakrobatik handelte und dass sie zum Tanzensemble gehörte. Was stimmte.

Es waren mehr Zuschauer da als sonst. Hauptsächlich Männer, wie gewöhnlich, obwohl auch eine portugiesische Familie mit zwei Kindern da war. Sie war zwar nicht wirklich der Meinung, dass das Familienunterhaltung war, aber ihr gefiel es, dass Familien kamen. Aus dem Augenwinkel heraus erkannte sie Rodrigo. Er saß alleine an einem Tisch und trank Wasser. Er lächelte und seine dunklen Augen waren auf sie gerichtet. Er sah wirklich umwerfend aus. Es war nicht so, dass Charlotte das vergessen hatte, aber wie er dort so in schwarzer Hose und dunklem Hemd saß, mit seinen schwarzen Haaren, kurz geschnitten und glänzend, sah er besonders attraktiv aus. Sie merkte, wie ihr eingefrorenes Lächeln zu einem richtigen Lächeln wurde und sie begann, sich zu entspannen und die Vorstellung zu genießen. Alles würde gut werden. Zwischen Ed und ihr war nicht viel passiert. Und sie würde sicherstellen, dass nie etwas passieren würde. Und jetzt war dieser umwerfende Mann, mit dem sie verheiratet war, bei ihr zu Besuch. Sie konnte das Ende der Show nur schwer abwarten.

Nachdem sich die Tänzer zweimal vor den Zuschauern verbeugt hatten, gingen sie von der Bühne ab, während die Luftakrobaten und die beiden Ivans sich verbeugten. Charlotte entfernte ihr Bühnen-Make-up, wusch sich und zog sich die weiße Leinenhose über, die sie mitgebracht hatte. Außerdem ein rotes Oberteil, das ihren Bauchnabel zeigte und eine weiße Seidenbluse. Die anderen Mädchen wünschten ihr Glück.

Dann lief sie nach draußen, um Rod zu treffen, der vor dem Casino wartete. Er küsste sich leicht auf die Lippen und sagte ihr nicht einmal, wie wunderschön sie aussah. Aber dann nahm er ihre Hand und ging mit ihr zur Küste hinunter.

‚Ich kann's nicht glauben, dass du hier bist. Das ist so eine Überraschung.'

‚Ja, das war es auch für mich.'

‚Wann bist du angekommen?'

‚Gegen zwei.'

‚Rod … Du hättest es mir sagten sollen.'

‚Das hätte ich getan, wenn ich gewusst hätte, dass du draußen auf See sein würdest, aber ich wollte dich überraschen.'

‚Wie lange bleibst du?'

‚Ich fliege morgen zurück.'

‚Ach nein!' Charlotte musste einfach daran denken, dass sie echt kaputt sein würde, denn samstags hatten sie zu der Abendvorstellung zusätzlich eine Vormittagsvorstellung.

‚Ich habe am Sonntag ein Spiel.'

Ohne viel zu sprechen, führte er sie durch den Palmengarten in eins der schicken Restaurants oben auf den Felsen. Sie versuchte etwas über das Leben in London und Milton Keys zu erfahren aber er zuckte nur mit den Achseln und sagte, dass alles OK sei.

‚Ich hatte gedacht, wir könnten ein ganz besonderes Essen genießen, daher hatte ich hier für uns einen Tisch reserviert.'

Sie mochte nicht sagen, dass sie schon mit Ed hier gewesen war, zweimal. ‚Und was denkst du jetzt?' fragte sie lächelnd. Sie war sich nicht sicher, ob er absichtlich oder zufällig das Vergangenheitstempus verwendet hatte. Er antwortete nicht. Irgendetwas stimmte nicht. Es war gar nicht so sehr das, was er sagte, sondern die unangenehmen Pausen zwischendurch. Vielleicht vermisste er sie und war unsicher.

‚Du siehst umwerfend aus', flüsterte sie ihm ins Ohr. ‚Ich habe dich vermisst.'

‚Ach ja?' sagte er und sah sie direkt an.

‚Ja, natürlich', sagte sie.

‚Liebst du mich?' sagte er.

‚Natürlich liebe ich dich', sagte sie. Das stimmte. Es war einfach so, dass er so weit entfernt gewesen war, dass er nicht zu diesem Teil ihres Lebens gehörte. Aber jetzt würde alles gut werden.

Der Ober grüßte sie, besonders sie selbst, und geleitete sie an ihren Tisch, wo eine schöne Flasche Esporão stand.

‚Warum spricht du Englisch?' fragte sie, als sie Rodrigo mit dem Kellner sprechen hörte.

Als sie sich hinsetzten, zuckte er mit den Achseln und sprach dann Portugiesisch, seine Sprache war anders, melodischer und sexy. Sie schaute ihn an. Er war erstaunlich. Er war nett, schön, großzügig, treu – und wenn er seine Muttersprache sprach, dann hatte sie das Gefühl, als rieselten feine Sandkörner über ihren Körper. Sie konnte es nicht abwarten, ihn mit in die Bar zu nehmen und ihn ihren Freunden vorzustellen. Vicky würde ihn lieben. Ed würde die ganze Sache einfach locker nehmen müssen. Sie hatte ihn schließlich gewarnt.

Als er ihnen die Empfehlungen des Tages erklärte, sprach der Ober wieder Englisch, dann ging er, damit sie die Speisenkarte lesen konnten.

‚Ich habe riesigen Hunger', sagte Charlotte. ‚Ich glaube, ich nehme ein Steak.'

Der Blick, den er ihr zuwarf, sah fast nach Hass aus. Sie blinzelte überrascht. Warum das?

‚Es gibt so viel frischen Fisch und du willst ein Steak?'

‚Ja', sagte Charlotte. ‚Ich hab von frischem Fisch die Nase voll. Und ich bin den ganzen Tag geschwommen und habe getanzt.'

‚Glück muss man haben', sagte er, ohne sie anzuschauen.

‚Ja', sagte sie und zündete sich eine Zigarette an.

Er wedelte mit der Hand, so als wollte er sie wegwischen. Er rauchte nicht.

‚Was ist los?' sagte sie. ‚Ich habe gesagt, dass mir das mit heute Nachmittag leid tut.'

‚Nichts. Gehst du denn oft weg?'

‚Ja, die ganze Zeit', sagte Charlotte. OK, sie wollte ihn provozieren.

‚Bist du hier schon einmal gewesen?' fragte er.

‚Ja', sagte sie ‚Zweimal.'

‚Mit wem?'

‚Freunde.' Verärgert schwieg sie einen Augenblick. ‚Du kennst sie nicht. Noch nicht.'

Der Kellner tauchte auf und er bestellte *sargo* und sie Steak mit Pommes frites. Nachdem der Kellner den Wein eingegossen hatte, ließ er sie am offenen Fenster des von Kerzen erleuchteten Festsaals allein.

‚Prost', sagte sie. Sie stieß ihr Glas ein wenig zu heftig an seines. ‚Es ist schön, dich zu sehen.'

Er nickte, dann sagte er ‚Ich will, dass du nach Hause kommst.'

‚Was?' Sie schaute ihn verwirrt an. ‚Warum?'

‚Weil ich nicht dulde, dass meine Frau eine verdammte Stripperin ist.'

Charlotte fühlte, wie ihr das Rot ihres T-Shirts ins Gesicht stieg. ‚Was?' sagte sie. ‚Du nennst das Strippen, wenn wir in einer kurzen Szene unsere Oberteile ausziehen, einer Szene der Geschichte, die auf der Bühne erzählt wird?'

‚So sah es für mich aus – und jeder andere Mann ihm Raum war geil nach euren Körpern.'

‚Oh fuck, sei doch nicht so verdammt altmodisch. Bist du schon mal am Strand langgegangen?'

‚Das bin ich in der Tat, da ich heute Nachmittag nichts anderes zu tun hatte und die meisten anständigen Frauen waren bedeckt.'

‚Das war hier. Wenn du zu anderen Stränden fährst, gehen sie alle oben ohne – mindestens.

‚Egal, der Strand ist eine Sache, als Scheiß-Showgirl oben ohne zu sein ist eine völlig andere Sache. Ihr seid wie ein Harem von Prostituierten.'

‚Na herrlich. Jetzt nennst du mich und meine Freundinnen Prostituierte?' Charlotte drückte ihre Zigarette aus. Die Kippe zerfiel.

‚Was erwartest du? Mal ernsthaft, Charlotte. Du tanzt nackt, du gehst mit Männern in teure Restaurants, du trinkst die ganze Nacht, du wirst auf Booten mitgenommen ... und ehrlich gesagt, ich will verdammt noch mal nicht wissen, was noch.'

‚Sei doch nicht so schrecklich engstirnig. Ja, wir gehen aus, aber niemand hat etwas mit irgendjemandem. Wir sind nur Freunde und haben Spaß. Es ist Sommer.'

‚Auf wessen Kosten? Jemand zahlt für euren Spaß, Charlotte. Essen im Restaurant und Bootsausflüge gibt es für niemanden umsonst.'

‚Vielleicht sind einige Leute nur gerne mit uns zusammen?'

‚Nein, Charlotte. Du kommst entweder mit nach Hause ...'

‚Oder? Oder was?, fragte sie herausfordernd.

‚Oder wir müssen über unsere Beziehung nachdenken. Es tut mir leid, Charlotte, aber du hast dich weit von dem entfernt, was ich akzeptieren kann. Warum hast du mir nicht erzählt, dass du ein nacktes Showgirl sein würdest? Das kann man doch kaum noch als Tanzen bezeichnen, oder? Das ist doch kaum die Ausübung einer Kunstform. Oder wie?

‚Das ist das, was ich gerne tue, Rodrigo. Es ist Tanz. Und wenn du das nicht verstehst, dann kannst du dich verpissen.' Sie stand auf. Tränen brannten in ihren Augen.

‚Setz dich hin, Charlotte, du machst gerade eine Szene.'

‚Nein, ich werde mich nicht hinsetzen und du kannst dich verpissen, weil dies die schönste Zeit meines verdammten Lebens ist.' Sie drehte sich um, versuchte, das Bröckeln ihrer Fassade zu verhindern, rauschte an den Kellnern und an den anderen Tischen vorbei, wo gelangweilte Paare sie anstarrten. Scheiß auf ihn. Und scheiß auf die anderen Gäste.

Sie rannte fast durch die Gärten. Einerseits hatte sie Angst, er würde ihr folgen, andererseits wünschte sie, das wäre der Fall, aber sie wusste, er würde es nicht tun. Wie durch ein Wunder fand sie ein Taxi. Sie stieg ein und bat den Fahrer, sie zum Jachthafen zu bringen. Sie wischte sich eine trotzige Träne aus dem Gesicht und rief Ed an.

,Charlotte, was ist los?' Seine Stimme war freundlich, verständnisvoll, mitfühlend.

,Ed … Rodrigo ist aufgetaucht und wir haben uns gerade gestritten. Ich würde dich gerne kurz treffen.'

,Natürlich, Charlotte. Wir treffen uns am Jachthafen.'

Sie packte ihr Handy weg und fühlte, wie Tränen über ihr Gesicht liefen. Der Taxifahrer hatte das Radio an und konnte sie deshalb nicht hören. Sie würde nicht wollen, dass irgendjemand wusste, dass sie weinte. Wie konnte er nur solche Sachen sagen? Wer war er eigentlich, dass er meinte, von ihr verlangen zu können, ihren Job aufzugeben, um seine kleine Hausfrau zu sein? Nie.

Sie traf Ed am Kreisel in der Nähe des Jachthafens. Er bezahlte sogar das Taxi. Sie nahm ihn leidenschaftlicher in den Arm, als sie beabsichtigt hatte.

,Nun komm', sagte er. ,Lass uns am Strand reden. OK?'

Sie nickte und rieb sich die Augen. ,Aber ich hab Hunger', sagte sie.

,Aber wirklich, Charlotte, du solltest dich nie vor dem Abendessen streiten', sagte er in seinem betont amerikanischem Akzent.

Sie lächelte.

,Ich hole uns Pizza von Pizza Hut und wir setzen uns an den Strand. Magst du hier warten? Ich kann Sarah und Vicky sagen, dass du da bist, oder?'

Sie nickte und setzte sich auf die Mauer. Sarah und Vicky kamen mit ausgebreiteten Armen auf sie zugelaufen und riefen ihren Namen. Sie nahmen sie in den Arm und überhäuften sie mit Küssen und sie brach wieder in Tränen aus. Sie erzählte ihnen, was passiert war. Sie sagten kein Wort, beruhigten sie nur, sagten, dass alles gut werden würde, und strichen ihr übers Haar. Das Einzige, was Vicky sagte, war: ,Weißt du Charlotte, du musst dich entscheiden – irgendwie hat er es einfacher für dich gemacht. Wer bist du? Bist du die schöne Ehefrau eines Fußballers – die früher

Tänzerin war? Oder bist du eine schöne Tänzerin, die das Leben genießt, Abenteuer erlebt und Leute trifft?'

‚Warum kann ich nicht beides sein?'

‚Ich denke, das musst du ihn fragen.'

Ed kam mit Pizza und Bier zurück. Als sie gingen, umarmten die Mädchen sie und sagten ihr, wo sie sie finden könnte, wenn sie sie brauchen würde.

‚Komm, wir gehen runter zum Strand. Es kann schon sein, dass er kommt und dich sucht und ich möchte nicht in eine Auseinandersetzung mit einem Fußballer geraten.' Ed zwinkerte ihr zu und sie lächelte – obwohl sie eher glaubte, dass Ed gewinnen würde.

Sie saßen am Strand, während sie die Pizza aß. Sie musste einfach immer an Rodrigo denken, wie er alleine im Restaurant saß. Er war nach Portugal gekommen, um sie zu besuchen und sie war nicht da gewesen. Das musste ihn schon verdammt geärgert haben. Und sie hatte ihm nicht die Wahrheit über die Show erzählt. Aber dann erinnerte sie sich daran, wie er sie angeschaut hatte, als sie ein Steak bestellt hatte. Und wie er sie eine Prostituierte genannt hatte.

‚Du weißt, dass du die ganze Sache mit ihm wirst durchsprechen müssen, egal was passiert?'

Sie zuckte mit den Achseln.

‚In welchem Hotel wohnt er?'

‚Oriental.'

Ed stöhnte. ‚Großartig. Vielleicht hat er das Zimmer direkt neben mir. Aber, wirklich, du solltest hinfahren. Er hat die weite Reise auf sich genommen, um dich zu sehen.'

‚Aber er hat mich eine Prostituierte genannt, Ed. Er hat mir gesagt, ich soll das aufgeben, was ich für mein Leben gern tue.'

‚Das liegt nur daran, dass er eifersüchtig ist. Die Vorstellung gefällt ihm nicht, dass Hunderte von Männern dich so sexy sehen. Vielleicht ändert er seine Meinung, wenn er darüber nachgedacht hat.'

‚Dich stört es nicht.'

‚Was?'

‚Dass Hunderte von Männern mich so sexy sehen.'

‚Nein. Eifersucht ist eine dumme Sache. Aber ich bin älter und weiser. Er ist ein junger, von Testosteron strotzender Fußballer. Er hat wahrscheinlich auch an die Presse gedacht.'

‚Aber er ist nicht berühmt!'

‚Vielleicht wird er es einmal sein. Er hat letzte Nacht ziemlich gut gespielt.'

‚Du hast das Freundschaftsspiel gegen Chelsea gesehen?'

‚Ja.'

Sie aß den Rest der Pizza und trank ihr Bier, ohne noch irgendetwas zu sagen. Dann stand sie auf, klopfte entschlossen den Sand von ihrer Kleidung und warf einen Blick auf ihr Handy. Keine neuen Anrufe.

‚Los, Ed', sagte sie und streckte ihm die Hand entgegen. ‚Ich will tanzen.'

7. Die Mauer

Sonia ging über die Straße und setzte sich neben Lucinda auf die Mauer gegenüber dem Café. Während sie in ihrer Tasche wühlte und ihr Handy suchte, schob sie ihre Sonnenbrille für einen Moment hoch und blickte dann beiläufig in das Dunkel der Kneipe. Die nach vorne gebeugten Schatten auf den Hockern ähnelten weder Amy noch jemand anderem aus ihrer Familie. Ihr Cousin, Nuno, der dort arbeitete, würde wissen, wo Sonia sie finden konnte, aber wenn sie hineinging, dann würde ihr Vater mit Sicherheit davon erfahren. In diesem Bergdorf in der Provinz konnte sie nichts tun, ohne dass er es herausfand und er hatte sehr deutlich gemacht, dass junge Mädchen in Kneipen nichts zu suchen hatten. Normalerweise machte ihr das nichts aus, denn die Kneipe war ein Treffpunkt stinkender alter Männer, zahnlos mit staubigen Hüten, die *medronho* becherten. Und da waren noch die dürren Fremden, mit langen, zerzausten, blonden Haaren und ausgefransten Jeans, hauptsächlich Deutsche. Aber heute wollte sie Amy finden.

Außer Lucinda saß niemand sonst auf der Mauer und die war um diese Tageszeit fast immer da. Lucinda wartete darauf, dass ihr Mann schwankend aus der Kneipe kommen würde. Lucinda konnte nicht, oder wollte nicht, hineingehen und sie war wohl fünfzig Jahre älter als Sonia. Sonia schaute sie voller Mitleid an. Sie würde nie im Leben darauf warten, dass ein Mann aus einer Kneipe kommt. Dies war auch wirklich das primitivste Dorf in Europa, dachte Sonia. Sie warte nur darauf, wegziehen zu können.

‚Ist er immer noch da drin, Dona Lucinda?' sagte sie.

Lucinda nickte und antwortete nicht.

Vor zwei Tagen war Sonia nach der Schule an der Bushaltestelle vorbeigekommen, als ein englisches Mädchen sie angesprochen und gefragt hatte, wann der nächste Bus nach Monchique ginge. Sonia hatte ihr gesagt, dass das noch zwei Stunden dauern würde und dann hatten sie zusammen gesessen und hatten angefangen zu reden. Amy verstand Portugiesisch, aber sprach lieber Englisch, was Sonia nur recht war. Sie musste üben, Englisch zu sprechen, um eines Tages dem Dorf entfliehen zu können. Amy war jünger als sie, fünfzehn, obwohl sie älter aussah. Sie war dunkelhaarig, wie Sonia, und sie war vor sechs Monaten, Mitte Januar, nach Boa Vista gezogen, einem Dorf außerhalb von Monchique. Es gab einige Dörfer mit dem Namen Boa Vista und Sonia war sich nicht sicher, welches es war.

‚Es liegt mitten in der Pampa', sagte Amy.

‚Wie kommt man von Monchique hin?'

‚Ich muss den halben Tag zu Fuß gehen.'

‚Pech.'

‚Ja, aber da drin bleibe ich nicht.' Sie zeigte auf das Café. ‚Wir wollten eigentlich nur Billard spielen, aber sie sind alle betrunken.'

‚Wer?'

‚Alle eben. Meine Mutter, meine Omi, ihr Lebenspartner, ihr Verflossener, Rich und Bill. Das ist einer von Omis Freunden; der baut Häuser. Und dann ist da noch Marcus, er ist Moslem. Das geht so, nach einem Drink entspannen sie sich, nach zwei Drinks sind sie alle scheißfreundlich, nach drei Drinks geben sie dir Taschengeld außer der Reihe. Nach vier wollen sie, dass du ihnen einen ausgibst. Und nach fünf machen sie Kopfstand oder Spagat, oder irgendwas echt Peinliches.'

‚Oh.' Sonia hatte keine Ahnung was ‚Spagat' bedeutete, aber sie verstand, dass Amys ganze Familie betrunken war. In Sonias Familie tranken nur ihr Vater und ihr Bruder – und selten zu Hause.

‚Wenn ich nur einen Führerschein hätte. Da drüben ist unser Auto.' Amy warf ihren Kopf nach hinten in Richtung der parkenden Autos – ein Mercedes, ein alter Renault und ein roter VW. Sonia wusste nicht genau, welches sie meinte.

‚Ihr lebt alle hier?'

‚Na ja, mehr oder weniger. Meine Omi ist als Erste hierher gezogen und dann sind irgendwie alle nachgekommen. Sie hatten alle genug von England. Omi war zweiunddreißig Jahre lang Dozentin für Psychologie an der Uni. Daher kennt sie viele Leute.'

‚Wer ist ‚Omi?' fragte Sonia.

‚Na ja, Omi eben, meine Großmutter.'

‚Deine Großmutter war Dozentin für Psychologie?' Sonia wusste nicht, dass Großmütter Dozenten sein konnten.

‚Ja und? Was ist daran so eigenartig?'

‚Nichts. Warum ist sie hierher gezogen?'

‚Keine Ahnung. Das Wetter in England ist natürlich mies. Alles ist sehr teuer dort. Und meine Omi sagt, dass die Leute wie Ratten im Käfig leben.'

Sonia konnte sich England nicht als teuren Käfig vorstellen. Jeder wusste, dass es ein reiches, zivilisiertes Land war, wo die Menschen in großen Häusern wohnten, höflich waren und große Autos fuhren. Nicht so wie die meisten Leute im Dorf, die noch in Hütten ohne Bad wohnten, sich anbrüllten und Eselskarren fuhren. Aber ihr Vater hatte einen Audi.

‚Gehst du zur Schule?' fragte Sonia.

‚Ja, in Monchique, aber im Moment sind natürlich Sommerferien.'

‚Gefällt's dir?'

‚Geht so. Die Lehrer sind nett. Aber es ist schwer, Freunde zu finden. Ich bin froh, dass es noch ein paar andere Schüler aus dem Ausland gibt.'

Sonia wollte Amy ihre Handynummer geben, aber der Bus aus Monchique kam und ihre Tante stieg aus. Sie musste ihre Schwester besucht haben.

‚Sonia, das ist ja gut, dass du da bist, *menina*', sagte ihre Tante, die mit Einkaufstüten von Alisuper schwer beladen war.

‚Ja, ich habe eine Freundin getroffen, *Tia*', erklärte Sonia, bevor sie sich Amy zuwandte. ‚Es tut mir leid, aber ich muss gehen.' Sie würde ihrer Tante helfen müssen.

‚Schon in Ordnung', sagte Amy. ‚Komm' mal bei mir zu Hause vorbei. Nuno weiß, wo wir wohnen. Du kennst doch den Typ hinter der Theke im Café?'

‚Ja, OK', antwortete Sonia.

Später am Abend fragte ihr Vater ,,Was hast du eigentlich heute an der Bushaltestelle gemacht?' Sein Schnurrbart vibrierte. Es saßen nur noch ihre Mutter und sie am Tisch, ihr Bruder war unterwegs – in einer Bar. Sie saßen bei offenem Fenster mit geschlossenen Rollläden im Esszimmer. Ihre Mutter war dabei, ‚*balcalhau à bràs*' aufzutun. *O Preço Certo* dröhnte aus mehreren Fernsehern. Der kleine, feiste Moderator, umgeben von Schaufensterpuppen mit ihren Kunstfrisuren und aufgepinseltem Lächeln, weckte in Sonia den Wunsch laut zu schreien. Sie würde viel lieber *Morangos com Açúcar* sehen, aber ihr Vater war dagegen. Die Sendung zeigte Mädchen ihres Alters in Bars und Restaurants - und sie hatten auch noch Spaß dabei.

‚Ich habe ein englisches Mädchen getroffen, das hier lebt. Sie ist einverstanden, dass ich mit ihr übe, Englisch zu sprechen.'

‚Wer ist sie?'

‚Sie heißt Amy.'

‚Amy? Ihre Mutter war heute im Café', sagte ihr Vater. ‚Sie trinkt.'

Sonia zögerte. Sie merkte, wie ihr die Röte ins Gesicht stieg.

‚Das heißt nicht, dass sie schlecht ist', sagte sie.

‚Frauen, die trinken, sind entweder Huren oder verrückt', sagte ihr Vater.

‚Und was ist mit Männern, die trinken?' fragte Sonia.

‚Was mit Männern ist, die trinken?' fragte ihr Vater und griff zu seiner Gabel. ‚Was denkst du, sie sind Männer. Natürlich trinken sie. Was erwartest du? Sie müssen den ganzen Tag arbeiten gehen, ihre Familie versorgen und mit euch fertig werden. Natürlich trinken sie.'

‚Und was ist mit den Frauen, die sich um ihre Männer kümmern müssen? Und zusätzlich arbeiten müssen. Glaubst du nicht, dass sie sich einen Drink verdient haben?'

Stille. Ihre Mutter berührte den Arm ihres Vaters.

‚Geh in dein Zimmer. SOFORT.'

‚*Oi querido*, mach doch kein Drama draus. Ich bin sicher, sie wird nichts mit der Familie zu tun haben wollen. Das stimmt doch, Sonia?'

‚Nein, Mãe.' Sonia stand auf.

‚Geh in dein Zimmer und bleib dort. Denk darüber nach, wie respektlos du warst', sagte ihr Vater und sein offener Mund versprühte Essensreste.

Ruhig verließ Sonia den Raum, obwohl sie das Gefühl hatte, ihr Herz würde explodieren. Sie ging in ihr Schlafzimmer und machte den Laptop an. Sie rief sich in Erinnerung, dass sie nur noch ein Jahr würde durchhalten müssen, bis sie zur Universität gehen konnte. Coimbra war am besten, da es weiter entfernt lag, aber Èvora wäre auch nicht schlecht. Faro war zu sehr in der Nähe. Das hatte sie ihren Eltern noch nicht erzählt. Sie wollte entweder Psychologie oder Jura studieren. Sie beschloss, mit Amys Großmutter zu sprechen. Sie würde bald anfangen müssen, sich zu bewerben.

Später entschuldigte sie sich bei ihrem Vater. Er schaute sich gerade die Nachrichten über das kleine Mädchen an, das verschwunden war. Ihre Eltern standen vor der Kirche in Luz. Es gab immer noch kein Lebenszeichen von dem kleinen Mädchen. ‚Schau sie dir an', sagte ihr Vater. ‚So eine schöne Frau.' Also war sie schon einmal keine Hure, dachte Sonia. Obwohl erzählt wurde, sie habe die drei Kinder in einem Raum alleine gelassen, während sie einen trinken gegangen war. Sonia biss sich auf die Zunge. Besonders in diesem Moment kam ihr ein Jahr wie die halbe Ewigkeit vor.

Sonia stand auf, als Lucindas Mann endlich aus der Kneipe torkelte und seinen schemenhaft sichtbaren Kumpels zuwinkte, die noch an den Barhockern klebten.

‚Da bist du ja, Frau', rief er Lucinda zu. ‚Hab nur vorm Essen ‚nen Kleinen getrunken.'

Lucinda stützte ihn, während er neben ihr entlang stolperte. Sonia schüttelte den Kopf voller Mitleid und Ekel. Sie musste Amy finden. Vielleicht sollte sie den Bus nach Monchique nehmen.

Ein alter Mercedes hielt an und ein Mann mit dunkelgrauen Haaren und Brille stieg aus. Hinter der Brille leuchteten blaue Augen. Ohne lange zu überlegen, ging Sonia auf das Auto zu.

‚Entschuldigen Sie bitte?' sagte sie. Er schaute sie überrascht an. ‚Kennen Sie Amy?'

Der Mann lächelte. ‚Ja, ich gehöre zu ihrer Familie.'

‚Könnten Sie mir ihre Telefonnummer geben? Wir haben uns vor zwei Tagen kennengelernt.'

‚Wenn Sie wollen, kann ich Sie mitnehmen, dann können Sie sie treffen. Wenn Sie hier eine Sekunde warten. Ich will nur kurz etwas im Café mit Nuno besprechen.'

‚OK, aber können wir uns an der Bushaltestelle treffen?' Sonia wollte nicht, dass Nuno sah, dass sie in den Wagen des Mannes stieg.

Als sie die Autotür des Mercedes öffnete und einstieg, hoffte Sonia sehr, dass das kein Fehler war. Sie wusste, dass es keine gute Idee war, zu einem fremden Mann ins Auto zu steigen. Gedanken an leere Straßen und dunkle, windige Nächte schossen ihr durch den Kopf. Ihre Hand umklammerte ihr Handy ein wenig fester, als sie über die letzte Bodenwelle des Dorfes gerumpelt waren und schließlich die Landstraße erreichten, die zu beiden Seiten von Eukalyptussträuchern und Korkeichen gesäumt war. Aber er hatte ein nettes Lächeln. Sein Name war Rich.

‚Wie lange sind Sie schon hier?' fragte sie ihn.

‚Wir sind letzten Juli hierher gezogen – vor einem Jahr. Und Sie? Sind Sie hier geboren?'

‚Ja', sagte sie.

‚Es ist ungewöhnlich, dass man hier junge Damen aus Portugal trifft', sagte Rich. ‚Schließen eure Eltern euch alle ein?' Er drehte sich zu ihr um und lächelte.

‚Ja', sagte sie und lächelte auch.

‚Das hab ich mir doch gedacht', sagte er.

‚Wir müssen im Haushalt helfen, kochen, solche Dinge. Es ist nicht üblich, dass Frauen in Bars gehen.'

‚Na ja, da verpassen sie wahrscheinlich nicht viel. Aber darum geht's nicht, oder? ,sagte er, so als spräche er zu sich selbst.

‚Ich finde die Menschen in den Bergen sind zurückgeblieben. Ich will studieren.'

‚Gute Sache. Was werden Sie studieren?'

‚Ich bin mir noch nicht sicher. Entweder Psychologie oder Jura.'

‚Ich habe Psychologie studiert.'

‚Echt? Ihr Herz klopfte. ,Und als was arbeiten Sie?'

‚Jetzt arbeite ich nicht, aber ich habe in England für die Gemeinde gearbeitet. Kennen Sie die *Câmara*?' Sie nickte, konnte aber keinen Zusammenhang zwischen der Gemeinde und Psychologie herstellen. ‚Ich habe Menschen eingewiesen.'

‚Was bedeutet das?'

‚Das ist so. Wenn jemand psychische Probleme hat und nicht mehr für sich selbst sorgen kann, dann treten wir auf den Plan, übernehmen die Verantwortung und schicken die Menschen ins Krankenhaus oder in eine betreute Einrichtung.'

‚Das macht die Gemeinde?'

‚Ja, ist das hier nicht so?'

‚Ich glaube nicht. Ich glaube, dafür wäre die Familie zuständig.'

Zumindest hoffte sie, dass das so war. Wenn ihr Vater die Macht dazu hätte, dann würde er herumlaufen und alle Frauen in Bars festnehmen.

‚Diese Aussicht', sagte er, als man die Südküste links unterhalb von ihnen glitzern sah. ‚Das ist wunderschön. Sie haben Glück, hier geboren zu sein.'

Sonia sagte ‚ja', aber war nicht seiner Meinung. Sie rutschte tief in den Ledersitz, als sie ihren Cousin Zé erkannte, der dabei war, am Straßenrand Eukalyptusstämme zu entrinden. Sie glaubte, dass er sie nicht gesehen hatte.

Sie bogen in Richtung Chilrão, Pe do Frio und Selão ab. Die Straße wand sich den Berg hinauf, bis sie parallel zur Westküste fuhren. Sie war Jahre lang nicht auf dieser Straße gefahren – in diese Richtung gab es keine Buslinie. Sie begann, sich über den Rückweg Sorgen zu machen. Sie würde einen Monat lang Ausgangssperre haben, wenn ihr Vater davon erfahren würde. Sie schaute auf die Uhr – es war fast fünf Uhr.

‚Machen Sie sich keine Sorgen, ich kann sie später nach Hause bringen.'

‚Danke.'

Sie kamen an einem der fünf Windräder vorbei, die terrassenförmig am Berghang angeordnet waren und deren glänzend weiße Turbinenblätter sich gemächlich kreisend vom blauen Himmel des Spätnachmittags abhoben. Sonia hatte kürzlich Don Quichotte gelesen und konnte sich ohne Probleme vorstellen, wie einige Menschen aus ihrem Dorf auf Eseln auf die Windräder zuritten und ihnen mit den Fäusten drohten. Oder, was noch wahrscheinlicher war, sie würden ihnen *medronho* anbieten.

‚Ich kenne einige Leute, die hier in der Nähe wohnen und die sagen, dass das so sei wie neben einem Flughafen. Wir hören sie nicht. Wie ist es bei Ihnen?' fragte der Mann.

‚Manchmal, an einem ruhigen Tag, aber nicht viel. Wir wohnen zehn Kilometer entfernt.' Ihr Vater hatte ihr erzählt, dass einige Beschwerden an den Präsidenten gerichtet worden waren. Ihr Vater war gegen die Windräder – er würde nicht neben ihnen leben wollen – aber alle anderen im Gemeinderat waren stolz auf ihre erneuerbare Energiequelle. Kauft euch Ohrstöpsel, war die Antwort gewesen.

Sie waren fast in Monchique, als Rich von der Straße in eine Einfahrt abbog und den Wagen hinten parkte. Sie konnte vier kleine Häuser aus Stein erkennen, die versetzt angeordnet am Hang des Berges klebten, unterhalb der Straße, die an der Westküste entlangführte. Diffuses blaues Licht ließ die Ecken und Kanten der Berge verschwimmen; sie schienen vor ihren Augen zu verschmelzen, wurden immer kleiner, bis sie das Meer erreichten. Sonia konnte ihren Blick nicht von der Aussicht wenden.

‚Nach den Bränden ist das Land gerade erst dabei, sich zu erholen', sagte Rich.

‚Hat es hier gebrannt?'

‚Ja. Ich war nicht hier. Aber alle anderen mussten evakuiert werden.'

Sie sagte nicht, dass sie einige der Kinder aus der Gegend kannte, die mindestens eins der Feuer gelegt hatten.

‚Amy?' rief Rich, als sie den Weg in Richtung der Häuser entlang gingen. ‚Du hast Besuch. Eine Freundin.'

Amy kam aus dem letzten Haus und kaute irgendetwas. Sie sah überrascht aus, sie zu sehen.

‚Hi. Bei uns ist gerade Zeit für den Tee. Möchtest du auch was?'

Sonia sagte ja, weil sie es unhöflich gefunden hätte abzulehnen und sie gingen alle ins Haus. Sie stand in einem großen, offenen Raum, von dem aus in der Mitte eine Wendeltreppe nach oben in die anderen Räume führte. An den Wänden hingen große, moderne Gemälde und Wandlampen, die aussahen wie Dachziegeln mit Löchern. Sonia zählte spontan fünf Erwachsene und einen ungefähr vierjährigen Jungen, neben Amy und ihr selbst. Sie sprachen alle Englisch, einschließlich des Plasmafernsehers an der Wand. Eine große Frau mit langen, blonden Haaren und braunen Augen war dabei zu kochen. Sie trug einen weiten, roten Rock, flache Sandalen und eine weiße Baumwollbluse mit Stickereien und Knöpfen bis zum Hals. Rich stellte Sonia als ‚Amys Freundin' vor und ging dann zu der großen Frau hinüber und half ihr mit dem Essen. Einige riefen ‚Herzlich willkommen, Amys Freundin'. Sonia lächelte alle an.

Eine alte Frau mit ausgefransten weißen Haaren, gebräuntem Gesicht mit mehr Falten als eine Baumrinde und bohrenden schwarzen Augen saß an einem riesigen Holztisch. Das musste die Großmutter sein, dachte Amy. Ein anderer Mann mit tiefen Furchen im Gesicht, einem staubigen Hut und einem um den Nacken gebundenen Taschentuch, saß neben ihr. Zwei kleine Hunde schwänzelten hoffnungsvoll um die große, blonde Frau und um Rich herum, der mit dampfenden Schüsseln hantierte. In einer Ecke des Raumes, auf einer etwas erhöhten Plattform, standen verschiedene Trommeln, eine Gitarre und ein Computer. Eine weiße Katze schlief vor dem Fernseher auf einem großen schwarzen Ledersofa. Sonia hatte das Gefühl, als hätte sie jemand auf den Mars gebeamt. Es gab keine Tischdecke, Servietten, oder Fotos der Familie, die ihr von einer mit Spitze verzierten Anrichte entgegen lächelten. Es gab keine Statuen irgendwelcher Heiliger, oder irgendwelche andere religiöse Symbole und weder Geschirr noch Schnickschnack dekorierten den Raum.

‚Setz dich, setz dich doch, Amys Freundin', forderte die große Frau sie auf. ‚Möchtest du Würstchen mit Kartoffelbrei?'

Sonia zögerte. Sie hatte absolut keine Ahnung, was die Frau meinte, aber sie glaubte nicht, dass das eine Teesorte war.

‚Mutti, sie wird nicht wissen, was das ist.' Amy erklärte es ihr.

‚Oh, OK, danke', sagte Sonia. Sie starrte Amys Mutter an: Sie sah nicht aus wie eine Säuferin, oder wie eine Prostituierte. Sie war nicht einmal geschminkt.

Amy und sie bekamen jede einen Teller voll Kartoffelbrei, orangefarbenen Bohnen und zwei kurzen, dicken Würstchen.

Die Großmutter saß am Kopf des Tisches. ‚Also, wie heißt du denn, Amys Freundin?' fragte sie. Ihre kleinen Augen tasteten sie ab wie ein Fotokopierer.

‚Sonia', sagte sie.

‚Wir haben uns neulich vor dem Café getroffen, als ihr euch alle betrunken habt', fügt Amy hinzu.

‚Betrunken? Ich erinnere mich nicht daran, betrunken gewesen zu sein. Ihr?' Die Großmutter schaute der Reihe nach alle anderen Anwesenden in der Küche an. Alle schüttelten mit dem Kopf.

Sonia versuchte sich vorzustellen, eine solche Unterhaltung mit ihrer Großmutter zu führen.

‚Sonia will Psychologin werden', sagte Rick und griff nach einer Gabel.

‚Und warum willst du Psychologie studieren, Sonia? , fragte die Großmutter.

‚Na ja, ich bin mir nicht sicher, ob ich Psychologie oder Jura studieren will', sagte Sonia und probierte ein wenig von dem Kartoffelbrei. Er war gut. Jetzt mutiger, versuchte sie, ein Würstchen anzuschneiden.

‚Jura ist einfacher zu buchstabieren', sagte die alte Frau mit Ernst in der Stimme.

Sonia lächelte.

‚Omi, hör auf damit. Abgesehen davon hast du keine Ahnung von portugiesischem Recht.'

‚Ich weiß nur, dass das Gesetz eine Sache ist, die Gesellschaft eine andere. Oder nicht, Sonia?' Die Großmutter blinzelte ihr zu.

Sonia nickte und probierte das Würstchen. Die Großmutter hatte recht. Allein, wie die alte Lucinda auf der Mauer saß und wartete. Es war nicht richtig, dass Frauen auf Mauern sitzen und auf ihre Männer warten mussten. Sonias Zähne sprengten die Wurstpelle und Fettknorpel wurden in ihren Mund katapultiert.

‚Sonia, ich habe mein ganzen Leben lang Leute therapiert und sie sind immer noch seelisch kaputt. Andererseits sind die Gesetze Arschlöcher, wie Mr Bumble sagt – und müssen geändert werden.'

‚Verdammt, hörst du nie mit dieser Scheiße auf', murmelte der mit dem Hut.

‚Oh nein, diese junge Dame ist gekommen, um mich zu treffen. Sie fragt mich um Rat. Oder, Sonia?'

Sie nickte und fragte sich, wie die Großmutter das hatte wissen können – und wer Mr Bumble war.

‚Alles in Ordnung, sie verstehen uns nicht.' Die Großmutter redete weiter. ‚Du willst etwas aus deinem Leben machen und die Welt, in der du lebst, verändern, oder? Nur im Moment bist du dir noch nicht sicher, wie du das schaffen kannst.'

Sonia nickte und schaufelte sich ein paar orange Bohnen in den Mund, um nichts sagen zu müssen. Sie waren süß.

‚Ich würde dich gerne fragen, warum du Psychologie studieren willst.'

Sonia schluckte. ‚Ich interessiere mich für Menschen und dafür … wie sie denken.'

‚OK. Das ist ein guter Grund. Und jetzt sag mir, warum du gerne Jura studieren würdest.'

‚Weil ich an Menschenrechten interessiert bin. Ich meine, dass viele Frauen ihre Rechte nicht kennen. Ich würde ihnen gerne helfen.'

‚Sonia, dann glaube ich, du hast deine eigene Frage selbst beantwortet.'

‚Mutti, lass das Mädchen in Ruhe und iss', sagte Amys Mutter.

Während des Essens herrschte Schweigen. Sonia schluckte den Rest des Kartoffelbreis, der jetzt orange aussah, hinunter und legte Messer und Gabel auf den Teller.

‚Los, Sonia. Bist du fertig? Ich will dir das Baumhaus zeigen.'

Als sie gingen, zwinkerte die Großmutter ihr zu. Sonia erwiderte das Lächeln und bedankte sich bei allen. Rich sagte, er würde sie nach Hause fahren, wann immer sie wollte. Sonia hatte noch nie so nette Leute getroffen.

Amy führte sie einen schmalen Pfad entlang, der mehrere der am Hang liegenden Parzellen kreuzte. Es gab Obstbäume und Blumen, aber keinerlei Landwirtschaft. In eine der Korkeichen hatten sie ein kleines Haus aus Holz gebaut. Eine kurze Leiter führte hinauf. Sonia folgte Amy, zwängte sich durch die kleine Holztür in einen Raum, aus dessen Glasfenstern man auf die Berge und auf die Westküste schauen konnte. Das kleine Fenster wirkte wie ein Rahmen und der Ausblick schien ein Aquarell zu sein.

‚Das ist echt cool, Amy. Und was für eine erstaunliche Familie. Du hast wirklich Glück.'

Amy schnaubte durch die Nase. ‚Die sind alle gaga.'

‚Vielleicht, aber sie sind so ...' Sonia hatte Probleme, die richtigen Worte zu finden. ‚Frei, das ist es was ich meine – glaube ich.'

‚OK, Omi besteht immer darauf, dass wir uns selbst treu bleiben. Sie sagt, wir können nie glücklich sein, wenn wir versuchen, jemand anders zu sein.'

Sonia dachte über ihre Mutter nach. Sie hatte nie sie selbst sein dürfen und sie war nicht glücklich. Ihre Persönlichkeit bestand aus den Rollen, die sie spielte – sowohl als Mutter wie auch als folgsame Hausfrau, die einkaufte, kochte, sauber machte und sich um sie kümmerte. Ihre Eltern, Sonias Großeltern, hatten von der Landwirtschaft gelebt, aber ihre Mutter hatte einen reicheren Mann geheiratet und musste keine Kartoffeln mehr anbauen. Sie hatte oft gesagt, sie wünschte sich ein kleines Stück Land, um es selbst zu bearbeiten. Vielleicht war es wirklich das, was sie ausmachte? Ihr Vater durfte er selbst sein und dennoch war er nicht glücklich. Aber vielleicht lag das daran, dass ihre Gesellschaft es nicht zuließ, dass er so lebte, wie er wollte? Oder vielleicht wusste er selbst nicht, wer er eigentlich war? Sonia war sich nicht sicher. Aber sie wusste, dass sie sie selbst sein würde: Sie würde nie auf einer Mauer vor einem Café sitzen und warten; sie würde nach Coimbra gehen und Jura studieren – und herausfinden, warum Mr Bumble das Gesetz ein Arschloch nannte.

8. Azar

‚Verdammte Scheiße, wir brauchen Geld, du Arschloch.'

João wurde sich bewusst, dass Sasha mit verschränkten Armen über ihm stand, kauend wie eine Kuh. Er konnte sich ein wieherndes Feixen nicht verkneifen. So wie sie ihn mit schwarzen Augen und weißem Gesicht anstarrte, sah sie ein wenig wie eine Kuh aus.

‚Was jetzt? Ich denke, du nicht verstehst, dass wir haben nichts …' Sie gestikulierte mit den Armen. ‚Nichts zu essen. Oder trinken. Oder rauchen.'

‚Mach keine Probleme, Sasha. Ich bin bald reich. Wenn nicht, gehen wir nach Portimão und du kannst für uns was verdienen', sagte João, immer noch griensend. Er hätte ihr gerne ein Gänseblümchen in den Mund gesteckt.

‚Wir sind tot, bevor du reich. Und du hast kein Auto. Wie gehen wir nach Portimão ohne Auto? Hm? Antworte mir. Du weißt sonst alles, du Arschloch. Du denkst, ich fahre mit Bus? Leck mich, Mister João.'

Sie boxte ihn. Er drehte sich um, konnte sich immer noch vor Lachen nicht halten.

‚Du denkst, ich bin komisch. Eins sag ich dir, Mister, wenn ich Geld habe, bin ich weg. Du denkst, ich dich brauche? Du denkst, ich brauche diese Scheiße?'

Joãos Lachen verstummte abrupt und er drehte sich um, um sie ansehen zu können.

‚Aber Sashina, mein kleiner, süßer Engel, mach dir keine Sorgen. Mister João organisiert was. Und jetzt holst du mir einen Kaffee und einen Weinbrand und ich denke nach.' João beugte sich auf der auf dem Boden liegenden Matratze nach vorne. Er war nackt, bis auf die Kufija, die schlaff von seinem Kopf hing. Er rückte sie gerade.

‚Kein Kaffee. Kein Weinbrand. Kein Zigarette. Kein Hasch. Kein Droge. Kein Essen. Kein Klamotten. Kein nichts. Du glaubst, ich bin gewohnt, so zu leben in Russland? Wie? In Russland wir haben alle diese Dinge.'

‚Sashina, wir haben ein schönes Haus in einem schönen Dorf in der schönen Algarve. Wir sind in Salema, wo all die Reichen und Berühmten Häuser kaufen.

‚Aber du nicht reich und berühmt. Du Bettler. Dein Haus geht kaputt. Du hast nichts, wo man kann sitzen und essen. Und dies ist ein beschissenes Fischerdorf, mit keinem Ort, um Geld zu machen.'

‚Dann gehen wir nach Russland', sagte João und das Grinsen verschwand aus seinem Gesicht, während er langsam wach wurde.

‚Nein, du Kretin. *Ich* nach Russland gehe. Du bleibst in beschissenem Fischerdorf.'

João war immer wieder erstaunt über ihren Wortschatz. Was bedeutete ‚Kretin'? Er wollte sie fragen, aber sie war gerade dabei sich zu verziehen. ‚Sasha! Komm zurück. Du verpasst das Boot, wenn du jetzt gehst.' Aber sie war schon verschwunden.

João suchte auf dem Boden neben sich nach seinen Shorts und holte seine Brieftasche heraus. Er war sicher, dass er sich letzte Nacht 10 Euro von Jorge geliehen hatte, aber das Geld war weg. Sie hatte es wahrscheinlich gestohlen. Er schaltete sein Handy ein. Es war drei Uhr. Er hatte einen Anruf von Ahmad verpasst. Na bitte! Das Boot war bereit! Sasha hatte keine Geduld. Seine Hände zitterten und er fühlte, wie sein Magen von innen verfaulte. Aber dies war nicht der Moment, um über seinen Körper nachzudenken, der immer mehr abbaute, denn er brauchte einen Stift. Er stand auf und wanderte nackt durch alle drei Stockwerke des völlig abgedunkelten Hauses. ‚Verdammte Scheiße, wo hat sie die ganzen Stifte versteckt?' rief er.

‚Du über mich sprichst?' sagte sie. Sie stand plötzlich mit zwei Tassen Kaffee und der fast leeren Flasche *Macieira* in der Tür.

‚Sashina, Engel, lass mich helfen.' Er nahm ihr die Weinbrandflasche ab, drehte den Deckel ab und nahm einen riesigen Schluck. Er fröstelte. ‚Ich hab einen Stift gesucht.'

‚Stift? Warum du brauchst Stift? Du nicht schreibst.'

‚Ich muss die genauen Koordinaten für den Treffpunkt aufschreiben.'

‚Welchen Treffpunkt? Triffst du dich mit noch mehr Mädchen? Ich ihnen sage, dass du großes Arschloch bist.'

‚Nein, für Ware, Sasha. Ware. Zu verkaufen. Um Geld zu verdienen.'

‚OK, dann ich habe Stift.'

Sie öffnete ihre Umhängetasche und zog einen blauen Kugelschreiber heraus.

‚Und Papier?'

‚Du sehr schwieriger Mann.' Sie riss eine Tampon-Box auseinander. ‚Hier.'

‚Du bist die Beste, Sasha.'

‚Ich weiß. Aber trotzdem du behandelst mich wie eine Stück Dreck.'

João trank noch mehr Weinbrand, schüttete die *bica* hinunter und rief dann Ahmad an.

‚Hey, Ahmad, mein Freund, wo soll ich hinfahren?'

João hörte aufmerksam zu. Während er Ahmads codierte Anweisungen übersetzte, fing sein Kopf an zu hämmern. Die Warenübergabe würde morgen Nacht um 2 Uhr sein. João wiederholte die Koordinaten, die Ahmad ihm in Form einer Telefonnummer übermittelte. Wenn die Wellen höher sein würden als ein Meter, Windstärke 4, dann würden sie es abblasen. Aber das würde nicht der Fall sein – es war August. João selbst würde die Aktion abbrechen, wenn auch nur eine Welle das Boot zum Schaukeln bringen würde, aber er war nicht derjenige, der aufs Meer fuhr. Joãos Aufgabe war es, den Stoff zu verkaufen und sie würden sich den Gewinn teilen. Perfekt. Zwanzig Kilo. Zehntausend Euro. Er hatte seinem Cousin Pedro zweitausend dafür versprochen, dass er mit seinem Boot raus fuhr.

‚Und?' sagte Sasha und fixierte ihn mit ihren frechen schwarzen Augen.

‚Du siehst einen reichen Mann vor dir, Sasha.' Er sprang hoch und hielt ihr seine Hand hin. Sie schlug nach ihm, aber er schaffte es, dass sie aufstand und sie sprangen in dem dunklen Raum umher, bis ihre Tanzerei auf dem Tisch endete, dem einzigen anderen Möbelstück außer der Matratze.

‚Meiner schönen russischen Prinzessin werde ich alles kaufen'

‚Du mir kaufst Fahrkarte in schönes Russland?'

‚Alles, was du willst.' Er begann, ihren Nacken zu massieren, bis sie anfing, sich zu entspannen. Dann küsste er sie – Hunderte sanfter Küsse auf Nacken und Schultern. Er spürte, wie sie da hinschmolz wie ein Eiswürfel in seinem Mund. Sie ließ zu, dass er eine Hand unter ihr T-Shirt schob und ihren BH öffnete, damit er ihre Brüste fühlen konnte. Sie lag auf dem Tisch und er küsste ihren Bauchnabel. Sie begann zu schnurren, was normalerweise bedeutete, dass er Sex mit ihr haben durfte. Aber João war sich nie so sicher. Also hielt er lieber ihre Arme auf die Tischplatte gepresst, während er sich auf dem Tisch eine Position suchte.

‚Du bist die Beste, Sasha', flüsterte er und küsste sie dabei auf den Mund, damit sie nichts sagen konnte.

‚Also wo ist Geld?' fragte sie, während sie ihren BH wieder in Position brachte.

‚Auf dem Boot.'

‚Wo ist Boot?' Sie trank den Rest des *Macieira*.

‚Marokko.' Er sprang vom Tisch und suchte seine Kleidungsstücke zusammen.

‚Marokko, du Affe. Du denkst, ich gehe in stinkendes Land, um zu kriegen dein Geld?'

‚Nein, Sashina, das Hasch ist auf dem Boot, auf das wir heute Abend treffen. Ahmad kennt den Kapitän eines großen Fischdampfers und der fährt nach Spanien und Portugal und gibt den Stoff zwei Kilometer von der Küste entfernt an kleinere Boote weiter.'

‚Jetzt du willst, dass ich Fischfrau bin und Drogen im Atlantik fange?'

‚Nein, Sasha, Pedro fährt raus und holt sie.' Pedro hatte das schnellste Boot in der Algarve.

‚Er trinkt auch.'

‚Das klappt.'

‚Er weiß, es ist heute?'

‚Noch nicht.'

‚Dann ruf ihn an, Arschloch.'

João hätte ihr gerne eine verpasst, aber sie war schnell verschwunden. Stattdessen rief er Pedro an und fragte ihn, ob er mit ihnen diesen Abend zum Einkaufen fahren könnte. Das war das Codewort. Pedro klang nicht besonders glücklich. Er sagte, er müsse sich um ein paar attraktive Tänzerinnen kümmern. João antwortete ihm, er solle sie zu ihm bringen, dann würde er sie unterhalten.

‚Wen unterhalten?' nörgelte Sasha.

‚Halt den Mund, Sasha', sagte er. ‚Dies ist wichtig.'

Pedro sagte, er würde vorbeikommen und sie würden reden. Zehn Minuten später war er da, ein Bier in der Hand.

‚Hey João. Ist dir entgangen, dass wir August haben und draußen Sommerwetter ist?'

‚Hey Cousin, hast du Bier für uns?'

Pedro zog eine weitere Flasche Cristal Bier aus der Tasche. ‚Hier, teilt euch das.'

João öffnete die Flasche mit den Zähnen und nahm einen großen Schluck. Wenn Sasha ihm die Flasche nicht aus der Hand gerissen hätte, hätte er alles getrunken.

‚Du mehr denken musst. Nicht mehr trinken.'

Pedro lachte, was João ärgerte.

‚Was ist, bist du dabei?' fragte João mit schroffer Stimme.

‚Hochwasser ist um 18.00 Uhr und du willst, dass ich um 2.00 Uhr das Schiff treffe? Zeig mir die Koordinaten.'

João zeigte sie ihm.

‚Das ist hier direkt vor der Küste', sagte Pedro.

‚Ja, sehr einfach. Ahmad sagt, wir haben Windstärke zwei, höchstens drei.'

‚Bloß liegt mein Boot in Lagos.'

‚Oh.' Daran hatte João nicht gedacht, als er Ahmad gesagt hatte, dass die Übergabe in Salema stattfinden sollte.

‚Das ist kein Problem, aber ich muss zurück nach Lagos, weil ich das Boot morgen dort brauche. Und noch was, wenn Jorge und die Fischer mich im Dorf sehen, dann wissen sie, dass was im Busche ist.'

‚Dann wir warten auf dich an Strand. Du gibst es uns am Ende von Strand. Und du gehst weg', sagte Sasha. ‚Einfach.'

João schaute Pedro an. Wie gewöhnlich hatte sie recht.

‚Was ist mit Touristen?' fragte Pedro. ‚Es ist Hochsaison.'

‚Wir sorgen dafür, dass keine Touristen da', nahm Sasha die Sache in die Hand. João gefiel es nicht, wenn sie das tat.

‚Wer ist wir?' fragte Pedro.

‚Ich und er.' Sie zeigte mit einem knochigen Finger auf João.

‚Er muss mit mir kommen', sagte Pedro. ‚Ich fahre nicht alleine raus. Das heißt, du musst den Scheiß vom Strand abholen.'

‚Ich nicht hole dein Scheiß ab.'

João zündete sich eine Zigarette an. Die Dinge liefen nicht nach Plan. João hatte weder die Absicht, in irgendein Boot zu steigen, noch würde er Sasha die Gelegenheit zu geben, sein Leben zu organisieren.

‚Ich warte mit Sasha am Strand', sagte João. ‚Du brauchst mich nicht.'

‚Oh doch.'

João zog heftig an seiner Zigarette. Das Ganze wurde langsam kompliziert.

‚Warum du nimmst nicht mit João und wirfst Scheiß in Salema an Strand? Dann du gehst zurück nach Lagos allein?' sagte Sasha.

‚Ich weiß nicht, aber es wäre besser, wenn wir zu zweit wären', sagte Pedro nachdenklich. ‚Für einen Mann ist es gefährlich nachts auf dem Meer und es sind immer noch viel mehr Polizeiboote als sonst unterwegs, wegen des vermissten Mädchens.'

‚Wenn viele Polizisten, dann João besser ist nicht bei dir.'

‚Vielleicht. Und wenn das Boot nicht kommt?' fragte Pedro João.

João seufzte und Rauch quoll aus seinen Nasenlöchern. ‚Es wird da sein. Er sagt, wir brechen nur dann ab, wenn wir mehr als Windstärke fünf haben.

‚Du bezahlst mich, auch wenn wir abbrechen?'

João zuckte mit den Achseln und ignorierte Sasha, die ungläubig schnaubte. Er wollte eigentlich nach dem vermissten Mädchen fragen, aber Sashas Finger trommelten auf den Tisch.

‚Und du mich auch bezahlst?' fragte sie, begleitet vom Klicken ihrer abgebrochenen roten Fingernägel. ‚Oder vielleicht ich nicht warte an Strand.'

‚Ich zahl dir zwanzig', sagte João.

‚Dann ich nicht warte.'

‚Dreißig.'

‚Zweihundert.'

‚Also echt, Sasha. Ich zahle alles für dich. Fünfzig – letztes Angebot.'

Sie dachte eine Minute nach, trug ein gequältes Lächeln zur Schau und sagte, ‚Hm'.

‚Wenn wir abbrechen, schicke ich dir die SMS – *Keine Fische im Meer*. OK?'

‚Wie du schickst SMS? Du hast kein Geld auf Handy.'

João erwog, sie zu erwürgen.

‚Du hast kein Geld, Cousin?' fragte Pedro.

‚Er hat nichts.'

‚Halt den Mund. Wenn wir den Scheiß erstmal haben, dann habe ich Geld.'

‚Ich gebe euch beiden einen Weinbrand aus. Und wir laden ein wenig Geld auf dein Handy. Dann gehen wir.' Pedro sprang vom Tisch und ging auf die Tür zu. Sasha folgte ihm und griff sich ihren lila Hut, während João die Kufija gegen seinen Strohhut tauschte und in ausgetretene Flip-Flops schlüpfte.

‚Es ist fast fünf‘, führte Pedro weiter das Wort und steckte sich eine Zigarette an. ‚Und wegen dir muss ich mein Date mit der schönsten Frau der Welt absagen.‘

‚Wer ist sie?‘ fragte João. Der Tag war so golden, dass er die Augen zusammenkneifen musste. Sie gingen die Stufen hinunter, die zum Kopfsteinpflaster der Straße führten. Er spürte, wie der Schweiß innerhalb von Sekunden von seinem Strohhut tropfte. Es war eigenartig, Frauen fanden Pedro attraktiv. Er hatte so viele Freundinnen und drei Kinder von unterschiedlichen Frauen. João sollte lieber den Mund halten: Er hatte zwei Kinder. Sasha hatte ihm versprochen, dass sie keine Kinder wollte, aber Frauen sagten das immer, bis sie dreißig waren – und dann würde er in der Scheiße stecken. Na ja, eigentlich steckten die Frauen in der Scheiße. Aber er musste zugeben, dass Sasha anders war.

‚Sie tanzt in der Show im Casino in Portimão. Engländerin, groß, blond, sexy, Ende zwanzig.‘

João lachte. ‚Noch ein *bife*.‘

‚Nein, wirklich, sie ist was Besonderes.‘

‚Sie Prostituierte‘, sagte Sasha, während sie in ihrer Tasche herumwühlte. Sie fand ihre Sonnenbrille mit lila Gläsern und setzte sie auf.

‚Sie ist nicht wie du‘, sagte João, bereit für das, was kommen würde. Ihre Fingernägel gruben sich in seinen Arm.

‚Natürlich sie ist, dummer Mann. Sie ist Showgirl. In Russland alle Showgirls sind Prostituierte.‘

Pedro zuckte mit den Achseln, so als wolle er sagen, es sei ihm egal. João speicherte ab, dass er sich unbedingt zusammen mit Pedro die Show ansehen musste.

Der Dorfplatz war mit Autos zugeparkt. Touristen schleppten Badematten, Sonnenschirme, Eimer und Spaten, Handtücher und verschiedene andere Dinge, die man für einen Nachmittag am Strand brauchte. João fand sie alle zum Schreien komisch, besonders die Familien, wie Schafherden. Das Strandcafé stöhnte unter der Last halb garen Fleisches, von der Sonne gegrillt, halb geschmolzen und gerötet. Schweiß lief in Bächen über ihre Gesichter.

Sie setzten sich draußen vor der *pastelaria* in den Schatten und Pedro holte ihnen Kaffee, Weinbrand und *bifanas*, nachdem Sasha laut kundgetan hatte, dass sie erst zum Strand gehen könne, nachdem sie ein Schinkensandwich gegessen hatte.

Jorge und der kleine Mário saßen am Tisch neben ihnen. Jorge trank Bier und Mário umklammerte schweigend eine 7-Up Flasche. Es war ein schwarzer Tag für das Dorf gewesen, als sein Vater auf See ertrunken war. Das Gleiche war mit Joãos Großvater passiert – fast jeder im Dorf wusste von jemandem in der Familie, der auf See gestorben war, aber heutzutage sollte das nicht passieren – die Boote waren sicherer.

‚Pedro – dein Boot ist unsinkbar, oder?' fragte João, als dieser mit einem Tablett mit Getränken wiederkam.

‚Na klar. Das Schlauchboot hat einen festen Rumpf.'

‚Warum? Du hast Angst zu sterben? Es wäre großes Glück.'

‚Gib die Hoffnung nicht auf, Sasha', sagte Pedro ernsthaft. ‚Es kann trotzdem kentern.'

João bekam sofort weiche Knie. Für ihn war das Meer ein riesiger, von Wasser überfluteter Friedhof, den man auf jeden Fall meiden sollte. Leider kam er aus dieser Sache nicht heraus und er wollte nicht, dass Pedro erfuhr, wie viel Angst er vor dem Meer hatte. Also sagte er nichts. Antonio, der Besitzer der *pastelaria,* brachte ihnen die *bifanas.* Sasha schnappte sich ihres.

‚Was bedeutet ‚kentern'?' fragte sie, bevor sie gierig in das Sandwich biss.

‚Umkippen.' Pedro zeigte mit den Händen, was er meinte.

‚Oh, gut.' Sie kaute.

‚Wenn ich sterben würde, hättest du gar nichts', sagte João mürrisch. Er stellte sich vor, wie er im Meer versank, eine Schnur von Bläschen das einzige Bindeglied zu der Welt, die er gekannt hatte.

‚*Bozhe moi!* ...'

Sie fing an, ihn auf Russisch anzuschreien. João ignorierte sie und fing an, mit Pedro über das Boot zu sprechen. Zé, der im Restaurant Paraíso arbeitete, kam in einer weißen Schürze vorbei, schüttelte João und Pedro die Hand und umarmte Sasha, was ihr – endlich – den Mund verschloss.

‚Er ist netter Mann', sagte sie, nachdem er sich verabschiedet hatte, um mit Jorge zu sprechen.

Jeder wusste, dass Zé zu denen gehörte, die zu viel tranken, mit Touristinnen vögelten und im Casino spielten.

‚Zu nett für dich, Sasha.'

‚Wart ab.'

Als er sich Sasha und Zé als Paar vorstellte, musste João lachen. Sasha war nicht mehr ganz jung, doch immer noch attraktiv, wenn sie nicht gerade wie eine Kuh vor sich hin kaute und ihre Wimperntusche um die Augen herum verlaufen war, aber niemand würde ihre Verrücktheiten ertragen wollen. Außer vielleicht Zé. Er lachte nicht mehr.

‚Bier?' fragte Pedro.

João nickte.

‚Nein, ich finde besser, du gehst.'

‚Sasha, du nervst ständig.'

‚Ich nicht nerve. Ich brauche Geld, Arschkopf.'

João prustete los und lehnte sich zu ihr hinüber, um sie zu küssen. Ihre Verstümmelungen der englischen Sprache waren sehr sexy. Pedro konnte sich das Lachen auch nicht verkneifen, stand auf, um Bier zu holen und klappte sein Handy mit so viel Kraftaufwand auf, wie andere brauchen, um Muscheln zu öffnen.

‚Sogar er Geld hat', sagte Sasha, während sie sich eine abspenstige Zwiebel auf der Flucht mit dreckigem Finger in den Mund schaufelte.

‚Dann leb doch bei ihm', sagte João. Er schlang sein rechtes Bein um seinen linken Oberschenkel, verschränkte die Hände hinter dem Kopf und entspannte sich bei dem Gedanken, ihre ständige Nörgelei nicht mehr ertragen zu müssen.

Als er mit drei Flaschen Cristal wiederkam, telefonierte Pedro immer noch. ‚Also machen wir das morgen, OK? Viel Spaß bei der Show … Du gehst nicht? ... Dreimal?' Er stellte die Bierflaschen auf den Tisch. João bemerkte, dass Pedros Hände trotz der Schnäpse immer noch zitterten. Seine Hände fühlten sich jetzt gut an. Sasha schien nie zu zittern – Russen mussten von Geburt her super viel Alkohol vertragen. Pedro ließ das Handy zuschnappen.

‚Du mit Zuhälter sprechen?' fragte Sasha, bevor sie wegen eines Schlucks aus der Bierflasche den Mund halten musste.

Pedro lachte. ‚So was Ähnliches. Dieser amerikanische Typ, Ed, gibt 'nen Haufen Kohle aus. Hat mir vor einigen Wochen dreihundert Euro für einen Ausflug mit dem Boot bezahlt. Für ihn und die drei Tänzerinnen. Und Champagner satt für alle.'

‚Du mir gibst Nummer?' sagte Sasha und wischte sich einen Biertropfen vom Kinn. ‚Scheiße.'

‚Ich bring ihn mal hierher mit und du kannst ihn treffen.

‚Gott sei Dank.'

‚Du glaubst nicht an Gott, Sasha', sagte João.

‚Jetzt ja.'

‚OK bist du bereit?' Pedro trank den Rest Bier aus der Flasche.

João tat es ihm nach und lehnte sich zu Sasha herüber, um sie zum Abschied zu küssen. Sie erwiderte seinen Kuss nicht, aber sie drehte sich auch nicht weg. Das war OK. Sie fummelte am Etikett der Flasche, so als plante sie irgendetwas. Zé unterhielt sich immer noch mit Jorge. Eigentlich war es scheißegal. Wenn sie mit ihm schlafen wollte, dann sollte sie. Sie winkte ihm zu, als sie in Pedros altem Mercedes Diesel einstiegen. Joãos letztes Auto war ein R4 gewesen, aber er hatte damit vor einiger Zeit im Azar – dieser Unglücksbar – die Getränke bezahlen müssen, weil Rui sich geweigert hatte, ihn weiter zu bedienen, ehe er nicht die Rechnung der letzten sechs Monate bezahlt hatte. Sehr unvernünftig. Aber er hatte inzwischen erfahren, dass das Auto nicht angesprungen war. *Azar*.

Sie fuhren nach Lagos, die Sonne im Rücken. Pedro redete unterwegs die ganze Zeit über das Showgirl Vicky. Sie hatte ihn an der Angel. João würde das nie zulassen. Mann und Frau waren nicht dafür gemacht, länger zusammen zu sein. Also lohnte es sich nicht, sich mehr als nötig mit einer Frau einzulassen. Männer und Frauen gingen unterschiedliche Wege: Gelegentlich begegneten sie sich auf demselben Pfad und drehten gemeinsam ihre Runden. Aber dann würde einer von ihnen gegen einen Felsen laufen und die Richtung ändern. Dann war es Zeit, sich zu trennen. Entweder das, oder ihm würde das Geld ausgehen und sie würde auf geheimnisvolle Weise verschwinden.

Pedro parkte vor dem alten Bahnhof in der Nähe des Jachthafens, neben einem roten Porsche. João erinnerte sich, wie er das erste Mal als kleiner Junge hierher gekommen war, als sie eine alte Tante in Portimão besuchten. Das war gar nicht so lange her, aber dennoch war es eine andere Welt gewesen. Vor dem Bahnhof standen Eselskarren, alte Frauen mit Kopftüchern oder Hüten und langen, weiten Röcken schleppten unendlich viele Bündel. Das Café war voller rauchender Männer gewesen, mit geflickten, dunklen Jacken, Lederstiefeln, Filzhüten – und alle hatten Bier getrunken. Er erinnerte sich daran, die Stiefel angestarrt zu haben, denn er hatte keine. Er musste lachen, als ihm klar wurde, dass er immer noch keine hatte. Pedro lachte mit ihm, so als hätte er einen Witz erzählt, aber er war wohl schlicht besoffen.

Sie gingen zum Boot, nachdem sie Bier gekauft hatten. Es sah wie ein großes Dingi aus, dachte João. Er lachte immer noch, bis ihm auffiel, dass die Situation nicht komisch war. Das Boot hieß ‚Sturm' – ein blöder Name für ein Boot.

Es erwachte dröhnend zum Leben. João bemühte sich sehr, nicht über die Seile zu stolpern, während er sie ins Boot warf und über die schwarze Gummikante hinein stieg. Pedro setzte gekonnt vom Ponton unter der Brücke zurück und hielt an, um Diesel zu tanken. Er füllte auch einen Kanister – man konnte nie wissen.

‚Niemand wird es komisch finden, wenn wir jetzt raus fahren', sagte Pedro und startete den Motor.

Die meisten Boote liefen in den Hafen ein, obwohl es einige kleinere Boote gab, die raus fuhren, um den Sonnenuntergang zu sehen. João bezahlte den Treibstoff und dann fuhren sie den Rio entlang in Richtung Meer. Es war ein heißer Sommerabend und Menschen bummelten die Avenida entlang. Ihre Gesichter leuchteten wie die untergehende Sonne und sie waren für den Restaurantbesuch angezogen. Niemand achtete auf sie.

Pedro tuckerte langsam dem Horizont entgegen und sie sahen zu, wie der blaugrüne Himmel aus einer Wunde ins Meer blutete. João konnte sich nicht erinnern, wann er das letzte Mal einen Sonnenuntergang gesehen hatte. Sasha interessierte sich für solche Sachen nicht. Dann fuhr Pedro in Richtung Osten – falls irgendjemand ihrer Spur folgte. In Carvoeiro stellte er den Motor ab. Sie machten ein Bier auf und rauchten einen Joint, den Pedro mitgebracht hatte. So wie João dort saß, auf – und ab wippend, überkam ihn eine Ruhe, die er seit langer Zeit nicht empfunden hatte. Vielleicht war ein Leben auf See doch nicht so schlecht.

Die Probleme fingen gegen Mitternacht an. Sie hatten den ganzen Alkohol getrunken und João hatte vor sich hin gedöst, als die See unruhig wurde und ihm flau im Magen wurde. Pedro sagte nichts, und als er genauer hinsah, merkte João, dass Pedro fest schlief, seine schlaffe Hand vom Steuer bewegt. Er schüttelte ihn und Pedro öffnete seine glasige Augen, schaute João an, als ob er ein Geist wäre. Eine Welle schlug über die Seite des Bootes.

‚Fuck, Pedro. Wir sind eingeschlafen. Wo sind wir jetzt?'

Pedro schüttelte sich, hustete und spuckte ins Meer. Er überprüfte die Koordinaten.

‚Beschissen gelaufen', knurrte Pedro und eine weitere große Welle schwappte ins Boot.

‚Muss das sein?' fragte João.

‚Ich kann die Wellen nicht kontrollieren, Cousin.'

‚Sollten wir abbrechen? Die See wird rauer.'

Pedro lachte. ‚Das ist noch nichts.'

Er lenkte das Boot durch die Wellen und kollidierte mit jeder. João klammerte sich irgendwie fest, saß da und rührte sich nicht. Er wusste nicht, ob er sich bewegen konnte, seine Beine fühlten sich so an, als gehörten sie nicht zu ihm. Er starrte auf den Himmel über ihm, aber die Sterne hüpften immer noch auf und ab, während das Boot über die Wellen fuhr. Die winzigen Lichter der Küste verhielten sich genauso. Er wusste nicht, ob er das noch viel länger würde durchhalten können.

‚Wo sind wir?'

‚In der Nähe von Cavoeiro.'

João lachte auf und dann, als ihm klar wurde, dass Pedro die Wahrheit gesagt hatte, drehte er sich um, ließ sich über die abgerundete Gummikante des Bootes hängen und übergab sich.

‚Fuck, João, was ist los mit dir?'

João stöhnte, aber konnte nicht antworten. Er fühlte sich mieser als je in seinem Leben und die Vorstellung eine weitere Stunde auf dieser Kotzschüssel zu verbringen, weckte in ihm den Wunsch, sich in Wasser fallen zu lassen und zu ertrinken. Was ihn rettete, war der Gedanke an Sashas erfreutes Gesicht, das sich über seine Leiche beugte.

‚Leg dich nicht hin, dann wird dir noch schlechter.'

Aber er konnte nicht stehen. Es machte ihm Mühe, sich überhaupt hinzusetzen. Er fühlte, wie er auf dem feuchten Gummi entlang glitt und auf dem nassen Boden landete. Aber es war ihm egal. Er wollte nur runter von diesem Boot. Vorher konnte er sich nicht bewegen.

‚Fuck, João, du hättest mir sagen sollen, dass du seekrank wirst.' Pedro fluchte lautstark, während das Boot durch die dunklen Wellen donnerte. João hörte zu, bis sein Gehirn nichts mehr aufnahm und er sich vorstellte, er wäre im Azar, umgeben von der Musik von ‚Rock the Kashbah'. Verzweifelt versuchte er, den Lärm des Motors auszublenden, ebenso wie die Wellen, die gegen das Boot krachten und donnerten. Stunden schienen zu vergehen, Sekunden tickten von oben nach unten, von einer Seite zur anderen.

‚Das muss es sein', hörte er Pedro sagen. ‚João, steh auf, du Arschloch! Da ist das Schiff! Ich leuchte dreimal kurz mit der Taschenlampe.'

João versuchte sich zu bewegen, aber das Boot neigte sich.

126

‚OK, jetzt müssen wir nur noch das Paket finden.' Pedro kreiste auf den Wellen, während João weiter auf dem Boden hin- und her schaukelte. ‚Da ist es! João! Da ist es!' Pedro lenkte das Boot in eine andere Richtung und schaltete den Motor auf Ruhestellung, lehnte sich über die Kante und fischte eine Fünfliterwasserflasche heraus, die mit drei dicken, leuchtenden Ballons gekennzeichnet war. Er warf João das Paket zu.

‚Na also, dreh einen Joint.'

João setzte sich gerade rechtzeitig auf, um zu sehen, wie ein großer Schatten langsam in der Dunkelheit verschwand.

‚OK, jetzt fahren wir in Richtung Strand. Hoffentlich sind keine Bullen da. Oder Touristen. Dann kannst du an Land gehen, denn du bist so nützlich wie ein toter Fisch.'

João saugte diese Worte so gierig auf wie Eiscreme. Er würde bald diese Kotzschüssel verlassen. Und er würde bei Sasha sein. Und er hatte die Beute. Er fühlte sich fast besser, aber dann brachte Pedro den Motor auf Touren und sie begannen mit wohl dreißig Knoten über die Wellen zu jagen. Er fiel auf das feuchte Gummi zurück.

Pedro tuckerte in Richtung Strand. Die See war in der Nähe der Küste ruhiger und João fühlte, wie wieder Leben in seinen Körper flutete. Einige Fischerboote waren wie gefallene Sterne über das Meer verteilt. Straßenlaternen an der Promenade und am Parkplatz am Strand warfen stilles Licht auf die dunklen, metallenen Umrisse. Nur vom Azar hörte man Lachen und Musik. Es musste ungefähr 2 Uhr sein, kurz vor Schluss.

‚OK, João, bist du bereit?' Ich denke, der Strand ist leer.'

João quälte sich hoch und griff nach der Flasche. Er versuchte, die Ballons abzumachen, aber Pedro bestand darauf, dass er sie mitnahm. João konnte unmöglich diskutieren. Zum ersten Mal seit Stunden setzte er sich aufrecht auf die Sitzbank. ‚Fuck, verdammte Scheiße, nie wieder', sagte er.

‚Ganz genau, mein lieber Cousin.'

Pedro fuhr ihn am Ende des Strandes ans Ufer und João kletterte dankbar ins Wasser. Wie vorausgesagt war Ebbe, sodass er noch ein ganzes Stück vom Dorf entfernt war. Er glaubte, einige Schatten am Strand zu sehen, aber von Sasha keine Spur.

‚Wo ist die dumme Kuh?' murmelte er. ‚Kommst du zurecht?' fragte er Pedro.

‚Besser als du.'

Pedro drehte das Boot und fuhr zurück auf das offene Meer. João fiel in den Sand, die Flasche und die Ballons neben sich. Nach der schlimmsten Nacht seines Lebens brauchte er eine Pause. Er würde nie wieder in ein Boot steigen. Er lag auf dem feuchten Sand und rief Sasha auf dem Handy an. Sie antwortete nicht.

Fünfzehn Minuten später war sie immer noch nicht aufgetaucht und João begann zu zittern. Aber zumindest konnte er aufstehen. Er musste die Ballons loswerden, also knotete er sie ab, versuchte sie zu zerstechen und warf sie ins Meer. Sie leuchteten wie fluoreszierende Fußbälle, sodass er sie wieder einsammelte und versuchte, sie unter Steinen zu verbergen. Vielleicht war sie eingeschlafen? Er versuchte wieder, sie anzurufen, aber ohne Erfolg. ,Verkommene Hure', murmelte er. Er hätte sie gerne sofort in den Flieger ins schöne Russland gesetzt. Er packte die Fünf-Liter-Flasche mit in Schaumstoff gehülltem Hasch. Die GNR lag oft nachts im Dorf auf der Lauer und er wollte nicht unbedingt mit dem Stoff herumlaufen. Er nahm etwas heraus und grub die Flasche weiter oben auf den Felsen ein, dort wo die Flut sie nicht erreichen würde. Dann klopfte er sich den Sand von der Kleidung und ging in Richtung Dorf. Er sah niemanden, alle Bars waren geschlossen und in seinem Haus war auch keiner. ,Scheiße, Scheiße, Scheiße.' Wieder rief er Sasha an. Dieses Mal meldete sie sich. Er konnte Musik und Menschen im Hintergrund hören.

,Fuck, Sasha, wo bist du?'

,Hallo Mr João. Ich auf geiler Party. Ich mache Drinks. Sie mir zahlen hundert Euro.'

Worte drängten aus seinem Mund, wurden von der Dunkelheit verschluckt und machten ihn würgen.

,Du hast schöne Bootfahrt?'

,Sasha, mir ist kalt, ich stehe vor meinem Haus und ich kann nicht rein. Wirst du verdammt noch mal herkommen und mich rein lassen?'

,Nein. Ich bis sechs arbeite.'

,Wo bist du?'

,Große Villa oben auf Berg.'

,Wie heißt es?' sagte João und knirschte mit den Zähnen. Er würde sie umbringen, wenn er sie gefunden hatte.

,Ich dir nicht sage. Du machst große Theater.'

,Sag's mir Sashina. João muss schlafen.'

,Nein.' Sie legte auf.

João fühlte, wie sich ein Schrei in seiner Magengrube formte und an Intensität zunahm, in seiner Lunge Kraft schöpfte und bis zum Kehlkopf aufstieg. Er öffnete den Mund, um ihn auszustoßen. Seine Faust verschloss den Mund gerade noch rechtzeitig, um den Aufschrei zu verhindern: Das ganze Dorf würde ihn hören. Stattdessen erklomm er die Treppenstufen seines eigenen Hauses und legte sich vor die Tür.

Das Nächste, was er fühlte, war gleißendes Licht, das seine Augen blendete und irgendetwas boxte ihn in den Rücken.

,João, wach auf!'

Er blinzelte und sah Sashas Beine, die über ihm standen, mit kurzem, roten Rock, schwarzem Spitzenslip und High Heels. Ihre Hand wedelte mit dem Schlüssel herum. ,Was zum … Teufel … Fuck … du hast mich … hier …'

,Ich dich nicht verstehe. Geh zur Seite und ich Tür öffne.'

Er stolperte dankbar in die Dunkelheit seines Hauses, auf dem schnellsten Weg zu seiner Matratze. Er war zu müde, um sie jetzt umzubringen. Das würde er später tun. Sie folgte ihm. Er sah, dass ihr Lippenstift verwischt war.

,João. Wohin du gehst? Wo ist der Scheiß. Ich brauche Joint.'

,Verpiss dich.'

,Aber João, sei nett zu schöne Sashina.'

João zog seine feuchten Klamotten aus und kroch auf seine Matratze. Er hörte, wie sie in seinen Klamotten herumwühlte, aber das war das Letzte, das er wahrnahm – bis er sie schreien hörte.

,João, wach auf! Wach auf!' Er fuhr hoch, verwirrt und starrte in ihr kalkweißes Gesicht.

,Fick dich, Sasha. Lass mich schlafen, du Schlampe. Du weißt nicht, was ich gestern Nacht durchgemacht habe.'

,Halt die Klappe. Du schon schläfst seit vier Stunden. Du lässt Scheiß an Strand?'

,Natürlich hab ich's am Strand gelassen. Wo hätte ich es sonst lassen sollen? Madam war nicht da', brüllte João.

Sie schwieg und ihre Augen senkten sich zum Boden. João hatte noch nie erlebt, dass sie wegsah.

,Was ist los, Sasha? Sag's mir.'

Sie ging einen Schritt zurück und sah ihn an. ,Die Polizei, überall an Strand. Tourist es hat gefunden. Sie denken, es zu tun hat mit dem vermissten Mädchen.'

João fühlte, wie das Blut aus seinen Armen wich, auf die er sich stützte. Er hatte nicht einmal die Kraft, sie zu töten.

‚Was für ein Mädchen?'

‚Du weißt von englisches Mädchen, das vor zwei Monate aus Luz verschwunden. Du dich erinnerst an große Belohnung?'

João nickte. Er erinnerte sich daran, davon gehört zu haben. ‚Wieso weißt du das?'

‚Ich war gerade da. Ich sehe Polizei und dann Zé erzählt mir.'

Er wollte eigentlich fragen, was sie mit Zé zu schaffen hatte, aber dann wurde ihm schlagartig die Reichweite dessen klar, was passiert war. Er fiel auf der Matratze in sich zusammen. Er würde trotzdem Pedro und Ahmad bezahlen müssen. Und er würde nicht in der Lage sein, Sasha in ein Flugzeug ins schöne Russland zu setzen. Oh fuck. Verdammte Scheiß-Touristen.

‚Hol mir einen Kaffee und einen Weinbrand, Sashina, während ich eine Lösung suche.'

Ausnahmsweise nickte sie.

9. Fisch im Teigmantel

‚Warum brauchen wir eine Genehmigung, wenn wir ein Plakat im Schaufenster aufhängen wollen?' sagte Ann, während sie die fettigen, orangefarbenen Bodenfliesen ihres *Fish and Chips* Ladens feucht aufwischte. Ihr fiel auf, dass die Scheibe zur Straße auch geputzt werden müsste, aber sie hatte keine Zeit. Es war Viertel vor zehn - und um zehn machten sie auf. Ein netter Engländer hatte gefragt, ob er ein Plakat im Schaufenster aufhängen könnte. Es warb für ein Buch, das er über die Algarve geschrieben hatte. Ann hatte ‚ja' gesagt, aber gestern hatte Daves Freund ihm offensichtlich erzählt, dass sie das nicht durften.

‚Ich weiß nicht warum, Schatz. Er hat nur gesagt, dass die *Câmara* das nicht ohne Genehmigung gestatten würde', antwortet ihr Mann Dave. Er schaltete die Friteusen und die Lampen über den Arbeitsplatten an. ‚Ist nicht sauber', fügte er hinzu und zeigte auf die Ecke.

‚Ich bin nicht fertig. Aber das ist echt bescheuert, die lächerlichste Sache, die ich je gehört habe', sagte Ann, während sie den Mopp über dem Eimer ausdrückte. ‚Niemand hat irgendetwas zu dem Plakat mit dem vermissten Mädchen gesagt.'

‚Na, weil sie keine Werbung gemacht haben.'

‚Sie haben mit einer fetten Belohnung von 10.000 Euro geworben!' sagte Ann.

‚Dann weiß ich auch nicht. Aber warum bist du überrascht?' sagte Dave. ‚Alles hier ist ein verdammter Albtraum. Schatz, gibst du mir bitte den Lappen rüber?'

Ann antwortete nicht. Sie wusste, Dave kam schlecht damit zurecht, in der Algarve zu leben. Sie auch. Es ging eigentlich nicht darum, den Laden zu führen, es ging um all die Gesetze, denen sie gerecht werden mussten. Letzte Woche hatten sie einen größeren Fettabscheider einbauen müssen. Der alte hatte wunderbar funktioniert, war aber um fünf Zentimeter zu klein gewesen. Sie hatten natürlich die Bauarbeiter bezahlen müssen und den Umsatz eines ganzen Tages verloren. Es war Mitte August, sodass jede

Stunde zählte, da es sich kaum lohnte, im Winter zu öffnen. Angesichts der zweitausend Euro, die sie jeden Monat an Miete zahlten, den zehntausend Euro, die sie schon für den Fünf-Jahres-trespasse gezahlt hatten und der *IVA* auf alles, hatten sie ziemlich zu kämpfen. Es hätte ihnen gut getan, wenn man das kleine Mädchen gefunden hätte, ging es Ann durch den Kopf. Sie hatte davon geträumt, die große britische Tradition in die Algarve zu bringen, sowohl für die Briten im Ausland als auch für die Portugiesen. Und sie wollten es sich am Meer in Praia da Rocha gut gehen lassen. Sie hatten es verdient – ihre Kinder waren erwachsen und lebten ihr eigenes Leben. Sie und Dave waren noch in den Vierzigern, hatten noch Zeit, etwas aus ihrem Leben zu machen. Aber sie musste zugeben, das Leben hier war nicht ganz so, wie sie es sich vorgestellt hatte. Und für Dave übrigens auch nicht. Während er ein Glas trocken rieb, ertappte sie ihn dabei, wie er ein paar junge Mädchen musterte, die in hohen Schuhen und Miniröcken vorbeigingen.

‚Sind die Kartoffeln fertig?' rief sie Pete im Hinterzimmer zu.

‚Fast fertig', rief Pete zurück. Sie konnte das wetzende Geräusch des Kartoffelschneiders hören. Dann waren da noch die Kosten für die Friteusen und andere Gerätschaften gewesen, all die Dinge, die man brauchte, um einen Laden auszustatten. Das ganze Unternehmen hatte sie über hundert Riesen gekostet und sie kamen kaum über die Runden. Aber gut, dachte sie, während sie den Eimer nach hinten schleppte, schließlich müssen wir Dinge im Leben wagen. Sie wechselte die Schürze, band ihre blonden, schulterlangen Haare mit einem roten Gummi zurück und nahm etwas Lippenstift. Gegen die Krähenfüße um die Augen und die waagerechten Striche oberhalb ihrer Lippen konnte sie nichts tun. Dennoch sah sie nicht schlecht aus für ihr Alter.

Die geschnittenen Kartoffeln lagen in zwei großen, mit Wasser gefüllten Behältern. Kisten mit schnell auftauendem Kabeljau, Schellfisch und Scholle stapelten sich auf dem Fußboden.

‚Sieh um Himmels willen zu, dass das Zeug in die Gefriertruhe kommt', sagte sie. ‚Wir werden das nicht alles brauchen.'

‚Dave hat gesagt, er würde sich darum kümmern', sagte Pete und warf ihr einen kurzen, missmutigen Blick zu. Schon jetzt begannen sich Schweißperlen auf seiner Stirn zu bilden.

Sie wollte erwidern, dass Dave viele Dinge einfach so sagte, aber sie tat es nicht. Er hatte es offensichtlich vergessen, denn sie konnte hören, dass er dabei war, den Teig zu machen. Die Sache war keine Szene wert: Pete war der beste, den sie gefunden hatten. Er war schnell und in vier Monaten war er nur zweimal nicht zur Arbeit erschienen.

‚Dave, die Fische tauen auf. Wie viele willst du?' rief sie ihrem Mann zu.

‚Bring mir ein halbes Dutzend Kabeljau, ein halbes Dutzend Schellfisch und ein paar Schollen. Sei so nett, Schatz.'

Ann nahm drei Tabletts, tauchte die Fische schnell in Mehl und brachte sie Dave. Pete folgte mit einigen Eimern voll geschnittener Kartoffeln.

‚Da warten schon Leute.' Sie winkte und rief ihnen zu, dass sie sofort bei ihnen sein würde, bevor sie bemerkte, dass es Portugiesen waren. Peinlich, sie hatte noch nicht einmal eine Speisenkarte auf Portugiesisch. Dave warf die Kartoffelstücke ins Öl, das zischte und sich wand wie schlafende Schlangen, die man unsanft geweckt hatte.

Sie ging nach draußen, wo sechs Tische auf der kleinen, gepflasterten Terrasse zwischen dem Laden und dem Fußgängerweg standen. Windschutzwände aus Glas und einige Palmen, deren dürre Hände aus Tontöpfen wuchsen, trennten ihre Terrasse von denen benachbarter Restaurants. Vornehm zu recht gemacht saßen zwei ältere Leute da, warteten und sahen sich unsicher um. Der Mann trug eine Kappe und eine dunkle Weste über einem weißen Hemd, die Frau hatte einen langen, dunkelblauen Rock an, eine beige Strumpfhose und flache schwarze Schuhe. Sie sahen aus wie Pilger aus dem letzten Jahrhundert. Als sie sich dem Tisch näherte, setzte der Mann seine Brille auf.

‚Guten Morgen. *Bom dia*', sagte sie und reichte ihnen die Speisenkarte.

‚Bom dia', begann der Mann und redete unglaublich schnell auf Portugiesisch auf sie ein. Ann hatte keine Ahnung, was er sagte. Sie hob ihre Hände und lächelte entschuldigend.

‚Es tut mir Leid!' sagte sie. ‚Englisch?'

Der Mann schüttelte den Kopf und sprach weiter Portugiesisch, während er seine Frau ansah. Diese sagte nichts und starrte finster auf die Speisekarte und dann erwartungsvoll auf Ann. Der Mann redete weiter mit ihr und schließlich legte er die Speisekarte auf den Tisch, fasste seine Frau am Arm und die beiden standen auf und gingen.

Ann blieb allein am Tisch zurück, mit der Speisenkarte und einem Gefühl von Traurigkeit. Sie wusste, Dave beobachtete sie von den Friteusen aus. Sie wollte Portugiesisch lernen, aber es war so schwer. Sie hatte alle Kassetten und Bücher gekauft, aber es genügte nicht, sie nur zu kaufen. Sie hatte überlegt, ob sie zu einer Sprachschule gehen sollte oder zu den Kursen, die die Câmara für Ausländer anbot. Aber sie konnten es sich nicht leisten, jemanden anzustellen, der für sie arbeitete, während sie weg war. Sie ging in den Laden zurück, wo Dave gerade die Chips aus der Friteuse nahm.

,Mach dir keine Sorgen', sagte Dave und ließ das Öl von den Chips abtropfen. ,Du hast dein Bestes getan. Ist nicht dein Fehler.'

Ann war den Tränen nahe; ihr Bestes reichte nicht einmal im Entferntesten.

,Wir sind seit mehr als einem Jahr hier, Dave', sagte sie. ,Und ich verstehe nicht mal, was die Leute wollen. Ich muss das Lernen.'

,Ach Schatz, das macht doch nichts. Die meisten Leute sprechen Englisch.'

,Aber wir sind in ihrem Land, Dave.'

,Aber wir sind Engländer, Ann.'

Ann hatte bei seiner Antwort ein ungutes Gefühl, aber sie sagte nichts. Bedeutete das, sie sollten davon ausgehen, dass jeder Gast Englisch sprach – nur weil sie Engländer waren? Sie selbst erwarteten, dass jeder, der nach England kam, Englisch sprach – und viele konnten es nicht – aber sie waren eben nicht in England. Sie war fest entschlossen, zu versuchen, die Sprache während der Nachmittage zu lernen, wenn nichts ganz so viel zu tun war.

In dem Moment nahm ein kompakt gebauter, athletischer Mann mit schwarzen kurzen Haaren den Laden in Beschlag, gefolgt von drei sehr großen, jungen Frauen, alle durchgestylt – in High Heels, Shorts oder kurzem Rock mit viel Make-up. Der Mann sah älter aus – vielleicht war er der Vater eines der Mädchen. Oder Manager. Oder Zuhälter.

,Hey, guten Morgen, gibt es bei Ihnen echte englische ,Fish and Chips'?' fragte der Mann mit amerikanischem Akzent.

,Ganz sicher', sagte Ann. ,Würden Sie gerne draußen sitzen, oder das Essen mitnehmen?'

,Sind das große, fettige, matschige Chips?' fragte eins der Mädchen mit südenglischen Akzent. Sie trug ihre dunklen Haare zurück gebunden und hatte glasklare, himmelblaue Augen. Die anderen lachten über sie. Der Mann rollte spielerisch mit den Augen. Er war nur wenig größer als sie.

‚Genau solche sind das. Genauso wie zu Hause', sagte Dave, griff zu einer Holzgabel und gab sie ihr.

Ann konnte einfach nicht übersehen, wie Dave fast die Augen aus dem Kopf fielen, als das Mädchen die Gabel entgegen nahm. Mit beginnender Glatze und Bierbauch sah er lächerlich aus.

‚Seit vier Stunden redet sie von englischen ‚Fish and Chips', erklärte der Mann lächelnd. Er hatte sanfte braune Augen – zu nett für einen Zuhälter, also ein Manager oder Vater. ‚Sie wollte keinen Hamburger, es durften nur ‚Fish and Chips' sein. Wie sieht's aus, Süße, schmeckt's?'

‚Lecker!' sagte sie und der Mann und Dave lächelten im Duett. ‚Das ist alles, was ich möchte. Haben Sie auch Brötchen?'

Ann nickte.

‚Wir können Chips auf Brötchen essen.'

‚Die machen dick', sagte der Mann.

‚Ist mir egal', antwortete sie und schlug spielerisch mit der Handtasche nach ihm.

‚Wollen Sie sich nicht setzen?' wiederholte Ann.

‚Nein, lasst uns das Essen mitnehmen und wir setzen uns ans Meer!' sagte eines der anderen Mädchen. Sie schien ein wenig jünger zu sein, obwohl das schwer zu sagen war.

‚Es wäre schön, wenn wir uns hier hinsetzen könnten', sagte das andere ältere Mädchen. Sie hatte lange, glatte, blonde Haare. ‚Ich bin echt kaputt. Charlotte, was meinst du?'

‚Setzen wir uns hin, ich bin auch kaputt.'

Nacheinander stolzieren sie aus dem Laden. Daves Augen folgten ihnen hingerissen. Selbst Pete linste von hinten um die Ecke.

‚Glück muss der Mann haben', murmelte Dave.

‚Wie bitte?' sagte Ann, die gerade Speisekarten einsammelte. Früher war Dave nie so gewesen. Was war los mit den nicht mehr so jungen Männern? Sie würden mit der erstbesten Frau, die ihnen zuzwinkerte, auf und davon laufen, vorausgesetzt, sie war jünger. Und sie würden ihnen schenken, was immer sie wollten. Als das vor ein paar Monaten Elaine passierte, einer Freundin von ihr, hatte Dave ihr erzählt, dass das daran läge, dass Mark, der Ehemann, zwanzig Jahre hart gearbeitet hätte, damit die Familie ernährt und die Kinder aufgezogen wurden, und dass er es verdiente, das Leben ein wenig zu genießen. Ann hatte nichts gesagt – es schien ihr zu offensichtlich festzustellen, dass es doch sicher die schönste Sache der Welt sei, gemeinsam mit seiner Partnerin eine Familie großzuziehen. Arme Elaine. Sie sagte, sie hätte das Gefühl, jemand hätte ihr Heim niedergerissen, so als wanderte sie barfuß über die Trümmer dessen, was einmal ihr Leben gewesen war. Sie würde das aber schaffen. Mark war ein Idiot.

Als sie die Speisekarte dem Mann reichte, der von den schönen Mädchen umringt am Tisch saß, versuchte sie, sich seine Vorgeschichte vorzustellen. Sie hätte wetten können, dass es irgendwo eine gekränkte Ehefrau gab – obwohl sie wahrscheinlich nicht barfuß gehen musste. Ihr Schuldgefühl veranlasste die Männer normalerweise, für ihre Frauen zu zahlen. Sogar Mark hatte das Haus Elaine überlassen – obwohl sie sagte, dass das keinen Unterschied machte. Aber Ann war sich sicher, dass sie in einigen Monaten anders darüber denken würde.

‚Sind Sie in den Ferien, oder leben Sie hier?' fragte sie lächelnd.

‚Beides', sagte der Mann und lachte. ‚Die Mädels hier arbeiten.' Er schien den verwirrten Blick zu genießen, den er in ihrem Gesicht gesehen haben musste. ‚Sie sind Tänzerinnen', sagte er.

Sie nickte und sagte, dass das Spaß machen müsste.

‚Wie lange sind Sie schon hier?' fragte er sie. Dabei lehnte er sich auf seinem Stuhl zurück und verschränkte die Hände hinter dem Kopf. Er bestand aus Selbstvertrauen.

‚Ungefähr fünfzehn Monate', sagte Ann.

‚Geschäft läuft?'

‚Ganz gut', sagte sie. ‚Am Anfang ist es schwierig, sich zurechtzufinden, aber langsam wird 's.'

‚Zumindest sind Sie der einzige richtige *Fish and Chips* Laden im Umkreis von vielen Kilometern, und ich weiß, wovon ich rede, denn sie haben mich Stunden lang herum fahren und danach suchen lassen.'

Das Mädchen mit den himmelblauen Augen sah ihn wieder strafend an und die anderen lachten. Der Mann sah empört aus. ‚Stimmt das etwas nicht?' fragte er.

‚Das stimmt. Wir haben überall gesucht. Ich hätte gerne Scholle und Chips und ein Brötchen und Butter', sagte das Mädchen mit den blauen Augen und genoss dabei jedes Wort.

Die anderen bestellten das Gleiche und zwei Liter-Flaschen Mineralwasser mit Kohlensäure.

‚Und Salz und Essig bitte!' rief eine von ihnen hinter ihr her.

‚Sind das Touristen?' fragte Dave, als sie hinein kam.

‚Nein, das sind Tänzerinnen.'

‚Tänzerinnen? Hier?'

‚Ich weiß nicht. Hab nicht gefragt.' Ann gab die Bestellung an ihren Mann weiter und ging dann wieder nach draußen, um die Bestellungen einiger Briten anzunehmen, die sich gerade hinsetzten – ein T-Shirt mit der englischen Fahne ließ an Deutlichkeit nichts zu wünschen übrig.

Die anderen Tische füllten sich schnell und bald balancierte Ann Teller mit *Fish and Chips, Steak and Kidney Pie and Chips, Chicken Pies, Black Pudding,* Fischfrikadellen und gebackenen Ananasscheiben. Die Sonne brannte durch den Spalt in der Überdachung zwischen ihrem und den benachbarten Restaurants. Wenn sie nach rechts schaute, dann konnte sie einen blauen Teppich sehen: Das Dunkelblau des Meeres hob sich vom helleren Blau des Himmels ab. Manchmal wollte sie nichts anderes, als sich in diesen Teppich einzuhüllen. In fünfzehn Monaten hatten sie nur dreimal einen ganzen Tag am Meer verbracht. Manchmal jedoch stand sie morgens früh auf, ging vor dem Frühstück am Meer spazieren und beobachtete, wie die Wellen den Sand eroberten; manchmal so, als könnten sie es nicht abwarten, ihr Ziel zu erreichen, manchmal behutsam den Strand hinauf kriechend, so als hätten sie Angst davor, was passieren könnte, wenn sie unter sich die Sandkörner begraben.

‚Da siehst du's, du musst kein Portugiesisch sprechen.'

Er hatte recht. Wie gewöhnlich waren fast alle Gäste an diesem Morgen Engländer – abgesehen von dem Amerikaner mit den Tänzerinnen, der ihr vierzehn Euro Trinkgeld da gelassen hatte.

Und dennoch, sobald die Mittagshektik vorbei war, setzte sie sich in die Küche im hinteren Bereich des Ladens, neben die Eimer mit den Chips, ihr ‚Überlebe in Portugiesisch' in der Hand und las die Sätze immer wieder. Dann legte sie eine Kassette in das Gerät, hörte genau zu und wiederholte die Worte.

‚Himmel, Ann, ich weiß nicht, warum du soviel Aufwand betreibst. Es gibt so viele Dinge, die gemacht werden müssen. Guck dir die Leute an, die da draußen warten.'

‚Könntest du sie nicht ausnahmsweise bedienen', sagte sie und lächelte zu ihm hoch.

‚Nein, das ist dein Job, Schatz.'

‚Wer war es, der heute Morgen den Fisch geholt hat und den Rest in die Gefriertruhe getan hat, bevor sie im Wasser schwammen?'

‚Ich weiß, Schatz. Aber du bist viel besser beim Bedienen als ich.'

‚Du hast es nie versucht!' Sie kam sich ein bisschen gemein vor. Sie legte das Buch auf den Stuhl und ging nach draußen, um die Gäste zu bedienen. Sie wollten Bier und Chips.

‚Für mich hört sich das wie Chinesisch an', witzelte Dave und sah den Kassettenrekorder schief an, als sie mit der Bestellung zurückkam. Sie bemerkte eine Ausgabe der ‚Daily Mail' zusammengefaltet auf dem Fensterbrett.

‚Kannst du denn Chinesisch?' fragte Ann, ohne nachzudenken.

Dave sah sie eigenartig an. ‚Jetzt werd' aber nicht frech. Das steht dir nicht.'

Ann ging zurück zu ihrem Buch. ‚*O que é que deseja?*' sagte sie, immer und immer wieder. Sie probierte den Satz bei einigen Gästen aus, aber sie schauten sie ausdruckslos an. ‚Ich übe nur', erklärte sie.

‚Ich glaube kaum, dass Sie das lokale Kauderwelsch hier brauchen', sagte ein Gast.

‚Ich kann gerade mal ‚*Bom dia*' und ‚*Obrigado*', sagte ein anderer. ‚Das ist eigentlich alles, was man braucht, oder? Bisschen guten Willen zeigen.'

Und dann antwortete ein Gast tatsächlich auf Portugiesisch. Sie sagte, sie wolle ‚*Só batatas fritas*' und ein ‚*agua*'.

‚*Obrigada*', sagte Ann und ihr Herz schlug wie ein junger Vogel beim ersten Flugversuch.

Die Frau war groß und dunkelhaarig und hätte Portugiesin sein können, aber dann sprach sie Englisch mit dem Typen, der mit ihr zusammen war. Er kam ihr bekannt vor. Ann erinnerte sich vage daran, dass er schon einmal hier gewesen war.

Ann erklärte, ‚Wissen Sie, ich versuche, die Sprache zu lernen.'

‚Sehr gut', sagte die Frau. ‚So viele Leute machen sich nicht die Mühe.'

‚Wie haben Sie es gelernt?' fragte Ann.

‚Selbst beigebracht. Aber wir leben in den Bergen, wo nicht so viele Leute Englisch sprechen. Da hat man mehr Gelegenheit zu üben.'

‚Ich nehme Steak und Kidney Pie und Chips', sagte der Mann. ‚Oh, und ein Bier.'

Die Frau blickte ihn herausfordernd an, aber er vermied Augenkontakt, indem er in die Karte starrte.

Sie ging die Getränke holen. Hier in Portugal konnten sie Alkohol verkaufen. Sie war sich nicht sicher gewesen, ob das eine gute Idee war – in Großbritannien war es besser, wenn die Leute kein Bier zu ihren Chips bestellen konnten, direkt nachdem die Pubs geschlossen hatten – aber hier war das kein Problem, abgesehen von ein paar jugendlichen Krawallmachern. Sie hatten sich entschlossen, nur Flaschenbier und Wein anzubieten. Überschaubar. Es gab so viele andere Orte, wo man hingehen konnte, um zu trinken.

Als sie dem jungen Paar die Getränke servierte, bekam sie etwas von ihrer Unterhaltung mit. Die Frau redete ihm wegen seiner Trinkerei ins Gewissen. Er hatte versprochen, dass er nie wieder trinken würde, nach dem, was das letzte Mal passiert war. Der Mann versicherte ihr voller Überzeugung, dass das jetzt anders sei, dass er es kontrollieren könne und dass er – verdammt noch mal – nur ein Bier trinken wollte. Er hatte versprochen, er würde keinen Schnaps anrühren – und das hatte er nicht, oder, mal abgesehen von einem *medronho*? Sie murmelte, dass es sein Leben sei und Ann hatte den Verdacht, dass noch etwas anderes zur Sprache kommen sollte, aber dann war sie mit den Getränken gekommen. Sie fühlte sich ein wenig schuldig, als sie das Bier eingoss, aber es war nur ein Bier. Jeder trank gerne mal ab und zu etwas, aber einige Leute wussten nicht, wann sie aufhören mussten. Vielleicht war er einer von denen. Wie auch immer, das sah wie eine weitere Beziehung auf Eis aus, dachte sie, als sie der Frau ihr Wasser eingoss. So viele Paare kamen in die Algarve und trennten sich. Sie wusste nicht warum. Vielleicht lag es daran, dass sie sich zu viele Fragen über sich selbst stellen mussten. Oder vielleicht lag es daran, dass sie ihr Leben so sehr geändert hatten, dass sie nicht wussten, wann es Zeit war, damit aufzuhören.

Gegen Ende der Woche hatte Ann sich durch das Buch gearbeitet und sie fing an, sich die Sätze zu merken. Sie probierte sie an jedem aus, den sie finden konnte. Sie versuchte, im Alisuper und in Geschäften Portugiesisch zu sprechen. Jeder antwortete ihr auf Englisch, was sehr ärgerlich war, aber dann fragte sie die Leute, was denn das auf Portugiesisch hieß und wiederholte es. Bald fingen die Einheimischen an, sie auf Portugiesisch zu begrüßen und obwohl die Unterhaltung bei ‚*Tudo bem*' und der Wetterlage endete, so machte sie mehr Fortschritte in einer Woche als zuvor in einem Jahr. Sie kämpfte mit den beiden Verben, die ‚sein' bedeuteten: ‚*Estou bem*' bedeutete ‚Mir geht es gut' und ‚*Sou inglesa*' bedeutete ‚Ich bin Engländerin'. Das eine Verb war dauerhaft, das andere zeitlich begrenzt. Sie war sich nicht sicher, ob sie verstanden hatte, wie einige Dinge dauerhaft sein konnten. Zum Beispiel ‚*Sou casada*', was ‚Ich bin verheiratet' bedeutete, ‚*Sou negociante*' (Ich bin Geschäftsfrau/ein Geschäftsmann) oder ‚*Sou simpatica*' (Ich bin nett) waren dauerhaft. Aber wie konnten sie dauerhaft sein, wenn sich ihr Leben morgen ändern könnte? Sie könnte sich ändern. Vielleicht stammten sie noch aus einer Zeit, wo diese Dinge für immer feststanden.

Sie übersetzte die Speisekarte mithilfe der Frau, die den Zeitschriftenladen hatte, und stellte draußen eine Reklametafel in portugiesischer Sprache auf. Ihr Mann fragte sie ständig, warum sie sich die Mühe machte, aber nach ein paar Tagen machte sie sich nicht mehr die Mühe, ihm zu antworten. Er saß da, las die Daily Mail und von seinem kleinen Hocker am Fenster aus beobachtete er die Mädchen in ihren Bikinioberteilen und Shorts.

Portugal – und fast ganz Südeuropa – arbeitete nicht im August und dennoch kamen keine portugiesischen Gäste. Aber es gab viele andere Nationalitäten, die einige Brocken Portugiesisch sprachen und die die Sprache auch gerne übten. Sie hatten viel zu tun – Ann mehr als andere, da sie immer noch lernte, wann immer sie konnte, auch nach der Arbeit.

‚Warum machst du das immer noch?' sagte Dave eines Abends, als sie im Bett lagen. ‚Du siehst fertig aus und du hast keine Zeit für mich. Und du hast die Sprache immer noch nicht gebraucht, Schatz.'

‚Du meinst, ich bin zu kaputt, um Sex zu haben?' Ann provozierte ihn und blickte von ihrem Wörterbuch auf. Sie wollte wissen, was ‚Teig' hieß.

‚Das auch. Aber du hast nie Lust auf einen Drink nach der Arbeit. Du bist langweilig, Schatz.'

‚Das liegt daran, dass ich nicht gerne mit einem Kater aufstehe, Dave. Das weißt du. Im Winter haben wir mehr Zeit, uns zu entspannen.' Sie blätterte um. *Massa crua para fritos.* Es würde lange dauern, ‚Teig' zu erklären.

Er grunzte und schlief laut schnarchend ein.

Eines Tages dann, Anfang September, kam eine Gruppe von Portugiesen und setzte sich. Ann fühlte ihr Herz pochen. Sie waren zu sechst, vier Erwachsene und zwei Kinder.

‚Boa tarde', sagte sie und gab ihnen die Speisekarte.

‚Boa tarde', sagte der Mann und fragte, ob sie erklären könnte, wie der Fisch zubereitet wurde.

Sie erzählte ihnen, dass der Fisch von Teig umgeben und dann gebacken wurde. Sie hatte geübt. Sie begannen, alle aufeinander einzureden. Ann verstand nicht viel. Dann fragte der Mann, ob sie zwei Portionen ohne Teig machen könnte. Ann dachte genau nach. Besonders Kabeljau fiel oft auseinander, aber sie wusste nicht, wie sie das sagen sollte. ‚Linguado ou egefim são melhores para fritar.' Scholle und Heilbutt sind besser zum Backen geeignet. Dauerhaft. Selbst, wenn es nicht für lange war. Die Gruppe nickte wissend und bestellte viermal Kabeljau mit Chips, zweimal Scholle ohne Teig und Chips, eine Flasche Rotwein und 7-Up.

‚Obrigada', sagte Ann.

Als sie in den Laden ging und triumphierend mit der Bestellung wedelte, war ihr, als könnte sie über Tische springen.

‚Ich hab's geschafft! Ich hab's geschafft!' sagte sie.

‚Was, Schatz?'

‚Eine Bestellung auf Portugiesisch aufgenommen.'

‚Na ja, so schwer kann das doch nicht sein.'

Ann merkte, wie ihr das Hochgefühl durch die Finger rann.

Dave musste ihren Gesichtsausdruck gesehen haben, denn er fügte hinzu, ‚Ich meine, nachdem ich gesehen habe, dass du die Karten hast übersetzen lassen.'

Aber das war zu wenig und zu spät.

Ann gab ihm die Bestellung, nahm ihre Schürze ab.

‚Was machst du, Schatz?'

Ann antwortete nicht. Der Arbeitstag war fast zu Ende – er konnte ausnahmsweise allein zurechtkommen. Sie verließ den Laden und ging den Fußweg entlang. Sie wusste nicht wohin. Sie wusste nicht, wann oder wo sie stehen bleiben würde, aber ihre Augen wanderten nach oben, wo sich die Seemöwen am Himmel fallen ließen und dahin glitten. Sie wollte sich in das Blau einhüllen. Sie bog nach links in Richtung Meer ab und nahm nur am Rande wahr, dass ihr Mann etwas hinter ihr herrief.

10. Der singende Hund

Günter blieb am Ende des Strandes stehen und schaute hinaus aufs Meer, zu den letzten Nebelschwaden, die sich wie Geister aus dem Wasser erhoben und verdunsteten. Die Sonne wanderte wie ein rötlicher Ball vom Horizont hinauf zum blauen Himmel, erhellte die weiße, glatte See. Er saß auf einem Felsen, steckte sich den Joint an, den er vorbereitet hatte, und behielt dabei ständig Doch im Auge. Dieser schwamm in einer schnurgeraden Linie am Ufer entlang, etwa zwanzig Meter vom Strand entfernt. Weiter unten am Strand kam ein Fischerboot mit dem nächtlichen Fang zurück. Ein Traktor erwachte stotternd zum Leben, bevor er zum Meer drehte, um das Boot an Land zu ziehen.

Als eine Seemöwe direkt über ihm flog, fing Doch an zu bellen und schwamm schneller. ‚Du kannst nicht fliegen, Doch', sagte Günter lächelnd. Doch konnte es nicht fassen, dass seine Pfoten trotz der Haut zwischen den Zehen für die Luft nicht geeignet waren, denn er drehte sich um und folgte der Richtung, die die Möwe über ihm einschlug. Günter pfiff nach ihm und Doch machte kehrt und schwamm auf den Strand zu. Günter rauchte den Rest seines Joints und ließ seine Gedanken jenseits des Horizonts wandern. Hier hatte er das Paradies gefunden. Eine Welt, wo man Zeit hatte, den Sonnenaufgang und die Schönheit der Natur zu genießen, Mahlzeiten und Freundschaften zu teilen, Zeit, zu genießen und nicht um sie zu ringen. Hier war die Welt so, wie sie sein sollte – abseits des globalen Kapitalismus, der sich in der Welt ausgebreitet hatte wie ein Ölteppich, der zu Gesellschaften geführt hatte, die an Stress, Gier, Konkurrenzdenken und Egoismus erstickten, eine Welt, in der Armut an fehlenden finanziellen Mitteln und nicht an fehlendem Geist gemessen wurde. Eine Welt, die ihn einen Verlierer nannte. In diesem kleinen Fischerdorf in der Algarve wurde Armut nicht an Geld und Gütern gemessen. Hier konnte er sich selbst treu sein.

Er dachte schon lange, wie ironisch es war, dass der Tradition nach in allen klassischen Kulturen Verständnis und Weisheit durch Studium, Meditation und Reisen erworben wurden, sowohl körperlicher als auch geistiger Natur. Der Erwerb von Geld und Gut war nicht das, was die Weisen der Vergangenheit getan hatten, von den Mönchen Tibets, über die Sadhus Indiens, bis hin zu den Propheten des Islams und des Christentums. Es gab keine Philosophie, die lehrte, dass der Erwerb von Gütern zu Glück und Erleuchtung führte. Natürlich waren Nahrung, Wärme, Kleidung und Unterkunft lebensnotwendig und das Recht eines jeden Menschen, aber darüber hinaus …

Günters gedankliche Höhenflüge wurden durch Meerwasser abgekühlt, da Doch sich vor ihm schüttelte. Günter lachte und tätschelte ihm den Kopf. ‚Du hättest keine Lust, den neuesten BMW zu kaufen, oder eine halbe Million Euro in eine Villa oder in Goldaktien zu investieren, oder wie sieht das aus, Doch?'

Doch schüttelte den Kopf, bellte und setzte sich neben ihn und seine schwarzen Augen waren auf Günters Augen gerichtet. Er hieß ‚Doch', weil er allen Dingen beipflichtete, deren Günter sich nicht ganz sicher war. Na ja, gewöhnlich.

‚Natürlich nicht. Sieh dir das an!' Günter breitete die Arme aus, um das Meer, den Sand und den Himmel zu umarmen. ‚Was wollen wir mehr?'

Doch sprang auf und bellte zweimal.

‚Ja, OK, ein Vorrat an Hasch und ein paar gute Knochen wären nicht schlecht, oder?' Er zauste Dochs schwarze Schlappohren und Doch rollte sich im Sand. Sein zufriedenes Lächeln entblößte spitze, messerscharfe Zähne.

Ein paar blöde Touristen hatten die Polizei angerufen, nachdem sie Joãos Hasch am Strand gefunden hatten. Sie hatten behauptet, das könnte etwas mit dem vermissten Mädchen zu tun haben. Dachten sie, man hätte sie geschrumpft und in einer Fünfliterflasche versteckt? Niemand im Dorf konnte verstehen, dass jemand so etwas Blödes hatte machen können. Das waren auch noch Deutsche gewesen. Günter hatte sich geschämt, aber das Gefühl war nicht neu für ihn gewesen. Niemand warf es ihm vor. Natürlich hatte niemand gesagt, dass das Hasch João gehörte und so war auch niemand festgenommen worden, aber jeder wusste, dass es ihm gehörte. Denn sobald die GNR abgezogen war, hatte João quasi den ganzen Strand mit bloßen Händen umgegraben, nur um zu sehen, ob sie es auch wirklich mitgenommen hatten.

‚Komm her, Doch, Frühstück.'

Doch bellte, lief voran und sprang hoch in Richtung der kreischenden Seemöwen. Günter folgte langsam und genoss die Abdrücke, die seine Stiefel auf dem weichen Sand hinterließen. Die Seemöwen am Fischerboot machten Doch verrückt vor Aufregung und Frustration; sein einziges Ziel im Leben schien darin zu bestehen, Seemöwen zu jagen. Einmal hatte er eine gefangen, ihr gebrochener Flügel ragte unnatürlich verdreht aus seinem Maul, die blassblauen Augen der Möwe waren geöffnet, aber leblos. Doch hatte sie in den Sand fallen lassen, mit der Nase an gestupst, sie angebellt, aber als sie nicht aufstand, trabte er von dannen. Wie im Leben war der Weg wichtig, nicht das Ziel.

Günter nahm Doch an die Leine, als sie an Jorges Fischerboot *Fica Bem* vorbeikamen. Der kleine Mário war da, aber er schaute auf das Meer hinaus anstatt auf die Fische, die abgeladen wurden. Er war fast jeden Morgen da, so als wartete er auf die Rückkehr seines Vaters. Armer Mário. Aber er war nicht der erste, der seinen Vater verloren hatte – Väter waren recht unzuverlässige Kreaturen. Wenn sie nicht starben, dann tendierten sie dazu, irgendwie zu verschwinden. Günters eigener Vater war mit einer anderen Frau abgehauen, als er noch ein Baby war. Seine Mutter hatte ihm erzählt, dass sein Vater zu ihm Kontakt hatte bis er drei Jahre alt war, aber dann hatte er mit der anderen Frau eine Familie gegründet und hatte sich nie wieder blicken lassen. Günter konnte sich nicht an ihn erinnern und konnte nicht sagen, dass er ihn vermisste, da er ihn nie gekannt hatte. Dann, vor fünfundzwanzig Jahren, hatte er selbst seine schwangere Freundin verlassen. Er wusste nicht, ob es ein Junge oder ein Mädchen gewesen war, oder ob er oder sie noch lebte. Er hoffte, dass man ihn nie vermisst hatte und er war sich fast sicher, dass das tatsächlich so war. Aber Mário war schon ein wenig älter gewesen: Er hatte gewusst, was er verloren hatte – und das war immer schwerer.

‚*Bom dia,* Günter', rief Jorge.

‚*Bom dia.*'

‚*Tudo bem?*'

‚*Mais ou menos.* Nicht besonders viel zu tun im Moment.'

‚Dann nehme ich dich mit zum Fischen.'

‚Ja gut!'

Weitere ‚bom dias' wurden mit den alten Fischern ausgetauscht, die mit ihren Mützen auf der Bank saßen und sich auf ihre Stöcke lehnten. Das war ein morgendliches Ritual. Günter ging quer über den Platz und setzte sich vor die leere *pastelaria*, um einen Kaffee zu trinken. Es war Anfang September und die große Touristenwelle war verebbt. Günter fragte nach Paul, der gesagt hatte, er brauchte ihn für Malerarbeiten, aber er konnte ihn nirgends finden. Mit der Hand verlegten Arbeiter die *calçada* neu – klack, klack, klack. Dieses war das dritte Mal, dass sie die Steine ausbuddelten und wieder neu verlegten. Das konnte nur hier passieren (oder in der alten UdSSR).

Er holte sich eine *Correio da Manhã* und blätterte drei Seiten über das vermisste Mädchen durch. Wenn er das richtig verstanden hatte, dann wurden die Eltern jetzt verdächtigt, die Leiche nach einem Unfall versteckt zu haben. Zweifellos würde es morgen eine andere Theorie geben. Auf der nächsten Seite wurde behauptet, dass Bin Laden lebte, frei wäre und Videos drehte – und dass Afghanistan fröhlich dabei wäre, wieder Opium herzustellen. Günter musste an Orwell denken.

Esmeralda, die Frau des Besitzers, holte ihm einen *bica* und einen Napf mit Wasser für Doch. Außerdem brachte sie Doch Reste vom Vorabend. Günter bestellte sich ein *bifanas*. Das würde ihm bis zum Abend reichen.

Günter saß eine Stunde dort, aber Paul tauchte nicht auf und niemand fragte nach ihm. Er hatte nur drei Euro und fünfundsiebzig Cent, aber er machte sich keine Sorgen: Irgendetwas würde sich ergeben. Wenn nicht, dann konnten sie immer noch Straßenmusik machen. Er zahlte und ging zurück in die Ruine, wo er im Frühjahr sein Lager aufgeschlagen hatte. Die Eingangstür war zerbrochen und führte zu einem Durchgang, von dem nach jeder Seite ein Raum abging. In beiden war das Dach dicht, aber Günter hatte den rechten Raum als Wohnraum ausgesucht, da der andere Raum einen langen Riss hatte, der vom Dach bis zum Boden ging und sich dann wie ein Blitz verzweigte. Die Fensterrahmen waren lange verfault, aber Günter hatte einen alten Vorhang vor das Fenster gehängt. Auf dem *lixo* hatte er eine Matratze gefunden, auf der er schlafen konnte, einen kleinen Tisch und zwei Stühle und er hatte einen Schlafsack. Er hatte auch ein Regal gefunden, das jetzt voller Bücher war, einen Gaskocher, ein paar Töpfe und Pfannen und er hatte draußen einen improvisierten Grill gebaut. Er hatte sogar einen tragbaren CD-Player und seine Gitarre lehnte in der Ecke. Er hatte alles, was er brauchte.

Jeder wusste, dass er dort wohnte, aber niemand sagte etwas. Einige Einheimische hatten ihn gewarnt, dass es besser wäre, im

Winter nicht dort zu bleiben, weil das Ganze leicht einstürzen könnte. Jeden Winter fielen ein paar Dächer in sich zusammen. Günter war nicht allzu besorgt: Wenn alle Touristen am Ende des Monats verschwunden waren, würde er es sich leisten können, ein Zimmer zu mieten.

Doch lief zielbewusst auf seine Decke zu und Günter schob den Vorhang zur Seite, um ein wenig Sonnenlicht hereinzulassen. Er setzte sich an den Tisch und drehte sich noch einen Joint. Dann schlug er ein englisches Buch über Marx und Engels auf, das ihm eine Engländerin gestern gegeben hatte. Sie war Lehrerin, oder war eine gewesen, und hatte hier eine Wohnung. Günter kannte sie nicht besonders gut, aber gestern war sie plötzlich besonders nett zu ihm gewesen. Er vermutete, dass sie ganz unkompliziert war, wie die meisten Inselaffen, aber ihr Interesse an ihm hatte sich sichtlich verdoppel gesteigert, als er ihr erzählte, dass er einen Hochschulabschluss in Politikwissenschaften hatte. Bald darauf war das Buch aufgetaucht.

Günter hatte eine Dissertation über politische Ideologien geschrieben und obwohl er sich nicht im engeren Sinne als Marxist bezeichnen würde, war es für ihn offensichtlich, dass mehr Menschen Marx und über die Gefahren des kapitalistischen Systems lesen sollten. Natürlich war es nicht zukunftsfähig und Günter war immer wieder erstaunt über die Tatsache, dass die Menschen das nicht erkannten. Die größeren Fische wurden mit jedem Tag größer und fetter, da die größeren Unternehmen die kleineren schluckten. Nach Marx profitierte eine abnehmende Zahl von Kapitalisten vom technischen Fortschritt, aber die Arbeiter wurden immer abhängiger und verzweifelter, unfähig der Tretmühle zu entfliehen. Man musste sich nur die armen Teufel anschauen, die in das Fischdorf kamen, um für ein paar Tage auszuspannen. Sie mochten wohl ein Haus und ein Auto haben, aber wenn sie am Strand ankamen, sahen sie sterbenskrank aus. Und dann gab es noch die, denen es noch schlechter ging. Marx hob hervor, dass der Preis einer Ware der Vergütung für die aufgewandte Arbeit entsprechen solle, aber in einer kapitalistischen Gesellschaft konnte das nie der Fall sein, weil der Wettbewerb zwischen den Arbeitern dazu führte, dass sie mit weniger zufrieden waren als ihnen zustand. Folglich wurden die Armen ärmer. Seine Lösung bestand bekanntermaßen in der Abschaffung des Privateigentums und in der Neuverteilung von Arbeit und Produktion. „Jeder nach seinen Fähigkeiten, jedem nach seinen Bedürfnissen', was vielleicht naiv war, aber das minderte nicht die überzeugende Kritik am Kapitalismus. Irgendwann, dachte Günter – sicher irgendwann in der nahen Zukunft – würde der Kapitalismus in sich zusammenfallen. Was würde passieren, wenn es keine mittelgroßen Fische mehr geben würde, die gefressen werden konnten? Die größeren Fische würden vom Staat ernährt werden müssen, ansonsten würden sie sterben und Millionen von kleinen Fischen mit in die Tiefe ziehen, die von ihnen abhängig waren, nicht nur in ihren Ländern, sondern in der ganzen Welt, da es jetzt eine globale Wirtschaft gab. Die Finanzwelt würde zusammenbrechen.

,Hey, Günter? Bist du da?'

Doch fing an zu bellen.

,Günter ging zur Tür und sah, wie Sarah, die Engländerin, die ihm das Buch gegeben hatte, auf dem Weg über das unbebaute Grundstück auf ihn zukam.

,Hallo Sarah.'

,Hey, wie geht's dir? Hallo Hund.'

,Doch.'

,Äh, Doch.' Sie kraulte ihm dennoch die Ohren. Er sprang um sie herum.

,Ich bin fleißig. Ich war gerade dabei, mir das Buch anzusehen, das du mir gestern gegeben hast. Das ist ein russischer Verlag.'

,Ja, ich habe in Russland studiert.'

Günter hob die Augenbrauen. Vielleicht war sie doch nicht so ein Inselaffe?

,Russisch und Französisch', erklärte sie weiter. ,Sprache und Literatur. Während der Gorbachov Ära habe ich ein Jahr lang in Russland gelebt.'

,Der letzte Präsident der Sowjetunion.'

,Der Phantom-Präsident eines Phantom-Staates.' Sie lächelte. Sie hatte grüne Augen und ihre jetzt weißen Haare glänzten fast so wie die eines Engels.

,Leider.'

,Vielleicht. Aber es war ein verdammt miserables Leben – es sei denn natürlich, man gehörte der Partei an. Das Land hatte seine eigene Elite. Das war leider so. Und es war korrupt. Die einzige Möglichkeit, einen Tisch in einem Restaurant zu bekommen war Bestechung – vorzugsweise Dollars – und dann nochmals Bestechung, wenn man etwas zu essen bekommen wollte. Auswahl gab es selbst dann nicht.' Sie lächelte.

‚Ja, ja, das Gleiche wie in Ostdeutschland.'

‚Sicher. Und dann gab es diese Plattenbauten. Ich habe ein Jahr lang in einem gelebt und es war echt deprimierend. Das war keine schöne Welt. Wer hat noch mal gesagt, dass es so viele Verbrechen in den USA gibt, weil die Tapeten so hässlich sind?'

Günter schüttelte den Kopf. Er hatte das noch nie zuvor gehört, aber da war schon was Wahres dran.

‚Ich kann mich nicht erinnern, aber es steht fest, dass wir Schönheit in unserem Leben brauchen. Egal, hast du Lust einen Kaffee trinken zu gehen? Ich bin auf dem Weg zum Strand und wir könnten in eins der schönen Strandcafés gehen, wenn du magst? Ich lade dich ein.'

‚Danke', sagte Günter. ‚Ich denke, es ist Zeit für ein Bier. Mach schon, Doch. Diese nette Dame lädt uns zu einem Drink ein.'

‚GUN-TA! GUN-TA!'

Er blickte hoch und sah Sasha, die ihm wie wild von der Straße aus zuwinkte. Er winkte zurück.

‚WARTE! ICH KOMME!'

‚Wer ist das?'

‚Das ist Sasha, die verrückte Russin. Kennst du sie noch nicht?'

‚Nein, bisher nicht.'

Sie konnten Sashas Kopf auftauchen und wieder im Gras verschwinden sehen, als sie im Laufschritt auf sie zukam.

‚Gunta, du hast was zu rauchen?'

‚Sasha, das ist Sarah. Sarah spricht Russisch.'

‚Hallo. Russisch? Du mich kennst? Gunta, dies ist Notfall. Ich brauche Stoff für João. Er sehr krank.'

‚Ich habe was, aber nicht viel.' Günter drehte sich um und ging zurück in seine Ruine. Er brach einen Krümel ab, und als er ihn Sasha geben wollte, war sie dabei, munter mit Sarah auf Russisch zu plaudern.

‚Warum du mir nicht sagen, dass sie spricht Russisch', sagte Sasha vorwurfsvoll.

Günter zuckte mit den Achseln und gab ihr das winzige Stück Hasch. ‚Was hat er?'

‚Wer?'

‚João.'

‚Oh ich glaube, er hat Depression. Er sagt, er ist in schwarzes Loch. Ich sage ihm, er soll gehen raus, aber er sagt, das Licht wird ihn töten. Und Pedro auch versucht, ihn zu töten, weil er ihm schuldet Geld.'

Günter lächelte in sich hinein. João schuldete jedem Geld – selbst ihm. Er wollte sie schon zu sich einladen, aber dann fiel ihm ein, dass er im Augenblick weniger als zwei Euro in der Tasche hatte. Aber er hatte eine Flasche Capataz.

‚Frag ihn doch, ob er bei Sonnenuntergang auf ein Glas *vinho* hier vorbeikommen will.'

‚OK, Gunta. Gut. Ciao.'

Sasha drehte sich um und stürmte wieder über das öde Stück Land.

‚Sie ist durch geknallt', sagte Sarah. ‚Arbeitet sie hier?'

‚Wer weiß? Sie hat eine, wie sagt man, schlechte Bewertung?'

‚Einen schlechten Ruf.'

‚Schlechten Ruf. Einige sagen, sie ist eine Prostituierte und hält João aus, andere sagen, dass João sie aushält. Macht nichts. Sie ist nett, sehr komisch.' Günter legte Doch an die Leine.

‚Sie sagt, dass irgendein Deutscher ihnen ihr Vermögen geraubt hat. Was ist passiert?'

Günter lachte und als sie zur *pastelaria* gingen, erzählte er ihr über das Hasch, das man am Strand gefunden hatte. Sie überquerten die kleine Brücke und kamen an den Booten vorbei, die wie erschöpft am Strand lagen, während die Fischer im Schatten kauerten und auf das Meer hinaus starrten. Jorge sprach gerade mit einem Touristen mit frisch geputzten Schuhen, einer Hose mit Bügelfalten und weißem, kurzärmligen Hemd. Jorge nickte Günter und Sarah zu und Günter wechselte noch einige Worte der Begrüßung mit den ausruhenden Fischern. Dann überquerten sie den Fußweg, der zu dem kleinen Restaurant aus Holz führte. Sie setzten sich an einen Tisch an der Promenade. Sarah rückte den Sonnenschirm zurecht und bestellte einen Kaffee für sich und ein Bier für ihn.

‚Sie haben das kleine Mädchen immer noch nicht gefunden', sagte Sarah und ihre Augen wanderten am Strand entlang, wo Kinder in das Bauen von Sandburgen vertieft waren. ‚Ist schon erstaunlich, wenn die ganze Welt nach ihr sucht.'

Günter zuckte mit den Achseln. ‚Sie finden auch Osama Bin Laden nicht.'

‚Ja schon, aber es sind wahrscheinlich viele Leute, die ihn verstecken.'

‚Vielleicht verstecken sie auch viele Leute. Oder vielleicht sind sie beide tot.'

‚Kann sein. Hast du gehört, was sie jetzt sagen? Die Mutter könnte sie unabsichtlich getötet haben, weil sie ihr eine Schlaftablette oder so was gegeben hat, und dann hat sie die Spuren verwischt. Welche Mutter würde das tun? Das ist doch haarsträubend.'

Günter sagte nichts. Das Thema wurde von den Briten sehr emotional diskutiert. Claudia brachte ihnen ihre Getränke und eine Schüssel mit Wasser für Doch.

‚Was denkst du denn', bohrte Sarah nach.

‚Was ich denke? Ich weiß, dass es nicht João und Sasha waren, obwohl ich glaube, dass die Sache sie auf eine Idee gebracht hat. Sie hingen letzte Woche dauernd am Strand rum und haben nach einem Kind Ausschau gehalten, das sie kidnappen könnten, um die Belohnung zu bekommen.

Sarah lachte. ‚Aber hat die Polizei hier viel gemacht? Du weißt, dass sie in Großbritannien sagen, dass sie nicht genug tun.'

‚Ich denke, sie setzen alle Polizeikräfte Portugals ein, Millionen von Steuergeldern und viele Leute machen unbezahlte Überstunden. Jeder, den ich kenne, wurde zur Seite gewinkt und befragt. Jeder Lieferwagen wurde angehalten und durchsucht. Sieh dir doch all die Plakate an, die Belohnung, die Zeitungen und die Nachrichten.'

‚Wirklich? In England wird das nie erwähnt.'

‚Du weißt doch, wie eure Boulevardpresse ist.'

‚Stimmt schon. Und was hältst du von der ganzen Geschichte?'

‚Ich denke - das hat wohl Stalin gesagt - dass der Tod von hunderttausend Menschen eine statistische Zahl ist, aber wenn ein kleines Mädchen verschwindet, dann ist es eine Tragödie.'

‚Das stimmt.'

‚Du weißt, dass jeden Tage Hunderte von Kindern verschwinden.'

‚Ja, sicher. Deswegen ist es aber nicht weniger tragisch.'

Sie schwiegen und blickten auf das Meer hinaus. Die Sonne stand jetzt höher, das Meer war dunkler und tiefer, eine glänzende Fläche mit der Struktur eines Ölgemäldes, die sich gegen die matten Wasserfarben des Himmels abhob. Eine Sache, die Günter immer wieder erstaunte, war die fortwährende Veränderung des Meeres. Es gab so viele Variationen wie Farben und Muster. Wind, Wolken, Ebbe und Flut, die Jahreszeiten und der Ablauf der Zeit — alle veränderten sie das Aussehen des Meeres. Keine zwei Tage glichen einander, keine zwei Stunden und keine zwei Minuten.

‚Es ist schön', flüsterte Sarah. ‚Glaubst du, dass du hier bleibst?'

‚Ja, vorerst. Ich will nicht zurück nach Deutschland. Die Menschen in Nordeuropa haben ihr Leben und ihre Seele verloren. Sie leben ein wahnsinniges, verrücktes Leben und das heißt Arbeit, Arbeit, Arbeit. Sie sind unglücklich und zu dumm, um zu verstehen warum.

‚Was, jeder?'

‚Nein, nicht jeder. Aber fast.'

‚Ist das nicht die Art und Weise, wie sich die Gesellschaft fortentwickelt hat? Wir müssen Geld verdienen, um zu überleben. Wir müssen arbeiten, weil wir Geld brauchen.'

‚Ja, wegen des Kapitalismus. Das ist die große, hässliche Maschine, die, wenn sie einmal angeworfen wurde, nicht gestoppt werden kann, ohne die Welt ins Chaos zu stürzen. Aber das wird bald ein Ende haben.'

‚Das bezweifle ich! Vergiss nicht, dass es der Kommunismus war, der versagt hat.'

‚Ja, weil Länder wie Russland viele Fehler machen. Aber schau dir die kapitalistische Welt heute an. Sie ist außer Kontrolle geraten. Die Regierungen müssen einschreiten und alle großen Unternehmen auffangen oder übernehmen, besonders die Banken, weil sie die Welt in den Bankrott führen werden.'

Sarah lachte. ‚Das geht mir ein bisschen zu weit. Wie könnten sie das tun?'

‚Weil sie zu viele Kredite vergeben. Eines Tages werden die Leute merken, dass sie ihre *hypoteca* nicht bezahlten können, weil sie ihren Job verlieren, weil es zu viel Wettbewerb gibt. Die Banken leihen viel bei sich selbst, aber da die Menschen keine Arbeit finden können, können sie auch nichts ausgeben und die Wirtschaft verlangsamt sich. Immer mehr Menschen sind ohne Beschäftigung, weil sie in ihren Berufen nicht gebraucht werden, weil niemand etwas kauft und so können immer mehr Menschen ihre Schulden nicht bezahlen. Mehr Leute heben Geld von den Banken ab. Plötzliche haben die Banken nicht genügend Geld. Großer Knall! Der Kapitalismus zerstört die Welt.'

‚Das ist ein bisschen extrem.'

‚Aber so ist das. So passiert 's.'

‚Willst du noch ein Bier?'

‚Klar, aber ich habe leider kein Geld.'

‚Keine Sorge. Bis jetzt haben die Banken noch Geld. Lass mich das Bier zahlen. Sarah rief nach Claudia, zeigte auf ihre Gläser und lächelte. ‚Du hast wirklich kein Geld?'

‚Ich habe etwas über einen Euro.'

Sarah lachte. ‚Das ist alles?'

‚Ja.'

‚Keine Ersparnisse. Kein nichts? Gott, ich weiß nicht, wie du lebst.'

‚Irgendetwas ergibt sich immer. Nächste Woche kann ich auf dem Campingplatz arbeiten. Und wenn nichts anderes geht, dann geben wir Konzerte, nicht wahr, Doch?'

Günter nickte Doch zu und er bellte.

‚Was für Konzerte?' fragte Sarah.

‚Ich spiele Gitarre und Doch singt. Du musst mal vorbeikommen.'

‚Mach ich. Soll ich dir was leihen? Ich bin bis zur nächsten Woche hier.'

‚Danke, aber das ist nicht nötig.'

‚Warum meldest du dich nicht arbeitslos? In Deutschland habt ihr ein gutes soziales Netz, oder?'

‚Weil ich dann dort leben müsste. Ich möchte lieber hier bleiben. Hier bin ich frei.'

‚Das ist bewundernswert.'

Claudia brachte die Biere und sie stießen an, tranken auf die Freiheit und blickten nochmals zum Horizont, jener illusionären Linie.

Nachdem Sarah zum Strand gegangen war, ging Günter an die öffentliche Wasserleitung auf dem Platz, füllte zwei Fünfliterflaschen mit Wasser und ließ sie vor seiner Tür in der Sonne stehen. Er verbrachte den Nachmittag draußen in einem Sessel sitzend und las das Buch, das Sarah ihm gegeben hatte. Er wählte eine Rede aus, die Engels am Grabe von Marx gehalten hatte. Die Lektüre war schwierig in Englisch und er musste wiederholt Wörter im Wörterbuch nachschlagen. ‚Marx war der meist gehasste und meist *diskreditierte* Mann seiner Zeit' – laut Wörterbuch ‚der meist verleumdete.' Günter rollte das Wort eine Weile auf der Zunge und prägte sich die Sprachmelodie ein: ‚diskreditieren', ein transitives Verb, ‚Diskreditierung.' Doch bellte aufgeregt.

‚Ja, gute Idee, Doch.' Er nahm seine Gitarre. Marx sagt, dass wir Essen, Trinken, Unterkunft und Kleidung haben sollten, bevor wir uns der Politik, Wissenschaft, Kunst und Religion widmen. Also worauf warten wir noch?'

Doch bellte ihm zu, dass er bereit sei und so bummelten sie ans Wasser, wo Günter seinen Gitarrenkoffer öffnete, seine Gitarre herausnahm und mit einigen Bob Dylan Songs begann. Sobald er die hohen Töne anschlug, schloss sich Doch der Darbietung an. Bald sammelte sich eine Menge, während Günter spielte und Doch heulte. Die Leute applaudierten und einige Euromünzen rollten in den Koffer. Nach etwa einer halben Stunden schlossen sie mit ‚Mr Tambourine Man'. Günter verbeugte sich, hob die Münzen auf und

153

packte seine Gitarre weg. Er hatte genug Geld für heute. Dann ging er in den Laden, um Brot, Schinken, Tomaten zu kaufen und er belohnte Doch mit einer Büchse Pedigree, *sabor galinha*. Nach der ganzen Singerei hatte er Durst und ging auf ein Bier in die *pastelaria*. Von João und seiner Depression war nichts zu sehen. Oder von Paul. Vielleicht würde er morgen anrufen. Nicht, dass das jetzt wichtig war. Er hatte genug für heute.

Günter saß draußen, trank sein Bier und beobachtete ein paar Touristen, die auf dem Weg zurück in ihre Wohnungen waren, wo sie sich duschen und umziehen würden, bevor sie sich ein Restaurant suchten. Für einen Moment ging es Günter durch den Kopf, wie angenehm eine heiße Dusche und eine vollwertige Mahlzeit im Restaurant wären, aber dann rief er sich in Erinnerung, wie er die restlichen 351 Tage des Jahres würde leben müssen und war sofort dankbar dafür, jeden Tag hier leben zu können. Zudem würden seine Wasserflaschen jetzt heiß sein.

Er ging zurück in seine Ruine und duschte sich in den Büschen mit seinen Fünfliterflaschen heißen Wassers. Niemand konnte ihn von der Straße aus sehen. Durch die noch warmen Sonnenstrahlen trocknete er fast augenblicklich und zog sich ein sauberes T-Shirt an. Er wollte sich gerade ein Schinkensandwich machen, als er Stimmen in der Nähe der Ruine hörte.

Er ging zur Tür und sah Jorge und Zé auf ihn zukommen. Jorge trug einen Eimer, Zé eine Packung Holzkohle und eine Flasche Wein.

,*Olá* Günter. Wir haben *jantar*', rief Jorge.

Als er näher kam, konnte Günter Fischschwänze über den Eimerrand linsen sehen. ,Wir grillen!'

Günter lächelte. So etwas konnte nur hier passieren. Er öffnete die Flasche Capataz, während Jorge den Grill anwarf. Zé bereitete den Fisch vor. Sein Handy klingelte und es war Paul, der ihn morgen für Malerarbeiten brauchen würde. Er sagte, er würde um 10 Uhr da sein.

,Du arbeitest heute Nacht nicht, Zé?' fragte Günter und goss den *Capataz* in drei leere Honiggläser. Zé war Kellner im Paraíso, dem größten Restaurant im Dorf. Er war ein junger Mann, fünfundzwanzig oder so. Er hatte das Leben noch vor sich.

,Nein, heute Abend ist Urlaub.'

,Er ist deprimiert', rief Jorge aus. Er hat sich vor sechs Monaten in das *bife* Mädchen verliebt und das ist ihm erst klar geworden, als sie abgefahren war. Jetzt ist er jede Nacht todunglücklich.'

‚Ah. Ich erinnere mich. Zoe?'

Zé nickte.

‚Ich habe einmal mit ihr gesprochen. Sie war nett – Englischlehrerin. Aber vielleicht kommt sie zurück. Du weißt, dass jeder, der einmal hier war, wieder zurückkommt', sagte Günter.

‚Meinst du?' Zés dunkle Augen schienen zu weinen.

‚Ja klar. Warum schreibst du ihr nicht eine SMS?'

‚Ich hab die Nummer nicht.'

‚Aber ich.' Günter fand die Nummer auf seinem Handy und zeigte sie Zé. Zés Hand zitterte, als er die Nummer in sein eigenes Handy eingab.

Der Duft von gegrilltem Fisch erfüllte den dunkler werdenden Himmel und die Wärme des Weins vertrieb die Kühle des Abends. Der *Capataz* floss kaum merklich die Kehlen hinunter und Günter öffnete bald eine weitere Flasche. Sie setzten sich, um Fisch und Brot zu genießen. Der Fisch war ausgezeichnet, zart und doch saftig, salzig und doch geschmackvoll.

‚Heute ist ein Tourist auf mich zugekommen, um mit mir zu reden, als ich mit den alten Fischern auf dem Marktplatz saß – direkt nachdem du gekommen bist', sagte Jorge. ‚Er erzählt, dass er Banker in London ist. Er sagt, dass ich Geld von der Bank borgen soll, um ein größeres Boot zu kaufen, das mehr Fische fängt. Wenn ich dann mehr Geld verdiene, soll ich noch ein Boot kaufen. Und noch eins. Ich soll Leute einstellen, die für mich arbeiten und mehr Fische fangen und mehr Geld verdienen. „OK, und dann?" frage ich. „Na ja", sagt er, „so nach zwanzig Jahren wärst du reich und könntest in Rente gehen und das Leben genießen." „Das ist eine gute Idee", sage ich, „aber was zum Teufel denkst du, mache ich im Moment?"

Günter öffnete den Mund und brüllte vor Lachen. ‚Das hast du gesagt?'

Jorge zwinkerte ihm zu.

‚Die Kapitalisten machen sich immer über die Zukunft Sorgen', sagte Günter. ‚Und das sollten sie auch, weil die Seifenblase eines Tages zerplatzen wird und diese Banker werden seekrank werden', und während er dieses sagte, wusste er tief in seinem Inneren, dass es stimmte. Vielleicht hatte es schon begonnen.

Er goss Wein nach und nahm dann seine Gitarre. Er schlug einige Akkorde an, genoss das Gefühl, gut gegessen zu haben, mit Freunden zusammen zu sein und unter glitzerndem Sternenhimmel Wein zu trinken und stimmte auf Deutsch die Internationale an.

Doch schloss sich ihm sofort an, während Jorge und Zé ihre Gläser hoben und auf Portugiesisch mitsangen. Schritte bahnten sich ihren Weg durch das trockene Gras und russische Wörter durchschnitten die Luft, als Sasha und João auftauchten.

,Warum ihr singt dieses beschissene Lied?' rief Sasha. ,Wollt ihr wissen, wie es ist, zu leben in einem kommunistischen Land. Ich sag euch. Scheiße.'

11. Abgelaufene Schuhe

‚Sie müssen ein Ticket ziehen', rief Rita dem alten Mann zu, der gerade in das *Centro de Saúde* gehumpelt war, auf einem Stock, der genauso knorrig war wie seine Knie. Es sah ganz so aus, als sei er zu Fuß aus dem Alentejo gekommen, denn die Sohlen seiner Lederstiefel öffneten durstig ihre Münder. Sie wusste genau, dass er nicht schreiben konnte und dass sie alle Formulare für ihn würde ausfüllen müssen. Wo war Patrícia? Es war fast vier und Rita sollte sich auf den Weg machen. Sie hatte versprochen, ihre Mutter in die Berge zu fahren, aber sie konnte nicht einfach gehen, solange im Aufenthaltsraum zweiunddreißig Herzen bis zum Halse schlugen und nur ein Arzt und zwei Krankenschwestern da waren, um sich um alle zu kümmern.

Der Mann sah sich den Ticketautomaten verwirrt an. Rita seufzte laut, aber sie hatte Glück. Ein anderer Patient stand auf und zeigte ihm, wie er auf den Knopf drücken musste. Der Mann riss das Ticket ab und hielt es hoch, während er die Nummern inspizierte. Rita konnte sehen, dass er es verkehrt herum hielt. Das konnte sie vergessen.

‚Kommen Sie her', sagte sie, hob die Arme und machte mit der Hand eine einladende Bewegung.

Der Mann humpelte zu ihr herüber.

‚Was kann ich für Sie tun?'

‚Ich fühle mich nicht gut. Mein Magen. Ich habe zu viele Schmerzen.'

‚Das heißt, sie würden sich gerne von einem Arzt untersuchen lassen?'

Der Mann nickte. Sein Gesicht sah aus wie ein Topfkratzer. Seine dunklen Augen füllten sich langsam, wie im Sand eingesunkene Löcher.

‚Haben Sie Ihren *Cartão Utente*?'

Der Mann zeigte seinen Pass.

‚Dies ist nicht ihr *Cartão Utente*. Haben Sie noch irgendetwas?'

Der Mann schüttelte den Kopf.

‚Wo wohnen Sie?'

Der Mann zuckte mit den Achseln.

‚Wo waren Sie das letzte Mal beim Arzt?'

‚Ich gehe nie zum Doktor.'

‚Gut, dann müssen Sie zu den *Finanças* gehen und dort ihren *Cartão Utente* holen. Ach, setzen Sie sich hin', sagte sie. Sie würde mit Dr. Ferreira sprechen und vielleicht würde er ihn schnell untersuchen, ohne den Papierkram.

‚Nummer 412', rief Rita. Ein etwa siebzehnjähriges Mädchen stand auf. ‚Gehen Sie dort durch und dann in den Raum ganz links. Der Arzt ist in einer Minute bei Ihnen.'

Die Krankenschwester kam und rief Dona Louisa Saraiva auf. Eine ältere Frau mit Baumwollhut und Wollmantel stand auf. Ihr Mann blieb sitzen, in ein Buch vertieft. Als sie an ihm vorbeikam, stieß sie seinen Fuß an. Stirnrunzelnd starrte er hinter ihr her, als sie durch die Türen aus Milchglas verschwand.

Rita seufzte, beugte sich hinunter und holte unter dem Tresen einen Donut hervor. Sie hatte kaum Zeit gehabt zu essen. Sie machte nie eine Pause und hatte das alles hier satt. Aber zumindest würde sie in einigen Jahren eine halbwegs vernünftige Rente bekommen. Sie gehörte zu denen, die Glück hatten. Das Leben war noch härter für die alten Menschen in der Algarve. Sie hatten ihr Leben lang geschuftet, hatten das Land um- und umgegraben, gesät, gepflanzt, beschnitten, geerntet, wieder gegraben und ihre Häuser wieder instand gesetzt, wenn ihnen Wind, Regen und Sonne zugesetzt hatten. Sie hatten Tiere versorgt, Brot gebacken, *medronho* gebrannt, ihre Produkte zum Markt getragen … Ein endloser Kreislauf. Sie hatten keine Zeit gehabt, zur Schule zu gehen und der alte faschistische Diktator hatte ihnen keinen Mut gemacht. Sie hatten sich die Finger wund geschuftet und alles was ihnen blieb, war kaum mehr als ein Haufen Schutt, denn ihre Häuser verfielen langsam und es gab kein Geld, um sie zu reparieren. Viele von ihnen lebten jetzt allein, weil ihre Familien gestorben oder weggezogen waren.

Sie wusste, wovon sie sprach; sie war in den Bergen von Monchique aufgewachsen und erinnerte sich an die nasse Matratze, die sie mit ihrer Schwester hatte teilen müssen, an die kalten Räume und die verrauchte Küche, die ihre Augen immer rot werden ließ. Es hatte kein heißes Wasser gegeben, kein Badezimmer, keine Heizung. Sie hatte über eine Stunde bergauf zu Fuß gehen müssen, um zur Schule zu kommen. Ihre Mutter konnte reden, was sie wollte, das war keine idyllische oder harmonische Welt. Damals waren es ein Dutzend Familien gewesen, etwa fünfzig Einwohner eines winzigen Dorfes, in dem jeder über jeden klatschte, sich darum stritt, wer längere Anrechte auf das gemeinsame Wasser hatte, um seine Felder zu bewässern. Sie erinnerte sich sogar an Familien, die sich gegenseitig bei der *PIDE* denunziert hatten. Das war die Welt, an die sich ihre Mutter solange geklammert hatte; sie hatten sie praktisch kidnappen müssen, um sie in die Zivilisation zu bringen.

Ritas Mutter war eine von denen, die Glück gehabt hatten: Ihre Familie wohnte in Portimão und würde sich um sie kümmern. Nicht, dass sie das zu schätzen wusste. Sie lebte jetzt bei Rita und ihrem Mann, João, weil Ritas Schwägerin, Alicia, es nicht ertragen konnte, wenn ihre Mutter darüber stöhnte, dass Alicias *calda verde* wie Spülwasser schmecke und dass das kein richtiges Gemüse sei. Sie war immer wieder aus dem Haus gegangen und hatte sich in Portimão herumgetrieben, weil sie frische Luft brauchte und behauptete, dass die Straßen unter schlechtem Atem erstickten. Zu Beginn hatte Alicia es gut gefunden, Gesellschaft zu haben, aber nach einer Woche hatte sie erklärt, dass ihre Mutter unmöglich sei und deshalb war sie jetzt bei Rita und ihrem Mann eingezogen. Jetzt kümmerte sich Ritas Mann um sie, denn sie brauchten immer noch Ritas Einkommen aus dem *Centro de Saúde* zum Leben. Rita war begeistert gewesen, als der Immobilienmakler ihr gesagt hatte, dass er einen Käufer für das Haus ihrer Mutter in den Bergen gefunden hatte. Das Geld würde ihnen helfen, über die Runden zu kommen und ihren Sohn Rui zu unterstützen, der jetzt in Coimbra studierte und Architekt werden wollte. Sie könnten auch ihren Nichten helfen, die jetzt in Lissabon ihr eigenes Leben lebten. Allerdings hatte sie es ihrer Mutter noch nicht erzählt und Rita glaubte nicht, dass sie die Neuigkeiten besonders gut aufnehmen würde. Dies könnte die letzte Gelegenheit für ihre Mutter sein, das Wochenende in den Bergen zu verbringen. Selbst wenn das mit dem Verkauf nicht klappte, hatten sie Ende September und die Regenfälle würden bald einsetzen. Sie waren im Sommer fast jeden Sonntag hochgefahren, aber immer nur für einen Tag, da Rita nicht gerne über Nacht blieb. Ihre Mutter hatte immer wieder gesagt, dass sie mit den Fremden sprechen müsse, aber sie waren nie da gewesen.

Ein lauter Knall katapultierte ihre Gedanken wieder an den Empfangstresen zurück. Jemand versuchte, die Tür einzutreten.

Fogo, murmelte sie und wischte sich die süßen Krümel vom Mund. Eine große, junge Frau mit hohen Absätzen, rotem Minirock und schwarzer Strumpfhose, das Gesicht weiß gepudert, die Augen schwarz umrandet und der Mund knallrot, war dabei, einen Mann mittleren Alters zerrend und halb tragend durch die Eingangstür zu bugsieren. Sie kam geradewegs auf die Rezeption zu und redete in gebrochenem Portugiesisch auf sie ein.

‚Sie ihm helfen. Er braucht Doktor. Er sehr krank.'

‚Ihren *Cartão Utente*, bitte', sagte sie zu dem leicht schwankenden Mann. Seine blauen Augen tränten und sein normalerweise dunkles Gesicht hatte eine gräuliche Färbung.

‚Dies ist Notfall und sie wollen machen Papierarbeit! Er sehr krank. Vielleicht er stirbt.'

‚Hier', sagte der Mann und legte einen abgegriffenen *Cartão Utente* auf den Tisch. Die Ecken waren völlig ausgefranst, so als hätte er versucht, Dinge damit zu schneiden. Oder er hatte sie angekaut.

Rita starrte den Mann an. Wenn es ein Notfall war, dann sollte er besser ins Krankenhaus fahren und es war ihre Aufgabe, ihm das zu sagen.

‚Was für Beschwerden haben Sie?'

‚Er hat schwarzes Loch in sich drin. Er nicht essen. Er nicht rauchen. Er nicht trinken. Er kaum reden. Schau ihn an. Er ist Geist.'

Rita hätte fast gelächelt. Sie glaubte nicht, dass das ein Notfall war – es sei denn, er hatte eine Überdosis genommen.

‚Hat er Drogen genommen?' fragte sie.

‚Nein! Drogen, nein. Er kein Geld.'

‚Füllen Sie dies aus', sagte sie. ‚Nummer 413', rief sie, als das junge Mädchen wiederkam.

‚Wir sehen Doktor jetzt?' fragte die Frau.

‚Nein, Sie müssen ein Ticket ziehen und warten, bis Sie an der Reihe sind. Der Arzt wird ihn untersuchen, sobald er kann.'

Die Frau führte den Mann weg und murmelte, dass so etwas in Russland nie passieren würde. Rita lag es auf der Zunge, ihr zu sagen, sie solle doch dorthin zurückkehren, aber natürlich sagte sie es nicht. Aber wirklich, sie fand es nicht fair, dass Drogenabhängige und Alkoholiker dem Arzt die Zeit stahlen, wo sie doch selbst schuld waren, während Hunderte von anderen Menschen schuldlos leiden mussten.

160

Ihr Handy klingelte. Es war João. Sie meldete sich und sagte ihm, dass sie nicht reden konnte. Das Telefon am Empfang begann zu klingeln.

‚Wir warten im Auto', sagte João. ‚Wo bist du?'

‚Ich bin bald zu Hause', sagte sie, ließ das Handy zuschnappen und ging ans andere Telefon, um einen Termin für eine Dona Fernandes zu machen. Ende Oktober, also in vier Wochen, war die nächstmögliche Lücke.

Wo war Patricia? Es war fast Viertel nach. Die alte Dame kam zusammen mit dem Arzt ins Wartezimmer. Rita sah, wie Dr. Ferreira sich umschaute und sie glaubte fast, seine Verzweiflung spüren zu können. Sie erklärte die Sache mit dem alten Mann, der keinen *Cartão Utente* hatte und der Arzt erklärte sich bereit, ihn zu gegebener Zeit zu untersuchen. Der andere Arzt, Dr. Nunes, hätte das nicht getan.

‚Nummer 414', rief sie.

Als sie endlich gehen konnte, war es 17.00 Uhr, eine Stunde später als gewöhnlich und natürlich würde das nicht zusätzlich bezahlt werden. Patrícia war im Laufschritt angekommen, voller Entschuldigungen; ihr Auto war nicht angesprungen, sie hatte den Bus nehmen müssen und der Bus war nicht gekommen. Rita konnte zu Fuß nach Hause gehen. Normalerweise genoss sie den Spaziergang und sie schaute auf dem Heimweg oft auf einen *galão* oder einen *pastel de nata* bei ihrer *pastelaria* vorbei, aber heute beeilte sie sich, zurück in ihre Wohnung zu kommen. Ihre Mutter und João saßen immer noch in dem alten Renault Clio. Ihre Mutter hockte eingemummelt auf dem Rücksitz, wie eine alte Porzellanpuppe, deren schulterlanges, graues Haar mit weißen Strähnen durch eine grüne Haarspange aus dem Gesicht gehalten wurde.

João machte sich nicht die Mühe auszusteigen und ihr einen Kuss zu geben, sondern sagte nur, ‚Da bist du ja endlich. Wir haben eine Stunde gewartet.'

‚Tut mir Leid, Patricia hat sich verspätet.'

Dann öffnete ihre Mutter die Wagentür.

‚Ich hab es satt, hier zu sitzen. Ich muss pinkeln', sagte sie.

‚*Olá Mãe,* ich bin fast fertig. Kannst du nicht noch ein bisschen warten?'

‚Nein.'

‚OK, dann gehen wir auf die Toilette. Ich sollte mich ohnehin umziehen.'

Sie nahmen alle den Lift in den vierten Stock. Rita fühlte sich plötzlich müde und hungrig. Es wäre besser, am nächsten Morgen zu fahren, aber João hatte alles vorbereitet. Das bedeutete, sie mussten das Auto wieder entladen.

Während ihre Mutter auf der Toilette war, ging Rita in die Küche, öffnete den Kühlschrank und stopfte sich zwei *sonhos* in den Mund. Sie ignorierte Joãos Blick. Er beobachtete sie ungeduldig.

‚Du hast es ihr nicht gesagt, oder?' fragte sie.

‚Was?'

‚Die Sache mit dem Angebot für das Haus?'

‚Nein, natürlich nicht. Ich finde nicht, dass wir überhaupt was sagen sollten. Sie hat mir gesagt, sie würde dort bleiben. Sie hat gesagt, die netten jungen Nachbarn würden sich um sie kümmern.'

‚Oh nein.'

Immer noch kauend ging Rita ins Schlafzimmer und zog sich bequemere und wärmere Sachen an. Bei ihrer Ankunft würde es kalt sein, oben in den Bergen. Als sie fertig war, war ihre Mutter nicht mehr im Badezimmer.

‚Wo ist sie? fragte sie João, der sich ins Wohnzimmer verzogen hatte und die Nachrichten angemacht hatte. Die angeklagten Eltern des Mädchens sagten etwas, aber sie hatte keine Zeit, die Untertitel zu lesen, da João auf das Schlafzimmer ihrer Mutter zeigte.

‚*Mãe?*', rief sie. ‚Bist du fertig?'

Ihre Mutter lag auf dem Rücken im Bett, unter einer Decke, zu Füßen eines Holzkreuzes und des Bildes des São Sebastian. Rita konnte sehen, dass ihre knöchelhohen, ausgetretenen und ausgeblichenen Lederstiefel unter der Decke hervorragten. Ihre Mutter hatte sie schon immer getragen.

Sie waren grob geschnitzt, die Menschen der Generation ihrer Mutter, sie würden nicht auf die Idee kommen, ihre Stiefel im Haus auszuziehen, sie würden sie sogar manchmal im Bett anbehalten. Rita war kurz davor, sie ihr auszuziehen, aber entschloss sich dagegen. Sie wollte sie nicht noch mehr durcheinanderbringen. Ein Schwarz-Weiß-Foto von ihrer Großmutter, ihrer Mutter, ihrem Vater, Rita und ihrer Schwester – mit dem Esel im Hintergrund – lehnte in einem Silberrahmen auf dem Nachtschrank. Rita musste erst drei oder vier gewesen sein.

Das verblasste Foto ließ sie das feuchte Haus fast riechen. Rita und ihre Schwester waren barfuß.

‚*Mãe?*' Ist alles in Ordnung? Wir wollen los.'

‚Ich fühle mich nicht so gut, *filha*. Weißt du, im Auto wird mir übel und ich hab schon eine Stunde lang dort gesessen. Ich habe Magenschmerzen.'

‚Aber es hat sich nicht bewegt, *Mãe*!'

‚Ich weiß, aber trotzdem wird mir übel. Können wir morgen fahren und dann bleibe ich da? Die netten Fremden werden nach mir sehen.'

‚Das bezweifle ich, *Mãe,* sie leben ihr eigenes Leben. Und da gibt es keinen Arzt, der sich um deinen Rücken kümmert.' Rita streichelte die Hand ihrer Mutter. Die schlaffe Haut war mit

dunklen Linien und Flecken übersät. Rita gefiel es nicht, in welche Richtung sich die Unterhaltung entwickelte.

‚Sie haben sich um Martinho gekümmert. Ich muss ihn sehen. Ich muss ihn zurückhaben.'

Rita hatte keine Ahnung, was sie meinte. Ihr Vater war seit fünfzehn Jahren tot. Sie berührte die Stirn ihrer Mutter: Sie fühlte sich nicht heiß an, aber ihre dunklen Knopfaugen sahen so aus, als sähen sie Dinge, die Rita entgingen.

‚Wenn wir fahren, kannst du die Fremden heute Abend treffen, aber du musst zurückkommen. Denk daran, dass du am Dienstag einen Termin wegen deiner Magenschmerzen hast.'

‚Pah. Wem nützen Ärzte? Wenn deine Zeit abgelaufen ist, dann ist deine Zeit abgelaufen. Und ich würde lieber in den Bergen sterben als in diesem Sarg.'

Rita war es gewohnt, sich in Geduld zu üben und schluckte die Tatsache herunter, dass ihre Mutter ihr Heim als Sarg bezeichnete. Dennoch konnte sie die Worte nicht aufhalten, die aus ihr heraussprudelten.

‚*Mãe*, da ist etwas, was du wissen solltest. Der Immobilienmakler, der Mann, der Häuser verkauft, hat einen Käufer für dein Haus gefunden. Wir brauchen das Geld, *Mãe*, damit wir uns um dich und den Rest der Familie kümmern können. Deshalb meine ich, wir sollten alle in die Berge fahren, jetzt, damit wir möglichst viel vom Wochenende haben. Was sagst du dazu?'

Das Kinn ihrer Mutter senkte sich kaum merklich und Rita bedauerte sofort, etwas gesagt zu haben.

‚Natürlich verkaufen wir das Haus nicht, wenn du nicht willst', fügte sie hinzu. Aber sie wusste, es war zu spät.

‚Ihr hättet warten können, bis ich meine Stiefel für immer vor die Tür gestellt habe', sagte sie und drehte sich um, sodass sie Rita den Rücken kehrte.

‚Oh, *Mãe*, du kannst noch fünf Jahre leben, sogar noch zwanzig Jahre! Was würden wir dann machen?'

‚Das werde ich nicht', sagte die alte Dame.

‚Können wir bitte jetzt fahren?'

Aber ihre Mutter hatte sich die Decke bis zum Kinn hochgezogen und die Augen geschlossen.

‚Bitte, *Mãe*. Der Wetterbericht ist gut. Lass uns ein letztes wundervolles Wochenende in den Bergen verbringen.'

‚Mir geht es nicht so gut, *filha*.'

164

Rita seufzte. ‚OK, *Mãe*. Ich hole dir was zu essen.'

‚Ich will nichts.'

Rita ging zurück ins Wohnzimmer, wo João immer noch die Nachrichten schaute. Sie setzte sich, erschöpft. Sie war müde, weil sie so sehr versuchte, es allen recht zu machen.

‚Sie will nicht.'

‚Du hast es ihr erzählt?'

Rita nickte.

‚Jetzt werden wir sie nie dazu bringen hinzufahren.'

‚Ich weiß. Sie sagt, sie fühlt sich nicht wohl. Sagt, ihr ist übel wegen des Autos.'

‚Dann können wir wohl ausladen.'

Sie gingen hinunter zum Auto und trugen die Kühltasche voller Essen hoch, zwei große Reisetaschen und einige Einkaufstüten mit 7-Up und Cola, *bolos* und Chips. João hatte sich sehr bemüht, an alles zu denken. Rita packte die Küchenutensilien aus und wärmte für alle Gemüsesuppe auf. Sie stellte einen Teller auf ein Tablett und brachte ihn ihrer Mutter. Sie würde ihr erklären, dass sie morgen in die Berge fahren würden und dass sie dem Käufer absagen würde, wenn ihre Mutter das wollte. Wenn sie genauer darüber nachdachte, wurde Rita klar, dass sie vielleicht unbedacht gehandelt hatte. Schließlich war es unwahrscheinlich, dass ihre Mutter noch ein weiteres Jahr leben würde, schon gar nicht zwanzig.

Als sie die Tür aufstieß, konnte sie sehen, dass ihre Mutter ins Bett gegangen war und unter der Bettdecke lag. Ihr Mund stand leicht offen und ihre drahtig weißen Haare standen wirr vom Kopf ab. Rita kämpfte mit den Tränen, als sie sah, dass ihre Mutter ihre Stiefel ausgezogen hatte. Sie standen ordentlich am Fußende des Bettes auf dem Boden, die Spitzen zeigten in Richtung Tür.

12. Abflug

‚Ed, das Problem ist, dass du fast so viel Geld ausgegeben hast, wie die Häuser kosten werden! Und das Einzige, was wir haben, sind fünf mögliche Grundstücke. Verdammt noch mal, es ist Oktober. Du bist seit sechs Monaten da unten! Und du wirst jetzt deinen Arsch zurück nach London bewegen und ernsthaft arbeiten, um diese ganzen Kosten wieder reinzuholen. Als Unternehmen können wir die Ausgaben nicht länger tragen, die du uns zumutest.'

Ed hielt das Handy vom Ohr weg und merkte, wie er seine Augen verdrehten. Charlotte blickte ihn mitfühlend an, während sie eine Garnele in die Knoblauchsoße tauchte. In einem weißen T-Shirt, das sich der Form ihrer Brüste anpasste und einer Jeans, die sich eng an ihre Beine schmiegte, sah sie so umwerfend aus wie immer. Ihre Arme und ihr Gesicht waren golden gebräunt, ihr Haar war leicht zerzaust und weckte in ihm den Wunsch, es zu berühren. Sie leckte sich die Finger. Sie saßen in ihrem Lieblingsrestaurant an ihrem gewohnten Tisch direkt am Meer. Das Restaurant wurde als neues Geschmackserlebnis gepriesen. Normalerweise stimmte das, aber heute stellten sich bei Ed Magenkrämpfe ein. James hatte ihm augenblicklich den Appetit verdorben. Zum ersten Mal seit seiner Ankunft schien die Sonne nicht und die Luft war unangenehm kühl.

‚OK, OK, James, krieg dich mal wieder ein, aber ich muss hier noch einige Dinge ordnen.' Ed bemühte sich bewusst um gewähltes, britisches Englisch.

‚Ed, du hast es noch nicht kapiert. Deine Zeit ist abgelaufen. Du kommst am Montag zurück ins Büro – und bleibst hier – oder du sitzt auf der Straße, Partner.' James äffte Eds üblichen Akzent nach.

Die Leitung war tot. Dreckskerl.

‚Was ist los, Ed?' fragte Charlotte. ‚Iss. Die Garnelen sind lecker.'

‚Sie haben mich gebeten, am Montag zu einer Sitzung zurückzukommen.'

‚Oh nein! Das ist mein freier Tag. Ich dachte, wir würden nach Spanien fahren. Wirst du denn hinfliegen?'

‚Ich weiß nicht, Baby.' Eds Gedanken rasten. Auf Amerikanisch. Sie konnten ihn nicht feuern: Er war einer der drei Geschäftsführer – es sei denn, sie würden eine Klausel in ihren Verträgen verankern, die besagte, dass jeder von ihnen die gleiche Anzahl von Stunden im Büro anwesend sein musste. Bei genauerer Überlegung konnte es sein, dass es so etwas schon gab. Er war sich durchaus bewusst, dass er viel Geld ausgegeben hatte, aber das lag doch alles im Interesse des Unternehmens und der Kunden. Er hatte den Landrover kaufen müssen, um sich auf diesen Bergstraßen fortbewegen zu können, er hatte eine Wohnung in Portimão gemietet, um Hotelkosten zu sparen – OK, es war ein sehr schönes Apartment mit Seeblick, aber es war auch nicht gerade ein Penthouse. Himmel, er hatte nur ungefähr fünf Riesen im Monat ausgegeben. Ganz normal in London.

Er wollte nicht, dass Charlotte erfuhr, dass sie verlangten, dass er in London blieb. Sie stand noch weitere sechs Monate unter Vertrag und sie war glücklich hier. Sie hatte für ihn einen reichen Fußballer verlassen. Ihre Scheidung war noch nicht durch, aber Rodrigo hatte zugestimmt, sie für ihr gemeinsames Haus in Chelsea finanziell abzufinden und Ed hatte versprochen, dass sie ein Haus in Richmond kaufen würden. Er hatte ihr auch ein gelbes Mercedes Cabrio versprochen. Und er hatte versprochen, sie nicht zu verlassen – nicht einmal für einen Tag.

‚Ed! Iss! Was ist los mit dir?' Charlotte kniff die Augen zusammen und verwandelte ihre elektrisierend blauen Augen in zwei breite Strahlen, die ihn magnetisch anzogen. Er erlag der Anziehungskraft und küsste sie. Dann tauchte er eine Garnele in die Knoblauchsoße und biss geräuschvoll in den Panzer, den Kopf zwischen den Fingern.

‚Nichts, Baby.'

Sein Handy klingelte wieder. Dieses Mal war es Collette, die ihm die Flugdaten für Montagmorgen übermittelte. Er bestätigte die Angaben, bedankte sich bei Collette und schaltete das Telefon aus.

‚Was war das?' fragte Charlotte.

‚Nur Collette, die einige Daten bestätigt hat.'

‚Ich dachte, du wärst der Boss? Wie können sie anordnen, dass du zurückkommst?'

‚Partner.'

‚OK, was hältst du davon, wenn wir in die Berge fahren und versuchen, noch mehr Grundstücke zu finden? Ich habe heute Nachmittag keine Probe. Vielleicht hören die anderen Partner auf, dir das Leben schwer zu machen, wenn wir ein paar wirklich billige Grundstücke finden?'

Ed glaubte nicht, dass es ausreichen würde, um aus der Nummer am Montag herauszukommen, aber vielleicht könnte er seine Verhandlungsposition verbessern, um in den nächsten Flieger zurück nach Faro steigen zu können. Es war tatsächlich so, dass es einige Grundstücke gab, die er sich gerne anschauen würde.

‚Du bist eine wirklich clevere Frau, Baby. Danke. Das ist genau das, was wir machen werden.'

Mustard parkte am Jachthafen. Letzte Nacht hatte er vorausschauend das Verdeck geschlossen, da Regen vorhergesagt worden war. Ein kalter Wind blies ihnen vom Meer aus entgegen.

‚Na toll, es wird regnen', sagte Charlotte, zog ihre wollweiße North Face Jacke über und warf einen Blick auf den Himmel, der zusehends dunkler wurde. ‚Das erste Mal seit Monaten! Zumindest wird Mustard mal gewaschen. Danach werden wir ihn umtaufen müssen.' Sie lachte, als hätte sie einen besonders komischen Witz erzählt.

Ed lachte mit ihr.

Die ersten Tropfen fielen, als sie bei Lidl und dem Centro Commercial vorbeikamen. Als sie Maxmat und den Kreisel erreicht hatten, donnerte der Regen mit der Wucht von Kieselsteinen auf das Stoffdach.

‚Igitt, das kommt durch die Fenster rein!' sagte Charlotte.

‚Himmel noch mal, das ist kein Regen, das ist ein Tsunami!' sagte Ed. Die Scheibenwischer arbeiteten auf höchster Stufe, aber sie konnten die Scheibe nicht einmal eine Sekunde lang frei halten.

‚Vielleicht sollten wir warten, bis es vorbei ist', sagte Charlotte.

‚Nein, Mustard schafft das. Wofür hab ich einen Geländewagen.'

Sie fuhren in Richtung Alcalar und Senhora de Verde in die Berge, wie ein Lachs flussaufwärts schlitternd. Mustard wurde innen feucht, da das Wasser durch die Nähte sickerte. Dies war kein Tag, um sich Grundstücke anzusehen, dachte Ed.

‚Komm, wir halten auf einen Kaffee an', sagte Ed und parkte vor einem kleinen Café auf der linken Seite. Er machte den Motor aus und sie blieben eine Minute lang sitzen, bis sie nur noch Wasser sahen, graue Bäche, die auf der Windschutzscheibe ins Tal rauschten.

‚Bist du bereit?'

Sie brauchten zwei Sekunden, um vom Auto ins Café zu preschen, aber sie hätten ebenso durch einen Fluss springen können. Als sie die offene Tür des dunklen Cafés erreicht hatten, bildete sich um sie herum eine riesige Pfütze. Das Café war typisch für die Algarve. Es wurde von nur einem Mann geführt, der halb so groß war wie Ed und einen dunklen Schnurrbart hatte – er verkaufte Kaffee, Bier, trockene Schinken-Käse-Brötchen, Snickers und Eis. Drei Männer saßen im Café, tranken kleine Flaschen Sagres und starrten Charlotte an, als käme sie von der Venus. Ed bestellte Kaffee und ging mit ihr gezielt auf die andere Seite der Bar, möglichst weit weg von den geifernden Männern. Doch er lächelte, da er ihren Gesichtern ansah, was ‚verdammter Glückspilz' auf Portugiesisch hieß. Schauen konnten sie so lüstern, wie sie wollten.

‚Ich hab noch nie solchen Regen gesehen', sagte Charlotte und streifte ihre Jacke ab. ‚Ich hoffe, Vicky und Pedro sind heute Morgen nicht mit dem Boot rausgefahren.'

‚Kann ich mir nicht vorstellen – Pedro kennt sich aus.'

‚Eigentlich ist es sehr schön. Ich hätte nie gedacht, dass ich das sagen würde, aber nach sechs Monaten Sonne ist es schön, Regen zu sehen.'

‚*Quanto tempo chove?*' fragte Ed und drehte sich zu dem Schnurrbartträger mit den dunkelgrünen Augen um. Neid, dachte Ed.

‚*Uma semana*', sagte der Mann gestikulierend und beriet sich dann mit den drei anderen Männern. Eine Woche schien der Zeitraum zu sein, auf den sie sich geeinigt hatten, vielleicht ein Monat.

‚Na toll.'

Sie beobachten, wie sich die Straße draußen in einen Fluss verwandelte und der Parkplatz in einen See.

‚*Ferias?*' fragte ihn der Mann.

‚*Negócio*', erwiderte Ed. ‚*Casas.*'

‚*Comprar?*' fragte der Mann und sein Schnurrbart zuckte.

„*Sim.*' Dieses war wohl die längste Unterhaltung, die er je auf Portugiesisch geführt hatte und Charlotte blickte ihn voller Bewunderung an. Ed fühlte sich gut, auch wenn er den anschließenden Wortschwall nicht verstehen konnte – erschwert durch die Tatsache, dass die drei anderen Männer sich jetzt an dem Gespräch beteiligten und immer mehr Biere und weißer Schnaps aus einer Flasche ohne Etikett bestellt wurden. Ein paar kleine Gläser tauchten an ihrem Tisch auf, zusammen mit dem Namen des Dorfes – Boa Vista – eines von Millionen gleichen Namens. Anscheinend standen dort drei Häuser zum Verkauf. Dann versuchte der Mann zu erklären, wo es lag, indem er eine Karte auf die Serviette zeichnete.

‚*Quanto custa?*' fragte Ed.

Der Mann zögerte, demonstrativ grübelnd, und schrieb dann 100,000 auf. Ed wusste, das war zu viel, aber vielleicht lohnte es sich, die Häuser anzusehen.

‚*Quantos donos?*' fragte er, da er wissen wollte, wie viele Leute von dem Verkauf betroffen waren.

Wieder zögerte der Mann und machte eine abschätzige Geste mit der Hand, was Ed nicht als gutes Zeichen deutete.

Die fünf Häuser, die er bisher gefunden hatte, waren ein Albtraum, da dort so um die fünfhundert Eigentümer beteiligt waren. Nach drei Monaten Verhandlungen lag eine Vertragsunterzeichnung noch in weiter Ferne. Sein Anwalt hatte ihn gewarnt. Es könnte ein Jahr dauern, den Kauf abzuschließen – und das wäre noch schnell. Zumindest konnte Ed in der Zwischenzeit einen Architekten mit der Erstellung von Plänen beauftragen. Wenn es nicht eine neue Villa war, dann folgte der An- und Verkauf von Häusern in Portugal feudalstaatlichen Gepflogenheiten; das hatte er jetzt endlich durchschaut. Einige Häuser waren für ein Butterbrot abgegeben worden, andere als Gegenwert für mehr Land, die Hälfte der Besitzer waren gestorben und verschwunden, niemand wusste, wem eigentlich was gehörte. Die portugiesische Regierung schaffte es einfach nicht, das System zu modernisieren und den europäischen Geschäftspraktiken anzupassen. Es war zum verrückt werden. Aber nach der Sanierung würde jedes der Häuser einige Hunderttausend Euro Profit abwerfen. Und es war alles Geld, das die Kunden gerne verschwinden lassen wollten, sodass jeder auf seine Kosten kam. Die Nachteile des feudalstaatlichen Immobilienmarktes wurden durch ein diskretes Bankenwesen ausgeglichen. Und James beschwerte sich über seine Ausgaben. Kleinkarierter Scheißkerl.

,Es hat aufgehört zu regnen!' sagte Charlotte.

Alle blickten nach draußen, um zu sehen, ob es auch wirklich aufgehört hatte. Kein Zweifel.'

,OK, gehen wir?' fragte Ed und kippte den weißen Schnaps hinunter. Er brannte ein Loch vom Hals bis in den Magen.

Charlotte hatte ihren schon getrunken. Er ging zum Auto, um seine Landkarte zu holen. Sie war nur leicht feucht, als er sie auf dem Tisch im Café entfaltete. Er versuchte, den Mann dazu zu bewegen, ihm zu zeigen, wo Boa Vista lag, aber keiner der Gäste konnte es finden und die Straßen auf der Karte schienen sie eher zu verwirren.

,Keine gute Idee. Ich habe immer noch keine Karte gefunden, die auch nur ungefähr dem Straßenverlauf entspricht', sagte Ed.

,Komm schon, wir gehen. Wir finden das schon.' Charlotte schnappte sich die Serviette.

Ed zahlte weniger als einen Euro für den Kaffee und sie machten sich wieder auf den Weg. Die Straßen sahen immer noch wie Flüsse aus und die Luft war schwer von Feuchtigkeit, doch jetzt hetzten hellgraue Wolken quer über den dunkelgrauen Himmel. Als sie losfuhren, war Ed recht optimistisch. Wenn er einen weiteren Handel perfekt machen könnte, dann würde es ihm gelingen, seinen Trip nach London abzukürzen, dessen war es sich jetzt sicher.

Sie fuhren in die Berge hoch, bis nach Casais, bogen links ab - und waren von dichtem, grauem Nebel umgeben. Sie bogen nach rechts ab, umrundeten den Berg und erreichten die Westseite, wo der Nebel plötzlich verschwand und irreales graues Licht die Berge ausleuchtete. Wolkenfetzen schwebten wie Geister vorbei.

,Weißt du, wo wir sind?' fragte er Charlotte.

,Nein.'

,Ist diese Straße auf der Karte?'

,Nein. Sollen wir anhalten und jemanden fragen?'

,Wenn wir jemanden finden, Baby.'

An der nächsten Kreuzung bogen sie rechts ab und hielten neben einem geparkten Auto. Eine Ansammlung von Häusern war in den Berghang hinein gebaut, so dass nur das genarbte Terrakotta der Dächer sichtbar war. Ein großer Mann stieg gerade in seinen Mercedes.

,Hey, sprechen Sie Englisch?' rief Ed ihm zu.

‚Ja', erwiderte der Mann und kam zu ihnen herüber.

‚Kennen Sie ein Boa Vista hier in der Nähe?'

‚Einige. Dies hier heißt auch so.' Der Mann lachte. ‚Wissen Sie, welches?'

‚Da sollen drei Häuser zum Verkauf stehen?'

‚Hm, ich glaube nicht, dass das hier ist. Im Tal steht was zum Verkauf, aber das ist nicht Boa Vista. Wenn sie dem Weg zum Haus folgen, dann treffen sie dort ein junges Mädchen, Sonia. Sie ist hier aufgewachsen und weiß eher Bescheid.'

‚Das ist super, danke', sagte Ed. ‚Willst du hier warten?' fragte er Charlotte, die aber schon dabei war auszusteigen.

Sie folgten dem Pfad zu einem kleinen Steinhaus. Nasser Rauch stieg aus dem Schornstein. Ed klopfte an der Tür und wurde von Rufen empfangen. ‚Ist offen'. Er schob die schwere Tür auf und fand sich in einem großen Raum voller Menschen wieder. Hippies. Er zählte mindestens drei Männer, zwei Frauen, fünf Kinder und drei Hunde, wahrscheinlich kauerten noch mehr unter dem Tisch.

‚Herein, herein, wer immer Sie sind', rief eine alte, weißhaarige Frau vom Sofa aus. ‚Und wer ist diese schöne Dame?'

‚Hallo zusammen. Ich bin Ed – und das ist Charlotte und wir suchen ein Boa Vista, wo drei Häuser zum Verkauf stehen. Wissen Sie, wo das sein könnte?' Das Haus war sauber und relativ aufgeräumt, aber Ed fühlte sich beengt. Alle starrten ihn an.

‚Sind sie Amerikaner oder Engländer? fragte die Frau.

‚Na ja, ich bin in dem einen Land geboren, aber habe in dem anderen gelebt', sagte Ed, wobei er sich fragte, warum das so verdammt wichtig war.

‚Er ist Brite', sagte Charlotte. ‚Das kann man an seinem arroganten Verhalten erkennen, wenn ihm etwas nicht passt.' Sie lachte. Die anderen lachten mit.

‚Das ist nicht war', sagte Ed grimmig. Aber eins musste man ihr lassen: Alle lächelten sie jetzt an.

‚Aber Sie haben an der Westküste gelebt. Habe ich recht?'

‚Ungefähr zehn Jahre lang', sagte Ed, leicht überrascht. ‚San Francisco.'

‚Dacht ich mir. Hab da auch mal gearbeitet.'

‚Ach wirklich', sagte Ed. Wahrscheinlich in Oakland, wo die ganzen Hippies lebten.

‚Ja, in der Mission. In der guten alten Zeit, als wir noch rauchen durften. Egal, dies ist Boa Vista, aber soweit ich weiß, sind wir nicht zu verkaufen. Aber sie erzählen mir nicht alles.' Die alte Frau lachte in sich hinein.

Es klang eher wie gackern, dachte Ed, aber er musste zugeben, dass sie sehr scharfsinnig war. Wahrscheinlich eine Hexe.

‚Halt den Mund, Mutter. Sie sollten mit Sheila sprechen', sagte eine Frau von ungefähr dreißig mit langen blonden Haaren, die auf dem Herd in irgendeinem Gebräu herumrührte. ‚Sie ist unsere Immobilienmaklerin am Ort.'

‚In Monchique? Welche Agentur?'

‚Sie arbeitet nicht offiziell für eine Agentur. Alle Portugiesen, die ihre Häuser verkaufen wollen, gehen zu ihr, weil sie Portugiesisch spricht und viele Fremde kennt. Sie wohnt circa vier Kilometer von hier. Biegen Sie links in den nächsten Weg ab.'

‚Ein Typ, den wir auf der Straße getroffen haben, hat gesagt, wir sollten mit Sonia sprechen?' sagte Ed.

‚Ist Sonia hier?' fragte die blonde Frau die anderen.

‚Sie ist im Baumhaus', sagte ein Mann mit Baskenmütze, nahm eine Axt in die Hand und stand vom Tisch auf. Er ging zur Tür und rief, ‚SONIA'.

‚Wie lange leben Sie denn schon hier?' fragt Ed, nachdem der Mann mit der Axt sich verzogen hatte.

‚Zwei Jahre.'

‚Und wie gefällt es Ihnen?'

‚Wissen Sie, Ed, es gibt nicht viele Orte auf der Welt, wo man der Tretmühle entkommen und sich selbst treu sein kann, aber dieses ist einer von ihnen. Abseits vom Rest der Welt. Und in der Sonne. Zugegeben, heute ist das Wetter nicht so gut, aber wir brauchen den Regen. Wir wollen nicht noch mehr Brände.'

Ed wollte fragen, wovon sie abseits der Tretmühle lebten, da sie ganz offensichtlich nicht arbeiteten, aber gerade in dem Moment betrat ein sehr attraktives junges Mädchen, eine Portugiesin, den Raum.

‚Da ist sie ja, Sonia, unsere junge Rechtsanwältin.'

Sonia errötete.

‚Hallo Sonia', sagte Ed. ‚Jemand hat mir gesagt, dass Sie wissen könnten, welches Boa Vista gemeint sein könnte, wo drei Häuser zum Verkauf stehen.'

Während sie nachdachte, legte Sonia zwei Finger an den Mund.

‚Hätten Sie gerne eine Tasse Tee?' fragte die blonde Frau Charlotte.

‚Das ist nett, aber nein, danke.'

‚Ja, ich glaube ich weiß, wo das ist. Fahren Sie von hier ungefähr fünf Kilometer geradeaus und dann biegen Sie links ab. Es ist ein Weg an einer Gabelung – ich glaube nicht, dass er geschottert ist.'

‚Das ist schon in Ordnung, wie haben einen Jeep.'

‚OK, und dann fahren Sie geradeaus. Ich weiß nicht mehr, wie weit, aber wenden Sie sich zur Südseite und dort finden sie einige verfallene Häuser.'

‚Ist es auf der Südseite?' sagte Ed – und er ballte innerlich die Faust. Vielleicht könnte er doch seinen Hals retten.

‚Ja, wenn das das Boa Vista ist, das Sie meinen.'

‚Danke', sagte Ed und zog die Autoschlüssel aus der Tasche. Er wollte sofort losfahren. ‚Wir werden versuchen, es zu finden.'

‚Übrigens, kennen Sie einen Engländer, der Robert heißt?' Ed erinnerte sich, dass er in den Bergen gelebt hatte.

‚Robert und Rebecca?' antwortete die Hexe. ‚Ein junges Paar, ja, sie wohnen ungefähr sieben Kilometer von hier entfernt.'

‚Geht's ihm gut?'

‚Ich glaube schon. Wir sehen sie selten. Gelegentlich kommt Robert zu uns und säuft sich einen, ansonsten bleiben sie zu Hause.'

‚Wir haben ihn einen Abend in Portimão getroffen. Hat Dampf abgelassen. War eigentlich ein netter Typ, aber dann wurde er aufdringlich.'

‚Er hat massiv versucht, meine Freundin anzumachen,' ergänzte Charlotte.

‚Ja, Süchtige sind charmante Menschen, aber sie können manchmal nichts anders.'

‚Ich glaube, wir sollten besser gehen. Nochmals danke für ihre Hilfe.'

‚Kommen Sie vorbei, wann immer sie Lust haben.'

Ed legte seinen Arm um Charlotte und manövrierte sie durch die Tür und dann den Pfad entlang, im dichten Nebel, der die Berge jetzt fest im Griff hatte. Sie hielt sich an seinem Arm fest und lachte.

‚Was war das denn?' sagte sie.

‚Eine verdammte Hippie-Kommune', sagte er, als er sicher war, dass man sie im Haus nicht mehr hören konnte. Die Hexe könnte sie verfluchen.

‚Ich finde, sie waren sehr nett.'

Ed grunzte, als er die Wagentür für Charlotte öffnete, und ging dann zur Fahrerseite. Er traute Hippies nicht.

‚Die gute Neuigkeit ist, dass die Häuser ein Vermögen wert sein könnten, wenn sie tatsächlich am Südhang liegen.'

Er fuhr den gleichen Weg zurück, den sie gekommen waren, und fand im grauen Nebel eine Abzweigung nach links. Es war steil, aber Mustard schaffte die Steigung problemlos und sie kletterten in Serpentinen auf einem unbefestigten Weg immer höher in die Berge.

‚Keine Straße', sagte Charlotte. ‚Ich glaube nicht, dass deinen Kunden das gefallen würde.'

‚Straßen kann man bauen. Schau dir diese Ruinen an. Ich glaube, hier ist es.'

‚Schau dir die Steinterrassen an. Es sieht schön aus.'

Sie stiegen aus dem Jeep aus und erkundeten die Umgebung. Es waren in der Tat drei verfallene Häuser aus Stein, zwei nach Süden ausgerichtet, eins nach Westen. Die Häuser hatten keine Dächer mehr, aber die Wände waren noch intakt. Ed stapfte aufgeregt durch das Dornengestrüpp. Dieses waren die besten Ruinen, die er bisher gesehen hatte.

Als er dort stand, fegte der Westwind nur für eine Sekunde die Wolken aus dem Weg und er konnte unter sich Portimão und die Westküste erkennen.

‚Das ist cool', sagte Charlotte.

‚Das ist es mit Sicherheit.'

‚Können wir hier ein Haus haben?'

‚Natürlich, Baby, wir können haben, was immer du willst.'

Sie fuhren zurück zu dem Café, um nochmals mit dem Schnurrbartträger zu reden, der sich schließlich als Manuel vorstellte. Ed bot ihm siebzigtausend Euro an, bar auf die Hand. Manuel sah unentschlossen aus, sein Schnurrbart zuckte, er schüttelte den Kopf und sagte wieder einhunderttausend. Charlotte lächelte zuckersüß. Ed erhöhte auf achtzig und Manuel sagte, dass er darüber nachdenken würde. Sie tauschten Handy-Nummern aus und Ed sagte, dass sein Anwalt sich mit ihm in Verbindung setzen würde.

‚*Fish and Chips?*' fragte er Charlotte, als sie wieder in Mustard einstiegen. Nach der ganzen Feilscherei hatte er Hunger und er wusste, dass sie *Fish and Chips* am liebsten aß.

‚Hm, lecker', sagte sie. ‚Ich hab aber nicht viel Zeit.'

Tief in Gedanken fuhr er nach Portimão. Er ahnte, dass das Büro ihn zurückhaben wollte, selbst wenn der Verkauf zustande käme. Wenn sie ihn feuern sollten, dann müsste er ohnehin nach London ziehen. Das war der einzige Ort, wo er Geld verdienen konnte.

‚Kannst du dir vorstellen, wieder in Großbritannien zu leben?' fragte er Charlotte, als sie den Kreisel bei Alvor verließen.

‚Eines Tages, ja. Ich vermisse meine Familie.'

Ed lächelte in sich hinein. Er war sich ziemlich sicher, dass sie mit ihm kommen würde.

Der *Fish and Chips* Laden war geschlossen, sodass sie sich in einem italienischen Restaurant eine Pizza bestellten.

‚Weißt du was?' sagte Charlotte, als sie ihre Pizza, belegt mit Ananas und Peperoni, mit einem stumpfen Rollmesser mehr in Stücke riss als schnitt.

‚Was?' Ed lächelte: Sie hatte einen eigenwilligen Geschmack. Musste wohl mit ihrem Heimatort Market Harborough zusammenhängen.

‚Ich habe keine Lust, heute Abend in der Show aufzutreten.'

Ed schwieg einige Sekunden lang. Dies war das erste Mal, dass sie das sagte. Normalerweise war sie heiß darauf, ins Casino zu kommen, aber es musste schon ermüdend sein, Abend für Abend das Gleiche zu tun.

‚Wenn das so ist, dann geh nicht hin', sagte er. ‚Du musst nicht. Du machst das seit sechs Monaten. Du weißt, dass ich für dich sorgen werde.'

Sie lächelte. ‚Natürlich muss ich hin. Ich habe einen Vertrag und meine Freunde warten auf mich.'

Nachdem er sie am Casino abgesetzt hatte, rief er James an und erzählte ihm von den Verhandlungen. James war nicht beeindruckt und sagte, dass sie am Montag darüber sprechen würden. Ed versuchte nochmals, um die ganze Sache herum zu kommen, aber James bestand darauf, dass er am Montag um 14.00 Uhr im Büro zu sein hätte und dort bleiben sollte. Er war in der nächsten Woche schon für einen Termin mit schwierigen Kunden in Prag eingeteilt.

‚Ich muss am Montag zurück zur Arbeit nach London', erzählte er Charlotte nach der Show. Sie saßen in ihrer Lieblingsbar am Jachthafen.

‚Für ein Treffen? Sie waren nicht zufrieden mit den Häusern, die wir gefunden haben?'

‚Ich glaube doch, aber ich muss trotzdem zu dieser Sitzung und sie haben noch mehr Arbeit für mich vorgesehen.'

‚Wann kommst du zurück?'

‚Vielleicht am Wochenende', sagte er zögernd. Vielleicht konnte er von Faro nach Prag fliegen. ‚Aber ich werde wieder zurückfliegen müssen. Sie drohen damit, mich zu feuern, wenn ich das nicht tue und, Charlotte, wir brauchen das Geld.'

‚Scheiße.' Sie klang schockiert. ‚Aber was wird aus uns? Du hast versprochen, mich nicht zu verlassen. Mein Vertrag läuft noch sechs Monate.' Eine Wolke schob sich vor ihr Gesicht, ließ ihre blauen Augen dunkler erscheinen.

‚Kommst du mit mir?'

‚Nein, Ed. Ich bin nicht bereit, meinen Job und meine Freunde aufzugeben.' Sie hielt inne. ‚Du hast es versprochen.'

‚Ich finde eine Lösung', sagte Ed. ‚Mach dir keine Sorgen.'

Sie tranken ihre *caipirinhas,* umgeben von erdrückendem Schweigen, während draußen der Regen prasselte.

Am Montagmorgen fuhr Ed im Regen zum Flughafen, angemessen gekleidet im grauen Anzug. Charlotte war wütend darüber, dass er sie zurückließ, und weigerte sich, mit ihm zu sprechen. Er hatte versprochen, er würde am nächsten Wochenende, jedes Wochenende, wiederkommen. Er hatte nicht die geringste Ahnung, wie er die wöchentlichen Flüge und die Wohnung bezahlen sollte. Aber er würde eine Lösung finden. Charlotte verdiente das Beste und er war fest entschlossen, ihr alles zu geben, was er konnte.

Über der Autobahn leuchteten Warnhinweise zu den Unfallrisiken im Regen auf. Er schenkte ihnen kaum Beachtung; Mustard hatte gute Straßenlage und er fuhr ohnehin nicht gerne schneller als 120. Und die Straßen waren leer, wir immer. Er konnte es kaum ertragen, an den Londoner Verkehr zu denken. Verdammt, der Gedanke daran, in Sitzungen Schwachsinn zu reden, bereitete ihm Magengrimmen: Investitionsmöglichkeiten, Anleihen und Aktien, Unternehmensinterna, Termingeschäfte und Optionen. Aber das war, was er konnte. Das war der Grund, warum er diesen Job hatte. Er könne einen Fisch davon überzeugen, einen Taucheranzug zu kaufen, pflegte seine Mutter zu sagen, als er noch als Teenager am Samstag bei Burtons einen Job hatte. Dann, nachdem er ein Studium in Englischer Literaturwissenschaft und Betriebswirtschaftslehre abgeschlossen hatte, stellte er fest, dass es ihm leicht fiel, jemanden davon zu überzeugen, Millionen von Dollar in ein Unternehmen zu investieren, das nur dem Namen nach existierte. Das war alles eine Frage des Selbstbewusstseins. Die ganze Welt, die ganze kapitalistische Wirtschaft, basierte auf Selbstbewusstsein. Wer bestimmte den objektiven Wert von Dingen, die eigentlich nur subjektiven Wert besaßen? Leute wie er. In der Hälfte der Fälle existierte das Geld nicht wirklich, aber es war der Glaube, dass das der Fall war, der die Finanzmärkte zusammenhielt.

Das Hinweisschild auf den Flughafen von Faro tauchte früher auf als erwartet und er fuhr von der Autobahn ab. Seine Ankunft in der Algarve schien ewig zurückzuliegen. Er erinnerte sich daran, zwei englische Mädchen nach Luz mitgenommen zu haben, Zoe und so eine linkslastige junge Idealistin, Lehrerinnen, die sich für ein paar Tausend im Jahr den Arsch aufrissen. Purer Wahnsinn, aber irgendjemand musste den Job machen. Zoe hatte in Luz das große Einsehen gehabt und hatte ihn letzten Monat angerufen und ihm mitgeteilt, dass sie zurück sei und an der International School als Lehrerin anfangen würde. Er erinnerte sich, dass ihm Zoe gefallen hatte, aber er hatte sich nicht viel mit ihr unterhalten können, da Charlotte dabei gewesen war. Er hatte Charlotte keinen Grund geben wollen, misstrauisch zu sein, daher hatte er den Kontakt nicht aufrechterhalten, aber er war erfreut darüber, dass Zoe ihren Traum wahr gemacht hatte. Das Leben war zu kurz, um darauf zu verzichten.

Ed näherte sich einer Ampel und warf einen Blick auf die Autohändler und Restaurants. ,*Frango piri-piri, Churrasqueira, Pneus, Super Bock, Delta Café*'. An eine Brücke, über der Straße hatte jemand in Rot gekritzelt, ,*Fora Capitalistas!*' Er erinnerte sich, die gleichen Worte auf der anderen Seite gesehen zu haben und daran, dass Zoe gefragt hatte, was ,*Fora*' bedeutete. Jetzt wusste er, dass es ,raus' oder ,verschwindet' bedeutete. ,Kapitalisten raus!' Zu spät, dachte er. Die Buchstaben waren verblasst. Solch eine Ideologie gehörte der Vergangenheit an, der Zeit in Portugal vor dem 25. April 1974.

Er parkte Mustard auf dem Parkplatz für Kurzparker, rollte seinen Koffer hinter sich her, seine Aktentasche in der Hand. Er war sehr pünktlich. Er würde einchecken und sich einen Kaffee bestellen.

Bevor er sich mit einer *bica* hinsetzte, holte er eine Zeitung und überflog den Inhalt. Die Geschichte mit dem vermissten Mädchen machte wieder Schlagzeilen. Die Eltern, inzwischen

Hauptverdächtige, waren in England – weiser Entschluss. Wie im Himmel war es möglich, dass sie jetzt verdächtigt wurden? Das gab doch einfach keinen Sinn. Wer tötete sein Kind und setzte dann die größte Medienkampagne der Geschichte in Gang, um den Mörder zu finden! So blöd konnte doch niemand sein. Andererseits, so clever? Aber nein, das war lächerlich.

Seine Augen glitten über andere Nachrichten aus der Algarve und blieben an einem bekannten Gesicht hängen, fanden den Namen unter dem Bild. Robert Leicester. Sein Herz schlug zweimal hintereinander. Das war er. Derselbe Robert, den er in Portimão getroffen hatte und mit dem er ins Casino gegangen war. Derselbe Robert, nachdem er in diesem Hippie Haus gefragt hatte. Neben dem Foto stand in großen schwarzen Lettern: **Junger Brite stirbt bei Autounfall auf der 125**. Ed starrte auf die Worte. Scheiße. Er konnte keinen Alkohol vertragen, aber er war ein netter Typ. Ed überflog den Artikel. Von Trunkenheit war nicht die Rede. Ein Lastwagen war beim Überholen frontal auf seinen Wagen geprallt. Die Sichtverhältnisse waren schlecht gewesen, die Straßen glatt. Sein Auto hatte sich dreimal überschlagen und war auf einem Acker zum Stehen gekommen. Verdammt. Armer Robert. Arme Freundin.

Ed saß da, die aufgeschlagene Zeitung stundenlang in den Händen haltend, so kam es ihm vor. Er war erfüllt von einem Gefühl tiefer Traurigkeit, scheinbar so unbegründet, denn er hatte ihn kaum gekannt. Vielleicht lag es daran, dass die Menschen irgendwo tief in ihrem Inneren alle miteinander verbunden waren. Die individuelle Wahrnehmung trennte Menschen voneinander, aber in gewissen Momenten, tragischen Augenblicken, waren die Menschen vereint, die Barrieren der Wahrnehmung aufgehoben und ihre Reaktionen die einer einheitlichen Menge. Mitgefühl - er vermutete das war das richtige Wort. Das war der Grund, warum ganz Amerika durch 9/11 vereint worden war und warum Menschen in ganz Europa und darüber hinaus Kräfte mobilisiert hatten, um das vermisste Mädchen zu finden. Jeder spürte, dass er sich in dem Gebäude hätte aufhalten können, dass er hätte erleben können, wie sein Kind aus einer Wohnung entführt wurde, oder dass er in dem Unfallauto hätte sitzen können. Armer Robert. Ed erinnerte sich, gelesen zu haben, dass ein Zen Buddhist über das Leben sagte, es sei so vergänglich wie ein Tautropfen auf einem Lotusblatt. Das stimmte. Wir sind hier. Und dann nicht mehr. In dieser Sekunde beschloss er, zu dem idiotischen Treffen zu gehen, aber am nächsten Tag zurückzufliegen. Das Leben war in der Tat zu kurz.

Ed faltete die Zeitung zusammen und ließ sie auf dem Tisch liegen. Er stellte sich an der Zollabfertigung an und musste ein Aftershave zurücklassen, das er in seiner Aktentasche hatte. Das war ihm egal. Es ging ihm besser als einem Tautropfen auf einem Lotusblatt an einem heißen Tag. Er kaufte ein paar Flaschen Portwein, um das Gerede seiner Kollegen zu ertränken und setzte sich dann in die Abflughalle. Er schickte Charlotte eine Nachricht: *Am Flughafen. Vermiss dich. Hast du Nachrichten über Robert gelesen?*

Er wartete zehn Minuten, aber sie antwortete nicht. Sie schlief wahrscheinlich noch. Er stand in der Schlange, die durch die Türen in den heftigen Regen und in den Bus führte, als das Telefon kurz vibrierte.

Buch mir Flug für morgen. Will bei dir sein.

Ed starrte voller Erstaunen auf den Text. Dann reckte er die Faust in die Luft, vergaß Robert und die Vergänglichkeit des Lebens und gab sich dem Gefühl der Freude hin, die diese wenigen Worte in ihm ausgelöst hatten. Darum liebte er Charlotte. Sie war unkompliziert, sie folgte ihrem Herzen, und sie hatte keine Angst vor Veränderungen. Als glücklicher Mann stieg er in den Bus zum Flugzeug. Er konnte Fischen Taucheranzüge verkaufen. Er würde einen Haufen Geld verdienen und er würde ein atemberaubendes Haus für sie bauen. Er würde es Casa Fora nennen. Weit weg von der Welt.

Portugiesische Wörter und Ausdrücke

Die meisten Wörter sind im Singular angegeben – der Plural wird in der Regel durch das Hinzufügen eines 's' gebildet. Das Portugiesische kennt zwei bestimmte Artikel (,a' oder ,o'), wie z. B. ,o bolo', der Kuchen.

agua – Wasser

avenida – Hauptstraße

azar – Pech

bacalhau à brás – Gericht mit Stockfisch (in Salz getrockneter Kabeljau) mit Kartoffeln, Eiern und Zwiebeln

baile – Dorffest mit Tanz

bica – kleiner, starker Kaffee, Espresso

bifana – Sandwich mit Schweinefleisch

bife – umgangssprachlich für Engländer/in

boa tarde – Guten Tag

bolo – *Kuchen*

bom dia – Guten Morgen

bonita – schön, schöne Frau

cabrão – Dreckskerl

Cachaça – brasilianischer Zuckerrohrschnaps

calçada – kleine Steine, die für in Portugal typische Pflasterung verwendet werden

caldo verde – Kohlsuppe mit Kartoffeln, Olivenöl, Salz und in Scheiben geschnittener *chouriço*

Câmara – *Stadt- oder Gemeindeverwaltung*

Capataz – portugiesischer Tafelwein

caipirinha – Brasilianischer Cocktail bestehend aus *cachaça,* braunem Zucker, Limettensaft und gestoßenem Eis

camarão – Garnele

caraças – Ausruf, der Ironie, Bewunderung oder Ungeduld ausdrückt

cartão utente – Krankenschein

casa – Haus/Heim

Centro de Saúde – Gesundheitszentrum

chouriço – geräucherte Wurst aus Schweinefleisch (Spezialität aus Monchique)

churrasqueira – Steakrestaurant

comprar – kaufen

Correio da Manhã – Morgenpost (Name einer Tageszeitung)

'Dança Comigo' – Portugiesische Version von 'Let's Dance'

Dona – höfliche Anrede für eine Frau/ Besitzerin eines Cafés oder Restaurants

Esporão – berühmter portugiesischer Rotwein aus dem Alentejo

enxada – kleiner, landestypischer Spaten mit eckiger Schneide

espectacular – spektakulär/fantastisch

Fala Português? – Sprechen Sie Portugiesisch?

Farmácia – Apotheke

feijoada – Bohneneintopf mit verschiedenen Fleischsorten

fogo – Wörtlich 'Feuer', dient hier als Ausruf wie ‚Himmel!'

Fora Capitalistas! – Kapitalisten raus!

filha/filho – Tochter/Sohn

Finanças – Finanzamt

frango piri-piri – mit Chili scharf gewürztes Hühnchengericht

galão – Milchkaffee, im Glas serviert

golo – Tor

'Ilha dos Amores' – Seifenoper (wörtlich, 'Insel der Liebe').

imperial – gezapftes Bier

IVA – MWST

jantar – Abendessen

lixo – Abfall

lulas – Tintenfisch

Macieira – Portugiesischer Weinbrand

mãe – Mutter

mais ou menos – mehr oder weniger

medronho – klarer Schnaps, der aus Beeren des Erdbeerbaumes hergestellt wird, der in Monchique heimisch ist

menina – Mädchen/junge Frau

'Morangos com Açúcar' – 'Erdbeeren mit Zucker' (Fernsehserie über Teenager)

negócio – Geschäft/Unternehmen

Obrigada/obrigado – danke (Frau/Mann).

olá – hallo, hi

'O Preço Certo' – 'Der Preis ist heiß' (in Deutschland beliebte Fernsehshow auf RTL von 1989-1997).

O que é que deseja? – Was wünschen Sie?

parvos – Idioten

pastelaria – typisch portugiesisches Café

pastel de nata – Torte mit einer Füllung von Vanillecreme

percebes – essbare Muscheln (Entenmuscheln)

pescador – Fischer

PIDE – Geheimpolizei unter Salazar

piri-piri – scharfe Variante der roten Chilischote

pneus – Autoreifen

presunto – roher Schinken
Quanto tempo chove? – Wie lange regnet es?
Quanto custa? – Wie viel kostet das?
Quantos donos? – Wie viele Besitzer?
querido – Liebster
robalo – Seebarsch
sabor galinha – Hühnchengeschmack
sargo – Seebrasse
senhor – Herr …
senhora – Frau…
sereia – Meerjungfrau
sim – ja
Só batatas fritas – nur Pommes Frites
sonho – wörtlich 'Traum', hier die Bezeichnung für einen Donut
tasca – typisch portugiesische Weinbar
tio – Onkel (manchmal zu 'Ti' verkürzt), *tia* – Tante
Três cervejas por favor – Drei Bier, bitte
trespasse – Abstandszahlung
tudo bem – OK (wörtlich, 'alles gut')
uma semana – Woche
vida – Leben
vinho verde – leichter, etwas moussierender Weißwein (wörtlich, 'grüner Wein')

DANKSAGUNGEN

Ein besonderer Dank geht an Janice Russell für ihre wertvolle Unterstützung und ihre Ratschläge im redaktionellen Bereich. Ein herzlicher Dank geht auch an Willy Russell für seine aufmunternden Worte. Ebenso danke ich Catrin George, Paul Tiefenbach, Sebastian Castagna und Karin Seidel für Anregungen und Hilfe in Bezug auf Text und Bild.

Das Buch ist ein Produkt der Fantasie, doch hat das Leben Modell gestanden. Reale Ereignisse und Anekdoten waren Inspiration für die Geschichten dieses Bandes – und vor allem seine Menschen. Ganz besonders denke ich an Tony Lloyd, Phil Hine, Mario Brandão, Lars und Gemma Steffensen, meine Nachbarn, Dona Maria und ihre Familie, und an alle Menschen in Casa Pedro.